柳瀬正夢 全集
MASAMU YANASE

第2巻

柳瀬正夢全集刊行委員会編

三人社

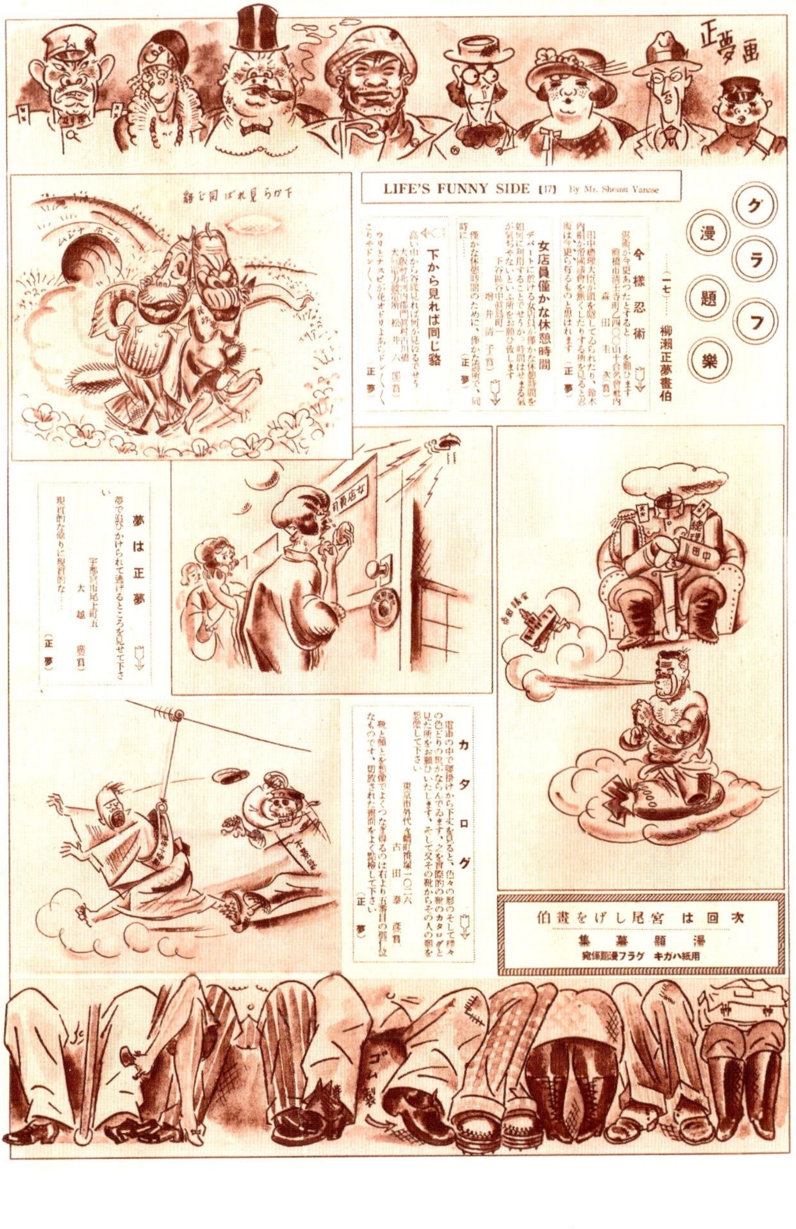

グラフ漫題楽（一七）
『アサヒグラフ』10 巻 17 号、1928.4.18

装 幀

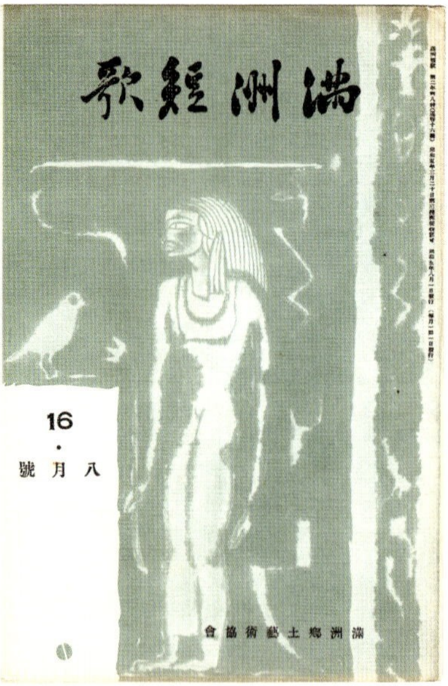

『満洲短歌』２年８号
満洲郷土芸術協会、1930.8.1

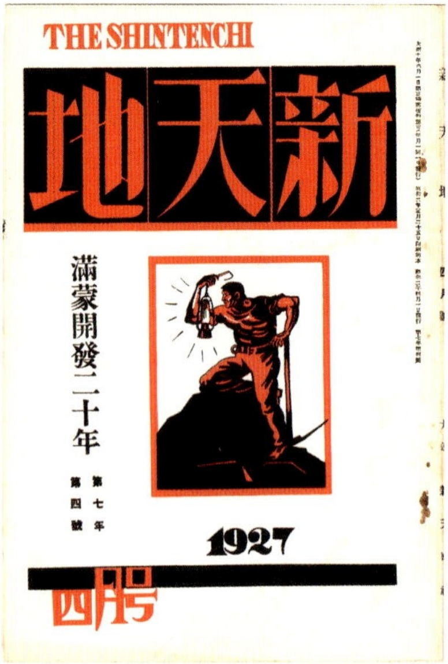

『新天地』７年４号
新天地社、1927.4.1

『プロレタリア科学』２巻４号
プロレタリヤ科学研究所、1930.4.3

『戦旗』３巻６号
戦旗社、1930.4.1

『鉄塔』１巻２号
鉄塔書院、1932.11.1

『プロレタリア演劇』１巻２号
新鋭社、1930.7.10

『マルクス主義と農民問題』
メチエリヤコフ、マルチノフ、山口信次・
高山洋吉訳、希望閣、1929.4.15

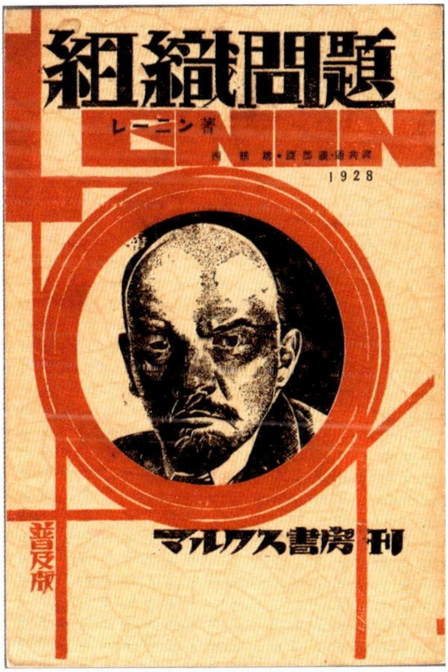

『組織問題〈普及版〉』
レーニン、西雅雄・渡部義通共訳、
マルクス書房、1928.11.15

『メス・メンド１　職工長ミック』
ジム・ドル、広尾猛訳、
希望閣・同人社書店、1929.12.20

『太陽のない街』
徳永直、戦旗社、1929.12.2

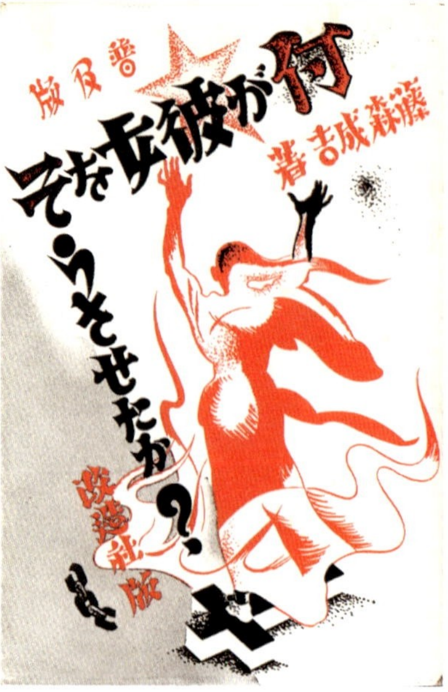

『何が彼女をそうさせたか？〈普及版〉』
藤森成吉、改造社、1930.4.3

『さればロシヤは敗れたり
——極東外交秘録』
ウィッテ、荒川実蔵訳、先進社、1930.3.1

『国際スパイ戦』
R・W・ローワン、早坂二郎訳、
大衆公論社、1930.6.23

『ドイッチェ・イデオロギー』
マルクス、エンゲルス、河上肇ほか共訳、
我等社、1930.5.25

『蟹工船　太陽のない街　鉄の話』
小林多喜二・徳永直・中野重治、
改造社、1931.5.5

『童話集　チョコレート兵隊さん』
金子洋文、金星堂、1930.11.25

『ソヴェート作家叢書２　工場細胞　上』
セミョーノフ、黒田辰男訳、鉄塔書院、1930.12.15

『ソヴェート同盟社会主義建設叢書
第１輯　衝撃隊』
ソヴェート事情研究会編訳、叢文閣、
1931.11.25

『戦後』
ルードウィッヒ・レン、六笠武生訳、
改造社、1931.9.18

目次

凡例

一、本全集は、柳瀬正夢の印刷物として発表した著作（詩、俳句、文章、漫画、挿絵、装幀、ポスターなど）を網羅するものである。

一、全巻の構成は、以下のとおりである。

第一巻：一九一六（大正五）～一九二七（昭和二）年

第二巻：一九二八（昭和三）～一九三三（昭和八）年

第三巻：『読売新聞』掲載　一九二〇（大正九）～一九二四（大正一三）年、一九二九（昭和四）～一九三六（昭和一一）年

第四巻：一九三四（昭和九）～一九四五（昭和二〇）年

別　巻：解説、同時代評、著作目録、年譜

一、各巻の構成は、発行年をもとに発表形態別に整理した。

一、詩・散文はすべて新組とし、以下のように収録した。

・誤字、脱字も含めて掲載時のままとした。ただし、判読性に欠ける誤りについては適宜修正した。

・傍点、ルビ、本文中の記号は、原文のものである。

・漢字は一部の固有名詞をのぞき、新字体に統一した。

・句読点、カッコは適宜加除した。

・初出掲載時における挿絵や写真は一部省略し、末尾に注記を付した。

・判読できなかった箇所は、□《?》／□□《（不明）》とするか、推測される文字を□□《〜カ》とルビで示した。

一、図版は適宜縮小した。

一、基本情報として、タイトル、掲載誌紙、発行年月日を記し、補足情報をその下に記した。

一、作品中に書き入れられたものを除き、掲載時の署名・タイトル・ページ番号は省略した。

一、漫画と漫文で構成されている作品も「漫画」に分類した。漫文は原本の状態により一部新組で示した。なお、判読できない箇所は□とした。

一、雑誌装幀は、雑誌ごとに整理し、後継誌がある場合はそのあとに配した。複数の巻号で同じ装幀が用いられている場合には代表となる号のみ収録した。なお、収録順は初出発行年月日にもとづく。

一、単行本装幀は、発行年月日をもとに整理し、著作集や叢書のたぐいはまとめて収録した。

一、単行本収録の挿絵は、原則として「挿絵」に分類したが、装幀も担当している場合には装幀のあとに配した。

一、『柳瀬正夢画集』（叢文閣、一九三〇年）に再録されたものは、以下のように示した。なお、再録にあたり漫画に修正が施されたものは、初出図版の下部に示した。

「再録時のタイトル」（『画集』ページ数）。

一、収録にあたっては、原則として掲載誌紙・単行本などの印刷物を使用した。

一、原本カラー刷りのものも含めすべて墨色で印刷した。

一、より鮮明な印刷となるよう努めたが、原本自体の状態不良によって、不鮮明な箇所がある。

一、今日の見地からすれば不適切な表現があるが、当時の時代的背景を考慮しそのまま収録した。

一、〔　〕は、タイトルやタイトルに類するものの補足であることを示す。

柳瀬正夢全集刊行委員会

1

文章

『無産階級の画家ゲオルゲ・グロッツ』
『柳瀬正夢画集』
ルポルタージュ・雑感
アンケート・短文ほか
座談会

無産階級の画家　ゲオルゲ・グロッス

序

いま、粗雑ではあるが西欧独逸の革命的画家、同志ゲオルゲ・グロッスの研究の書の一部を、漸く世に送ることができる。

グロッスのものを纏めることを私が約してもう五六年の時間がたつた。そのあひだに、グロッスの魅力は国境を越え海を渡つて、あらゆる国々のあらゆる美術家の中へとけこんで行つた。彼等の画ペンの先からは世紀末的な変態美、いはゆる「グロッス型」が滲み出るやうになつた。やがてこれは我らの陣営の中までおしだしてきた。さうして私は氾濫するこの流れに多くの優秀な分子のさらはれて行くのをさへ見つつきた。資本主義一般の膿瘍を曝きさらして余りなかつた勇猛なる彼も、今日は資本主義の癌瘇を刺す手で歴史の堤防を突き破りつゝある。運動の流れが建設期に向つてゐる現在の瞬間、正しい流れの堤防を破壊するこれらの否定的要素は濁流に浮かして運動の外へ排除せねばならない。一応進歩的役割をはたした彼等も現在では彼等の意志に反しても早反動の役割をなしつゝあるから。私が運動の流れのためにこの「グロッス型」の分析を試みやうとあせりだしてからもう三年にならう。めまぐるしい運動の流れは容易に私にこの仕事をさせなかつた。だが全体の意志はいま私に、たまたま満蒙の旅次の寸暇を畜めさせてこれの一端をなさしめた。

私はグロッスの研究の書を大凡三つの部冊に分けることをもくろんでゐる。第一のものが本書で、ここでは私の一寸した批判的な概念を織り混ぜ乍ら先づ西欧の諸家にグロッスを語らせ、そしてグロッスへの一般の輪廓的関心を喚起させやうとたくらんでおいた。第二のものではもつぱらグロッス自身の言葉によつて彼の世界観、文明批評、芸術観を聞かうと思つてゐる。そのため本書では出来るだけグロッスの言葉の引用を避けておいた。第三のものは私のグロッスに対する厳密な批判と分析に終りたいと思つてゐる。

以上これらの三部冊を私はある目的意識性のもとに書

き綴つて行きたいと思つてゐる。我々の前にいま個人の存在はさして問題でない。我々全体の効利をねらうために一つの個は銃口の台尻となつて対象へのモメントに役立つに過ぎない。即ちグロッスの研究がそれで、私はグロッス個人を借りてきて、我々の陣営内に肉迫してくる又は潜入してゐる、数しれない敵の小市民的要素をねらひうち、警戒しひねりつぶして終ひたいと思つてゐる。だがこいつは仲々執拗で巧妙に潜在せる敵である。

それ故グロッスの研究もこれらの素材として出来る限りこれを緻密に調べたいと思つてゐるが、無学と多忙の私にそれは期し難いと思ふ。そのうへかうした仕事は私個人のものではない。最初に出さるゝ本書の上でも種んな点で不備だらけだ。第一挿画の蒐集がばらばらで失敗してゐる。グロッスの全貌を窺ふにはこれ以外もつともつと異面の仕事が取残されてゐる。第二に附録の形式で入れる予定となつてゐた彼の仕事の年代表――画及文による彼の著書や、雑多な形式を通して個別に発表される彼の仕事と機関と時――が私の旅行中資料の欠けてゐることと調べの甚だ困難なために後へ廻すこととなつたこと。その他いろいろ。だがこれらはいづれ諸兄の助力を待つて逐次第二第三のものの中で追補し完全を期するつもりである。

グロッスを憶ひつつ、旅先でたまつたブルヂョア新聞を見てゐると、彼とよき対蹠をなすところのブルヂョアの使徒、藤田嗣治さんの在仏自伝記がのつかつてゐた。グロッスと国境をはさんで仏蘭西義勇軍に志願した彼の文を私は面白く読んだ。

ここにはどの画家でもがかあいい幻をたのしむ芸術都巴里での「ほがらかな貧乏」の中の「苦難と努力」と「飯のおかずにパンを食つた」生活記録が書かれ、この中にあつて一縷の望みを「一朝成功すれば一日にして城を築き、一夜にして宮殿を構へる」ことにかけて、困苦と戦ひつつ遂に「秘密のカギを握つて」「道の真ん中でデングリ返り」「毛唐め、くやしければ貴様に出来るならやつてみろ、どうだ、出来ないだらう」と「極少しの絵具を滑らかに使つて生かした」「白と黒の心描きを試み」、この奇術の成功に小踊りした彼は「会心の笑み」をたゝへ、さてモウロウ美術家大衆にインギンに秘伝を授けて言ふやう。「画家は例へば一銭の紙、一銭の安い布を、万金に価するものとする、我々は手品を画架の上にしなければならない。」これこそ一般美術家大衆の唯一の信条であり、彼こそは彼等日本の天上雲行者のコウゴウしき先達である。

まことに勇ましくありがたきことであります。

かへりみて、我々はブルヂョアの遺物一切を精算したであらうか？　否我々陣営の一部分は依然としてサロンの壁飾りの上に逡巡してゐる。そこに低迷たな引くものは工場地区の煙ではなくてブルヂョア共のシガーのくゆりなのだ。海綿のやうな無政府主義的幻想に時を過すな。地に下りよ。現実を見る方法をとれ。而して地の流れに真実に結びつけ。そこで地上一切の相続権をもつてゐるプロレタリアートの、解放への日常闘争の中に正調に作品を組織せよ。ここでのみ総ては具体的作品行動のうえに弁証法的統一的に、成長するプロレタリアートの血と肉となつて解決されるであらう。

いま我々の陣営内でシャベリ会つてゐる「内容と形式との結びつき」に於ける課題もかかる生きたる運動の流れに投入れてこそ始めて現実の問題となり得る。実際我々は問題を常に現実の運動の流れの中に於て唯物弁証法の不分離性の中に於て解きつゝきたつたのだ。

現在の急迫せる転形期にあつて我々はも早取澄したモニュメンタルな形式的芸術的肉づけにうちふけつてゐることは出来ない。現在の我々にとつての生きたる緊要な具体的問題は、芸術を手段として「階級闘争の矛盾の激化の定式」を宣伝煽動する仕事の必要である。

私はグロッスの研究によつてグロッスの古き遺骸の上に刺し開けた通風の穴から同志諸兄にこれを告げる。

またかかるのちに始めて新しくプロレタリアートの中に生きるわれわれのゲオルグ・グロッスを見ることができやう。

私はここで両手をのべて、さらにかたく、日本プロレタリア美術家同盟の諸兄と、同志ゲオルゲ・グロッスに握手する。

本書出版を契機に親交を結び得た私の快友小林勇は今頃私と共にグロッスの行衛をさがしあぐねてゐることであらう。月余に亘る監視付の病褥から漸く抜けて取急ぎ私は此の序を書添へて送る。小林兄に本稿の後れたことを重ね重ねてお詫びし、本書挿絵の製版に尽力されし鹽練繁太郎氏に感謝する。

一九二九年一〇月二〇日金州にて

此の書を先づ
われらが共働の闘士
親愛なる日本プロレタリア美術家同盟の
諸兄に捧げる

1.

世界は、かれ自らの、内在的矛盾のために七転八倒身もだへてゐる。資本主義の嘔吐
げおるげ・ぐろッす！

2.

ゲオルゲ・グロッス

――眼の澄み切つた、髭のない、いかつい顔をした、今年三十六才の独逸人が、几帳面にカンソン紙をひろげる。さうして、キレイな手にペンを持つて――だが、その手はペンを持つてゐるのであらうか、ナイフではなからうか？ ――

グロッスは、ブルヂョア社会の隅々から、汚穢の総てを千切り出して、明る味に並べる。

「彼の作品には、苦しんでゐる下層階級の、人間地獄が描かれてゐる。

都市の環境は空間の機能的機械的解釈を含んでゐる。大都会の市街はさながら工業主義の荒涼たる塹ごうである。それはブルヂョアの腐れた肉で充ち溢れてゐる。大学教授と商人、登山家と将校、淫売婦と無頼漢、学生と坊主、常習犯人と雇人、下宿のお客とオカミ、泥棒と梅

毒患者、貴公子と負傷兵、実業家と人殺し。総てこれらのタイプは誰れも彼れもそれ自身一個の目的のやうに見える。妙なカツコウで町中をぶらつき歩つてゐる丈で、もう一かどの社会的使命を遂行してゐると心得てゐるらしい。此の人間の怒号と混乱の真只中に、飾りたてた電車と衰へかけた樹木とが、迫つて来る夜のトバリとブルヂョアの衰へきつた動物共とざつぜん入り混つてゐる。一方高層建築は入り乱れた電線から嶄然頭角を現してゐる。奢侈は淫売屋のやうな顔付で、あらあらゆる処ににやにや笑つてゐる。しかも犯罪の芽は、葬式車の上にさへ現れてゐる。彼にとつては享楽である所の事務を追つてゐる。或ひは事務である所の享楽を追つてゐるブルヂョアも、例へば彼が機械の中の一機械に過ぎないと知つた時、さすがの彼も苦しい時を持つのだ。一方梅毒患者の血は、腐れ爛れた腫物となつて、時を置いて発作を起しながら、町の灰色の動脈を絶へず経環ぐつてゐる。対象の複雑多様な不一致に完全に適合してゐる同時性の規範は、家の内部と同様に街頭にも現はれてゐる。其処では近代文明の混乱が支配してゐるのである。

休止と両極性と距離の否定は文学的効果を創り出さない。それ故に、同時に肉体的であり精神的である所の平面、驚くべく突つ込んだ効果の全産物である所の平面、後から後からと現れる活動写真的な、彫塑的な、平面の完全な融合が極めて自然なことゝ思はれるのである。カフエーのテーブル、心境状態、天使、頭、器具、記憶、飲酒、それらがお互に交り合してゐる。トランプの勝負が性的行為と交り、「気をつけ」の姿勢をとつた兵隊は頭の代りに便器を持つてゐる。皇帝ウィルヘルムは一つの写真の中で、その手に何か獲物を持ち、ゴテゴテに飾り立てられたマントで陰部の辺り迄やつと覆つてあらはされてゐる。同じ絵の前方には、ブクブクにふくれた淫売婦が鼻を拡げて笑ひ、そして衆人環視の中で胸もあらはにはだけてゐる。通行人のズボンは股の処がふくれて、女のスカートといふスカートはどれもこれも透きとほつてゐる。そこは一般に激しい性的欲望のみなぎつてゐる雰囲気である。コンポジションの中心は置き換へられてゐる。即ち時には、カフスボタンや吹き出物だらけの首にはつたカツコウのいゝ四角な膏薬《かうやく》などに、特に力を入れて絵画の支点を置いてゐるので、較べものにならない程痛烈な皮肉が醸されてゐる。又ある場合には、恰もわれこそ理想と責任の世界を支持する義務があると云つたやうに傲然と自負してゐるが、根本的には補助的要素や又外部的共同作因によつて決定されてゐるところの、例へばゆがんだ口にはさまれたシガーの様なものがある。この口はといふと、徹頭徹尾フィリステン根生を集中した葉巻を飲むひとと、その運命がその煙の中に破壊され消滅せる葉巻と釣合ふやうな特別誂への口である。

人は言ふであらう。グロッスの心は弾薬箱の下に据ゑ置かれてあるのだと。四ツの壁の偽りの秘密の中でキレイになつた空気は再びイキを吸ひ込む、すると何とも言へない恐怖がフクレた眼や腫れた手からあそこにもこゝにも現れる。併し閑寂な生活を実行した為昂奮した神経は再び落付き、総ゆる形而上学的疑問に対する矯正策は、馬のいななきのやうな烈しい又朗らかなブルヂョアの笑ひである。チヂレッ毛の人形はその大きな尻を振つてゐる。しかるに現代の代表家達は、時は金なりと許り機械的に四角張つて杯を挙げ下げしてゐる。太い首スヂと、八ツガシラその侭の頭をしたおつかない官吏は歯ぎしりしてゐる。豆粒まなこの穢しい給仕達はその穀粒の上でバランスをとつてゐる。蓄音機は国歌を怒鳴つてゐる。」

――イタロ・タヴオラト――

膿みたゞれて騒然たる世界のすがた

「総ては焦げ、沸《たぎ》り、叱咤し、号泣し、騒ぎ、喇叭を吹き、

皮笛を吹き、赤面し、汗をかき、嘔吐し、労働」してゐる。

比較すべくもなく情緒の狂噪した中を、さやさやと牧歌的な風が通り過ぎる。

グロテスク・エロティックがくすぶつて、病的に優雅な香気が漂ふ。

おつと待つた。どこからかつめたい憂悶の眼がのぞいてゐる。

それ片眼鏡《モノクル》を合してゐる例の肝臓病の大将さ！

ほら戦争好きで、物真似の素的にうまい、二十世紀の生物学的標本よ。

ほお「支配階級のツラ」が!!

3.

「グロッスの諷刺は焔の中にたち消えんとするブルヂョアの心を反映した熱烈なる鐘である。」と伊太利の美術評論家タヴォラトが、自分の文をしつぽに、かく手際のよいムスビをしてゐる。

私は此処で、一先づ西欧の諸家にグロッスの風貌を聞かう。

「彼のフリーズや絵画的筆触は、勇壮にして震動的であるから、礫岩の雨、鉄拳の驟雨にも似た効果を与へる。罪のない侵略と云ふ事は彼が何時も目指す軌範である。彼の心から自づと新しく汲み出さるゝ争論的リズムは、溢るゝ許り豊富に出てゐる。早熟の小僧が、共同便所の壁に春画や政治的物語りを描いたりして、己が潜在意識を洩らして喜んでゐるやうに、又は無頼漢が監獄の壁に彼の罪状を叙事的な文句で書きつらねて喜ぶやうに、小僧の画家であり無頼漢の画家である。彼ゲオルゲ・グロッスは、小児らしい又好色文学的な画を描いてゐる。しかしそのいづれの場合に於ても、絵画的な善き音調から歓喜の叫びが立ちのぼつてゐる。」

——イタロ・タヴォラト——

彼の底にはさわやかなアンフアンテリズムが流れてゐる。

「併し迷へる童話の中にはどこにも光がない
而も彼は一人の小児である……」
「また彼の悲哀はディオニソス風であり
彼の憂悶は黒いシャンペン酒である」
「しばしば色とりどりの涙が
彼の灰の眼の中で戯れる」

——エルゼ・ラスケル・シューレル——

ブルヂョアの涙降り、「天国」へのみちにぢれて消える。

「彼は子供が玩具に耽るやうに世界に耽り、この遊びに破壊の快力を伴ひ、」「粗雑に経験的な、世界都市的な実在を表面非形而上学的に自らの中に取り入れてしまひ、又（倫理的には全く純粋にされてゐない）塵《ちり》まみれな火のやうな気質で、紙のうえにはねかへし、吐き、或は（彼の好んで使ふ言葉でいへば）もどしてしまつて、ゲオルゲ・グロッスは劇烈な利益を得る。」

「彼は狂噪と毒液と苦汁とをもつて傾向芸術家に、即ち自己矛盾に落るのである。といふのはつまり、芸術とは、さやうなものとして、ひとりでに命令的な、倫理的な、真正な、また政治的なものなのである。またそれに満足しない過熱した若々しさ、荒々しいぢれつたさをもつて、芸術によつて即座に社会問題を解決して了はうと思ふのは、革命のために革命を行ふといふ危険にあるといふものだ——といふのは、この運動に大変美しくて、呪はれたる「芸術のための芸術」においてはじめて、たゞ焦噪的な様子で耽溺されるものだからである。グロッスは幸に毒があるだけなのではなく若いだけなのであつて、もし彼がダイナマイトと精神との区別を、もつとよく知つてをり、その緊張力を失はず、その狂暴な精神を理性化したならば、この危険を容易に免れるであらう。」

「グロッスは本来の革命の理解からなんと隔つてゐることだらう！　また彼は、「形而上学」（抽象的譫語）と「労働する人間の革命的理想」とのソフィスト的・修辞学的対立を、彼の槌《ハンマ》のペンでもつて無作法に切断して斉整するといふことを、殆ど予測なしに好むのである——！　如何なる理想の中に、かの不快な「永遠への展望」が注意されずに隠れてゐるのだらうか？　否、グロッス先生よ、君は敵手の弁駁をあまり安易に行つてゐる——この点で君は決して勤勉の理想に近づいてゐるのではなくて、特別に怠惰なまゝでゐる君自身が、形而上学の手中に於けるヘタに労働する機械であり、またそれにとゞまるといふことを、君は他日悟るであらう。」

「しかし兎に角君は非道徳家ではない。君の道徳的・美学的な中性と無関心とは、常に関心を創造するやうに働いてゐる。」

「芸術の悦ばしい形式は、その陰気な形体を醇化する。グロッスの軽蔑もまた、彼の政治的の意志に反して、彼の愛らしい悪意の、おのづから美的な意志を呼吸する。これはパラドックスである。」「とはいへ『悲しい』ゲオルゲ・グロッスは、矢はり彼の意志に反して、他を毀傷してよろこび笑つてゐる暴慢漢」、「痛ましく燃やされた小児である。」

「どうぞ、もう少し狂信的でなく、もう少し革命的でなく、その代りに形而上学的にもつと思慮あるやうであれ！」

――ミノナ――

ああめん。

かくこの忠実なるカント家の奴僕、「悲しい」倫理学的、人道主義的、形而上学者、ミノナ和尚は、唾《つばき》に濡れた上眼をつかひながら、感傷的な声をしぼつた後で呪文をとなへる。

革命的なトゲよ解けておしまい！　キレイな病毒の芽いやはえよ！

心せよグロッス。こつぴどく蹴とばせ！

封建的要素とブルヂョア的本質との末の申子、帝国主義のバケモノ一切に、荒々しく食ひつく彼のさかんなる闘争力《フワイテイングスピリット》――現実的具体的様式によるその煽動的宣伝的芸術形態の社会的意義と彼が腕の冴へ――は国際プロレタリアートの等しく認める処であるが、問題は彼の形式的方法論的態度・世界観の分析にのこされてゐる。

彼の素材《モチーフ》となつた世相は、真に階級的に歴史的な弁証法的な結びつきを持つてゐるのであらうか？

彼は彼の仕事が現在の瞬間において、どこからきて何処へ行くかを、歴史的運動の流れの中に把握し見極めてゐるであらうか？

同志グロッスよ、市井のめかしこんだおべつかとにぎやかなあまやかしに足並を乱すな。わが戦闘的プロレタリアートの国際的統一的歩武の中に聞える次の二人の、ニガき同志の苦言にこそ耳を！

彼はしばしばドオミエとの比較研究をやられる。こゝでも、彼の素描にドオミエ風の魅惑的壮大さの闕如してゐるを難じ、彼がわざと壮大さを意識せざるを歎じて言はれてゐる。

「彼は自分に才気ある表出もスタイルの記念碑性も持つてはゐないのだ。」と「そんな訳で彼は、鈍愚な嘲弄と怨恨とで勇気づけられてゐる社会批評家に過ぎないのだ。ドオミエはこれに反して、ゲオルゲ・グロッスとは異り不徳でも残忍でもない。ドオミエはくどく語らなかつた。彼は一つの偉大な風格を持つて居り、偉大な聯絡を考へる。こんにちゲオルグ・グロッスに才気と偉大とがないのは、さすがに現今の社会機構に根ぶかい根拠があるのだ。彼、ブルジョア的のしもべは『時代の欠陥をねらつて』ブルヂョア根性から飛び出して来たのである。彼はそこから僅か一面だけ見るのであつて、全体を、人間的なものを見ない。のみかかへつて社会の非人間的なものを見るのである。

彼が観察し体験する世相は、支離滅裂な社会――青ざめた精神のない、残忍な、動きと深みに欠けた社会の姿である。」

「ゲオルゲ・グロッスはプロレタリアをも、たゞ支配階級への従属関係と屈従関係との点から観察するに過ぎない。彼には、生一本の階級意識ある労働者のタイプ、事実すでに在るタイプを摑んだ素描がない。」

「彼はプロレタリアを殆ど除外し、欠かさずブルヂョアを描いてゐる。」「彼の描くところは、ブルヂョア社会の視角である。」

――ゲエ・ゲエ・エル・アレクサンデル――

だが彼は一定の社会的目的をもつて、独逸労働階級の革命的階級的現実の上に戦つてゐる。

たゞグロッスには彼の制作行動のなかに、現在の瞬間に於ける、全階級に共通するプロレタリアートの、一定問題への集中的統一的煽動意識が欠けてゐる。このことはプロレタリアートの階級闘争に参列するものゝ致命的傷である。いかにそれ自らが個人的に強力なる宣伝煽動の武器であつても、プロレタリア運動の現段階の一つの統一的見地から闘争目標を測らない場合にはそれは無力に等しい。いな彼の階級的意志にも反して効果はときに反動的でさへある。

彼が現実的苦闘のなかに鍛へあげてきた現在の形式――まだ力は弱く小市民的残滓は浮いてゐるが――はよろしい。だが現在の彼の内容的テーマの多くは依然としてメタンガスの低迷する世界一九二〇年の地をさまよつてゐる。老いたるグロッスが疲れもなく、不信的に、否定的要素のみをかゝへて……。

「革命は旧きものを否定するのみではなく、さらに新しきものを建設し、あるひは少くとも、新たな建設への道を指示する。否定的モメントと並んで肯定的モメントも亦存在する。ゲオルゲ・グロッスにはそれが無い。

プロレタリアは彼にとつては——単なる奴隷、受難者あるひは屍体であるに過ぎない。革命の緊張は——絶望あるひは狂気の緊張である。彼の絵画の唯一の積極的な要素はブルヂョアであり、唯一の肯定的モチーフは——このブルヂョアに対する憎悪である。併しこれは革命的プロレタリアートの見解ではなくして、単にその一面である。革命的プロレタリアートは革命の肯定的方面を見、かつ感ずる。しかしこの肯定的な、建設的な、前方に向つてゐる方向を見ないものは、単なる同情的な人道主義者に過ぎない。

かくてゲオルゲ・グロッスの芸術は、彼のすべての内面的力および彼のすべての宣伝的意義にもかゝはらず、彼がかくも勇敢に闘争してゐるところの社会のなかに根柢を持つてゐる。」

——イ・マーツア——

〔蔵原惟人・杉本良吉両氏訳「現代欧州の芸術」より〕

4.

彼の「伝記に代へて、」一応そのコシカタをも辿つておかねばなるまい。

「グロッスは、ひと昔前には、伯林市立演奏場に出て、歌つたり、変てこなダンスを踊つたり、楽器をなぶつたり、皮肉タツプリな科白をどなつたりして、そこの一枚看板となつてゐた。やがて彼は詩人あるひは漫画家として伯林やミユンヘンあたりの滑稽新聞や文芸雑誌に現れ、——うんぬん。」

震災前のこと、私は亜米利加の「リベラトール誌」の中に「共産主義の芸術家ゲオルゲ・グロッス」と題したこんな紹介文を見たことがある。

次で私は一九二一年版の「ユンゲクンスト叢書」を手にして、初めて「ゲオルゲ・グロッス」の声に接した。「伝記に代へて」がそれだ。彼はその文——彼が伝記的覚え書のかはりに書き記したそれ——の末尾に「私の生涯に起つた些々たる外面的の出来事、たとへば誕生日だとか、家系だとか、学問をしたとかせんとか、揺籃から墓場までの芸術家の地上の障壁とか、創作衝動とそれへの陶酔とか、最初の成功とか、何とかかとか、数へたてた処で、——いな、よしそれ以上のものを並べたてた処で結局つまらぬことだ。」と言つてゐる。だがまだその口のしかと乾かぬうちに——とかくのせんぎだてがうるさく、しつきりなく世間の人々に「生立について」せがまれるので——遂に彼は矛盾を避けがたく一九二五年版「ブルヂョアの鏡《スピゼルシュビーゲル》」の序文へ彼のキライな?伝記、その「自伝的なノート」を放り込んでゐる。それは尻切れトンボにあつけない七頁のものだが、中でグロッスのドレスデンの美術学校に於ける修業時代がかなりゆつたりと細かく書かれてある。そこで私は当時の「髪の短い、眼の澄んだ、おちよぼ口の、行儀正しい、勤勉な、十八才の初級生。」心臓のやはらかいグロッス少年をはぐくむだ、頑でシワくちやの街ドレスデンの顔に興味を覚へた。いまドレスデンの輪郭線《アートライン》をマルセルレイの描写に借りて先へ進むとしやう。

——「エルベの灰色の水の直ぐきわに、眠つたやうな台地《テラス》を持つた美しい間のぬけた大きな都会。クック旅行団の漫遊者らが、貧弱な斥候隊のやうに走り廻る、この美術都市には、一つの立派な博物館がある。伊太利から伝来した奇形の教会は、その青い円天井《ドーム》の下にたくさん鐘がある。間延びした独逸の方言を話し、陰鬱な教授たちや、若い画家や、無希望な若いピアニストたち、これらの人々に、自分らの部屋を家具つきで貸してゐる五十萬のザクソン人。これらすべての倦怠が、一方は、神経病患者たちが金を払つて温泉に浴してゐるロシュキッツの丘から、他方は、人々が帽子を両手に握つて、東の方には青いボヘミヤを望み、西の方にはノルマンディのやうに毛毬のやうな林檎畑を望むことのできるモロー元帥の記念像まで、その間の河の両岸の上にひろがつてゐる。」——

ゲオルゲ・グロッスは一八九三年七月二十六日に伯林に生れた。

——ある目論見の下で、日頃独逸の新聞に、猶太人として書きたてられてる事を気に病んでゐる彼が、自伝の中で「私のフタ親は普魯西人でルーテル教徒だつたのだから」と念にねんをおしてゐる。——

伯林とポンメルンで普通教育を終へた彼は、ふくよかな夢に手をさしのべて——エカキ生活の第一歩へ——十八のとし、ドレスデンの美術学校へ入つた。

彼は「ひからびたザクソン精神」に漬かり切つたこの街で、彼が一生涯持続けるところの、ねんばりづよい基礎教練、つまり彼の言ふ「蜜蜂のやうに働く独逸のよき習慣」を得た。彼はこゝではよき職人になることより外に何の野心ももたなかつた。カビのはへたやうなアカデミックな教育法にしたがつて——こゝには、今でも残つてゐる石膏科があつて——古代クラシックの希臘彫刻をのろのろ実物大に模写したり、四週間もかゝつて、一人の男や女のモデルをメンミツに縦横から測つて等身大に素描したりした。この気の抜けた七面倒な汗染みた古臭い教育法の中にあつて、ロベルト・シュタールといふ教授だけがたつた一人光つて印象派的な教育を施してゐた。この人はドレスデン画廊に四部作を送り込んでる人で、常に好んで外光の中に働きつゝある労働者をヘラでもつてはつきりと描破し、グロッス達を感動させてゐた。

セザンヌの死後七年、漸くフランスから力強く吹き込んで来る自由の風にじつとしてゐられなかつたグロッスは、彼自身の力で、より活発な芸術生活を「神聖な絵画の殿堂」のソトに得ようと動きはじめた。ドガやムンクやロートレークや、「ブルッケ」の最初の展覧会——ドレスデンに起つた表現派運動の集団——に感激したり、あらゆる展覧会へ足を運んだりした。彼は勝手に多くの仕事をしはじめた。このころ、彼は凡ての電車が交叉してゐるピルナイッシエン広場《プラッツ》のとある玄関で、三脚に腰かけてゐることを好んだ。さうして眼の前をよぎる凡てのものを、スケッチブック一杯に描きためることを好んだ。今まで「思ひ出し」ばかりで描いてゐた彼は、こゝで初めて「見る」方法を学んだ。——彼はこゝから「形態と観察について本質的に」最も確実な基礎を得た。

また彼は、朝から夜中まで室に閉ぢゐて、蜂のやうな勤勉さで、前々から自信にふくらみ切つてた諷刺画の仕事をやり初めた。篩とブラシで紙に墨を散してみたり、あらゆる作家の手法を調べたり、根限りの精力でこれらの種々な調子や様式や技巧を実験してみた。そのうち彼は物質上の困難にぶつつかつたので早速これを利用してみた。なほそれには文句がついてゐると都合がよかつたので、彼はついでに滑稽詩人となつた。静な壁飾り芸術に倦きてゐた彼が、求めてゐた、「直接日々の生活に活潑な関係と影響とを与へる新聞雑誌的な仕事」への端緒である。彼は生れて初めての謝礼を儲けた。彼は自分の行くべき道と職業とをこゝに発見した。——その頃の「滑稽新聞」や「ルスティゲン・ブレッテル」や「スポーツフモール」や「ウイッツゲル・ブレッテル」や「ウルク」などに当時の作品がのつかつてゐる。——当時はいはゆる「画」をまだ描き初めてゐなかつた。——

その翌年彼はドレスデンの中級を抜けて、伯林の工芸学校へ移つた。そこにはより自由な雰囲気が彼を待つてゐた。「ヨーグルトで養はれた」校長ブルノ・パウルと、グロッスが師として選びそして彼が「物判りのよい自由な世界人」として考へたところのオルリク教授、この二人は画家ではなかつたが、しかし建築家であり、家具の図案師であり、装飾家であつた。彼等は流行よりほか語らず「モダン」であることを欲した。オルリク教授のクラスへ編入されたグロッスは、彼から普魯西の奨学金を世話してもらつて、物質的生活の半ばを保証され、のびのびと自由な伯林の空気を吸つた。オルリクは、巴里から五分間クロッキーを移入したり、職業的研究の好奇心を説いたり、美しい材料の尊敬を教へた。そこでグロッスは実用的の仕事、実用版画、献立表、本の表紙、広告ビラ、毛氈などの図案をした。彼は長い間こゝにとまつて、浪漫的な妄想をたやすく追払ふことが出来た。

一九一三年七月のある朝グロッスは、巴里のノール停車場に下車して、ドランブル街の小さなホテルに腰を落つけた。そして一言の仏蘭西語も知らないで夏の三ヶ月間、巴里の街々をほつつき歩つた。近代芸術の出生地中心地として世界のブルヂョア画家のあこがれの首都巴里も、グロッスにとつては「大した印象も与へぬ」退屈な街で、彼自身で「こののらくらものゝ都市が多くの人々に与へたやうな仰山たらしい歓喜を私は理解しなかつた。」と言つてゐる。——が、実際には、彼はひそかにピカソやシヤガールなどの思ひ出を持帰つてゐた。——

再びオルリクのアトリエに帰つた彼は、もうこんどは戦争と動員令の来るまで、ここにある自分のテーブルと椅子を離れなかつた。
この頃迄の彼の思想的傾向は、まだいはゆる純真で、浪漫的で厭世的で悲観的な個人主義者に過ぎなかつた。彼は、彼自らの狭小な才能と経験の視野を小作しては、いよいよ頑なに、いよいよ暗く世を拗ねて行つた。——当時生活全体に強い憎悪で向つてゐた彼が、未発刊に終つたところの三部作、「独逸人の醜悪」を作画したのも此の頃のことである。——
越えて一九一四年、グロッスが、二十一才の夏、かの欧州対戦が勃発した。全伯林市民は栄ある好戦的精神の薪となつて一時に燃え上つた。闘争形態一般を一律的に拒否することに馴れてゐた無政府主義的な彼も、終に止むなくこの「人殺しごつこ」を是認して勇ましき戦線にたつた。しかしながら、この普魯西兵の一兵卒は、この別世界へ踏入ることによつて、初めて現実に「恐るべき醜悪の顔」をまざまざと見た。彼はいよいよ人間を嫌悪し寂寥の底にめり込んで行つた。そこで彼は画を描くことによつてこの世界からの精神的逃避をくわだてようとした。彼は塹壕生活のなかにどんどん素描をおつぱじめた。

と、この仕事は、はからずも彼の同僚のなかで歓喜を立ちのぼらせすばらしくもてはやされた。彼は初めて生活のなかに生々と己の芸術が反応したのを見てとつた。戦争に対する懐疑のなかばに哲学をひろつたのだ。彼は小踊りしてこの「よき武器」を意識した。——彼の思想的転向の契機はこゝに端緒をみることができる。——
彼は決然起つて世の革命的思潮を探求し初めた。あらゆる障壁が彼の前に立湮がつたが彼はもうひるまなかつた。彼は諷刺画をもつて、君主の専制とそれに甘んじてゐる独逸中産階級のフガイナサに、メスのやうな嗤笑を浴せかけ初めた。
一九一七年、彼はようやつと二度目の長いゲルデンの守備から罷免になつた。憎悪に満ち懐疑のはて余りよく働かなかつたので……。
伯林に帰つた彼は最初ダダ運動にぶつつかつた。彼はこの運動の中へ身心ともに打込んで働いた。だがそこには彼の狙つたやうな「闘争への組織」は微塵だになく、のみか彼等は「湯とともに子供をも流してしまう」狂へる虚無主義者に過ぎなかつた。だから彼グロッスは、この疲弊と乱脈に枯れみちた独逸の曠野を当なく走るこの無軌道車に、いつまでも酔つぱらつた乗客ではゐられなかつた。起きなほつた彼は、理性の窓をあけて前方を見たのだ。朝あけの風は彼の頭の雲を払つた。

かの二回に亘つた政治革命の経験によつて、戦後苦悩と暗黒のドン底にめげ込んでゐた独逸プロレタリアートは、一九二二年春に至つて漸くその本来の力を回復して起ちなほつた。そこから朗らかな整調な国際プロレタリア軍の車輪が響いてきた。グロッスは漸くそこに「闘争の組織」の結びつきをめつけた。未来へ通ずる問題のすべてがそこにあつた。グロッスは彼のまことの歓喜と力と光明がそこに積込まれてあるのをみてとつたのだ。この偉大な全体の流れに個を解かしこんだ彼は、このとき初めて、彼自身のうちにあつて今まで気付かなかつた無数の「生活に堪へ得ない要素」のもぶれついてゐるのを発見した。彼は勇敢にこの邪魔モノを全体のためにかなぐり棄てようと努力した。こゝで彼は革命的プロレタリアートの新しき思考方法によるプロレタリア・レアリズムの形式を闘ひとつた。この革命的内容《ナカミ》に密着したプロレタリア的な形式《サヤ》によつて初めてグロッスの芸術は革命プロレタリアート自身の、すなはち全体の武器となつた。現在の彼は更にこれに研をかけてなほしぶとく食っついてくる小市民的の錆を落さんと苦心してゐるやうである。

これよりさき一九一五年、ヴキーランド・ヘルツフェルデが「新青年《ディー・ノイエ・ユーゲント》」を出し、その中へグロッスの画を挿入した。これがいはゆる「高級な」文学的本道への機関に現れた彼の最初の復製だつた。この手引によつて彼は初めて知名の美術家や文学家の仲間に入つた。

越えて一九一六年、テオドル・ドイベルは彼の画についての論文を「ワイセン・ブレッテルン」に掲げて当時二十三才の未知の素描家を世に紹介した。人々は可なり方々でグロッスとそのスタイルについて話し合ふやうになつた。そのうち——その頃すでに戦争反対ではあつたが今日ほど政治的にはつきりしてゐなかつたところの——マリク書店から「第一《エルステ》グロッス画集《マッペ》」が出版され、引続き一九一七年には第二の「小《クライネ》グロッス画集《マッペ》」が出た。——これがグロッスの画の本に纏つた最初のものだつた。

——彼の名は漸く戦塵のかなたに、国境を越えて、世界の隅々へひろまつて行つた。

この頃までの彼の精神と技術のなかにはまだ多分の詩文学があつた。彼のあたまは「探偵小説と海賊や密貿易者の物語と、精神分析に関する新聞の論説と、ヱデキントやストリンドベルヒの戯曲で」満ちみちてゐた。かうした表現様式にかなつて、この頃の彼の技巧は繊弱で幻想的で自由画に似てちよつとクレーの画をおもはせた。——世に多くの追随者を出した、いはゆる「グロッス型」は此の頃から初つたのである。——しかも、彼の画の市場における最初の商品的魅力は実にこの型だつたのである。

だが彼は「より大なる活潑さのために」このあまつたれた繊弱なプチブル的天邪鬼《アマノヂヤク》の芸術を踏み越えたゆまずに進展した。「セヴエリニ風の未来派《フユチリズム》」の中に突入するかとみると、「カルラ、チリコ風の幾何学的単化」に立寄り、また「熱病やみのやうなダダイズム」の先端で吠えたてるかと思ふと、「生活から生え出た新実在派《ノイエ・ザハリヒカイト》」に腰をおろす、変転推移極まりなき彼である。だが彼は先にも言つたやうに最近やうやくこの没落階級の埴輪、ヂレッタントの芸術を揚棄して、「プロレタリア・レアリズム」のなかに強く大きく力をやしない初めた。

なほ彼は本業の外に挿画家、舞台装置家として有名である。数多きこの仕事のなかでは、クラブンドの訳したドーデーの「タルタラン・タラスコン」やヘルツフェルデの「夜の怪奇」の挿画、それからイヴン・ゴールの「メッザレム」やバーナード・ショウの「ナポレオンと獅子」の衣装や装置その他のものをあげることができやう。

そのほか彼の手際のよい装幀をときどき散見する。——別稿で私はグロッス研究家の便宜のために、彼の最近に至るまでのあらゆる仕事の出場所とその年代表を、彼に関する著作物とともに、拾ひきれる範囲でこまかく並べておいたから参考として貰ひたい。——

最後に取残した若干の事件をつけ加へる。

つねに利害相反した世界観で対立してゐる我々は、プロレタリアートの旗の進むところかならずやブルヂョアの血汐と虚圧の襲ひきたることを予期してゐるゆえに、かうした事件のかづかづを、増大する我々階級の力のバロメータとして認識せねばならない。

一九一七年、ゲオルゲ・グロッスはミュンヘンから、月刊誌「新青年」を出してその主筆となつたが、後に君主の背徳を諷した石版画を公にしたお蔭で、皇帝からの令状が執行せられ已むなく亡命せざるを得なくなつた。この同じ年に同じ事件で時の政府からまた睨まれた。

一九一八年の初頭、それらと同じ題材を取扱つた石版画集が「神よ共にあれ」と題して紙挟み式の体裁で再び出版せられ、それは殆ど夜通し飛ぶやうに売れて行つたが再版の一部は軍事当局の手に没収せられた。

一九二三年、「此の人を見よ」なる題命のもとに、ブルヂョアヂーの性生活の描破を内容としたところの素描版画八十四と着色版画十六からなる尨大な石版画集が出版せられたが政府は即日これを没収し「不貞淑なる画」といふ理由のもとにグロッスを告訴した。そしてその翌年の春の判決の結果は画集中の二十二枚の画を破棄することと、彼と出版業者を罰金刑に処することを言ひ渡した。

一九二八年、またまた画集「ヒンターグルント」中の素描三枚が引つかかつた。これは伯林のピスカトール劇場で墺太利の作家ガシェクの反戦小説「沈黙」を脚色上演したときにグロッスがこれのため一聯の素描を描きあつめてマリク書店から出版したもので、劇の失敗に反してこの画集は墺太利の専制政治と軍国主義を骨髄まで憎悪してゐるガシェクの内容を余りにも忠実に伝へてゐた。そのため検事はその中から三つののつぴきならぬ絵をつまみ出したのだ。その絵は宗教と支配階級と軍国主義の緊密なる結びつきを曝き散して余りないものであつた。例によつてグロッスと出版業者が法廷に呼びだされて絵の破棄と罰金刑を申渡された。だが越へて一九二九年四月、伯林地方裁判所で再審の結果は前審をくつがへしてめづらしくも無罪の判決が下つた。

この法廷で判事はグロッスに訊ねた。

「被告はその方の画が、広汎な独逸人民をいらいらさせてゐるといふことを知つてゐるのか?」

グロッスは答へた。

「私も言はゞ独逸人民に属してゐるのです。そして教会が戦時に、殺人や放火の伝導演説をやるのにいらいらさせられてゐるのです。じつさいに辱しめられてゐると感ずるのは誰でせう。私は殺人者や放火ものの感情のために不安でたまらないのです。」

こゝで私は此の文を「終了」としたい。だが「グロッスのヘルツフェルデ」のためもう少し紙面をのばさせて呉れないか。

ヴヰーランド・ヘルツフェルデとは、グロッスにとつての終始一貫まことによき共働者なのである。彼は左翼文芸家であると同時に左翼出版業者である。最初グロッスを世に紹介したのも彼であり、彼の経営する「マリク書店」の出版物によつてグロッスを広く世界に送り出したのも彼である。一九一六年以来現にグロッスの著書は殆どここから出されてゐる。一九二四年には彼によつてマリク書店の中に画商「画廊グロッス」さへ設置された。或ときは「芸術は危機にある」のごとく一心同体の共著者であり、検閲制度の昆棒にグロッスがけつまづけば彼が決つて力強き介添の役にあたつてゐる。

私はグロッスのこのこよなき同志ヘルツフェルデにおくがきを頼みたい。よつておしまひの事件に関する彼の法廷におけるサイレンのごとき応答をくりつけてこの書の跋に代へる。

5.

判事が前のグロッスのおどけた答弁に手を焼いて、引続いてヘルツフェルデの訊問に入つたとき、彼はこの裁判を新しい戦争準備をしてゐる権力に対する闘争のなかの小さいエピソードに過ぎない、とうそぶいて訊問の消点である「宗教への侮辱的行為」なんどは問題でないとあしらひつゝヘルツフェルデは語を強めて言つた。

「問題は数百万の人々に、新しい戦争について警告することにある。言葉や絵で、あらゆるとき、あらゆる場所で、戦争の危機について叫ばねばならない。そのために我々は戦ひを企てたのだ。」

「で被告はあらゆる戦争に反対なのか?」

「否! 我々は、内乱、奴隷の抑圧者に対する戦争、

「帝国主義戦争に終結を告げる戦争には讃成だ！」
——北満ハルピンの旅宿にて一九二九年九月一日——

——

図版目次

ある資本家（表紙）……1921
作画中のゲオルゲ・グロッス（扉）——一九二六ベルリンの画室で——
夜会　原色版……1922
短い腕——長い指……1926
又はドールンの不思議　見よ、俺は一日中お前の傍にゐる
1 分娩……1916
2 死刑……1918
3 郊外……1917
4 慰みの人殺し——畠道における……1916
5 ——……——
6 ——……1926
7 ——……1925
8 神が恵みを垂れんと欲する者へ……1928
自然は万物を美化し尊くする。万物は自然の懐で敬虔な思索様式のミルクを享楽してゐる。
9 巴里……1924
10 恋……1920
11 ——……1925
12 前庭……1921
13 似合しからぬ夫婦……1922
14 喚起……1925
15 愉快なる生活……1925
16 ——……1925
17 ——……1924
18 物質化……1920
19 ドイツ、冬のお伽噺……1918
20 威嚇自働装置……1920
21 詩人ハーゼフエルドの肖像……1920
22 ——……1920
23 トーマス・ロウランドソンの思ひ出に……1921
24 神の意にかなへる従属……——

25　金持の蝦蟆め……——
26　祖国にお前を結びつけろ!……1922
27　共和制——案山子……1922
28　泳げるものは泳げ、弱すぎるものは沈んでしまへ……1922
29　飢え……1919
30　ノスケお芽出度う!　プロレタリアートは武装解除された!……——
31　照明——忠実なる召使のために!……1926
ミツヘルよ、お前は悟つたか?　今こそお前は、奴が一等い、スープをお前の眼前から盗み去つて行くのに気がついたか?(ハインリッヒ・ハイネ)
32　ドイツ共和国陸軍に於ける……1926
ゲスラーの演説に従へば、「われ〳〵は総ての点に於て日一日と共和的により共和的になつて行く」
33　彼等は自由のために闘争したから……1925
34　教会を保存せよ!……1926
チットモ安心して食事が出来ない!　お前方の坊主はお前たちにもつとクリスト的な節制を教へるべきだ!
35　利益と愚鈍……1924
ヂュネーブの幻
36　宗教は人民に対して保存されねばならん……1922
タタラタタ　産めよ殖えよ」
37　知識階級の歌……1922
体《み》も財産《たから》も子供も妻も奪《と》り給へ、さは言へ精神《こころ》わが身に残るべし!
38　戦後の牧歌……——
39　確かに祖国はお前に感謝してゐる!……——
40　戦線ではドイツの訓練は如何にして保たれたか……——
41　私の年金……——
42　——……1925
43　配当金の由来は……——
44　——……——
45　生活を喜べ!……1922
46　「貧困は家中の一つの偉大なる光輝である」——リルケ——……——
47　自分の世帯は貨幣価値だ……——

48 彼が労働に従事してゐる間は!……――
49 ――……1925
50 ――……1925
51 ――……――
52 ――……――
53 「青物」が友達として人民に贈られた……――
54 四年間の人殺し……1922
55 ――そして彼の将来は……1922
56 労働者の転地療養所……1920
日光と外気とをプロレタリアートに!
57 愛する祖国よ安らかなれ……――
58 国立裁判所はかうあるべきだ……――

柳瀬正夢編著『無産階級の画家 ゲオルゲ・グロッス』
鉄塔書院、1929・11・20

柳瀬正夢画集

例言

□本書には一九二六年の三月から一九二九年の二月へかけての、かうした版画の約三分の一が拾ひこまれてゐる。

これらは殆ど無新本社の編輯室内で締切間際に慌しくかゝれたものだ、と言つて今頃芸術的形式の不備なんか問題にしてゐるんぢやない。たゞかゝる闘争の跡をふり返るとき、尽きない思ひ出の湧出からどうしても零れ落ちてくるものが、全国津々浦々の労働者農民から矢継早に寄せられてゐた実に具体的な緻密な啓蒙と批判の言葉なのである。今度の奴はこゝが間違つとるぞ、次号はかうして呉れんか。これらの執拗な声にかきたてられ、編輯の厳密な濾過と淘汰に打ちたゝかれて、ヒ弱い小ブルの持つてゐた筆が、プロレタリアート自身の持筆へと頑強に仕上げられて行つた。本書の画の成長の過程と記念的意義はこの間にのみあるんだ。随つてこれらの画は我々の×××労働者と農民、全国の労農××××の力によつて出来上つたものだと言へる。誰のもので誰におくるべきかは言はずと知れてゐる。たゞ僕個人の仕事としては技術の未熟のみがまざ〳〵と羅列されたに過ぎぬ。

なほ僕は、当時「俺達の画筆を送れ！」の声に応じて野から街からその現物を無新の編輯室一杯にさし送られた労農同志の手堅き熱愛の感激を忘れることが出来ない。表紙、扉画類型の画は全部この材料によつて生れたものだ。

□俺達の画筆とは何か、槿《むくげ》の軸がそれだ。――ある地方ではこの木をはちすとも言つてゐるが。――農村民家の垣根にめぐらされてゐる芙蓉に似て、腫れぼつたい花弁を空に開けてる焦茶色の体をした背の高い木だ。これを手頃な長さに切つて、先を小石で十数度叩き割ると、実にねんばり強い農民の精力のやうな繊維が現はれてくる。これに墨汁を含ませればそれでいゝのだ。――俺達にはタヌキの毛やキツネの毛がなくても画はかける。――ブルヂョア的な筆と違つて腰が強く、のび〳〵とした画のかけるのが特質だ。

□ついでにも一つ我々の画ペンの作り方を知らせる。沼池か河つぷちに水をなぶつて切立つてゐる葦《あし》の軸をへし折つてきて、一方を竹槍のかたちにそげばいゝ。そしてその穂先へ真中からペンのやうな割目を入れておくとこれで我々の親しめるペンが出来る。この二つの方法は早速やつてみてくれ。

□判りきつたことだが、本書は観賞すべき本ではない。最も有効にプロレタリア的に利用さるべき本である。我々の職場に、日常闘争の場面に、程よく此の材料をこなしこんで欲しい。部分々々を切りとつたり、組み合せたり、文字を書きかへたりなどして。

□本書出版に当つてまたつく〴〵と僕は自由なき日本を考へる。版面にカマだのハンマー銃剣などの消え込んでゐるのもそれだが、書肆の意向で更に画面を削りとつたり、文字を伏せたり、ある部分を遠慮したりせねばならなかつた。最後の頁に近く、描写技巧が目まぐるしく変化してゐるのは運動の発展に伴つて追撃急なる暴圧の反映である。

□なほ本書には、国際盟友誌からの翻案による画が二枚入つてることを断つておきたい。

□説明文中特に発表紙名の明記してないものは全部無新である。

□資本家と地主の×××、五十七議会がいま解散された。切つて落される選挙闘争の幕・労農大衆×××へのこのよきモメントに幸あれ！

——一九三〇年一月レニン記念日の宵——

目次

戦争の準備を押しつぶせ（表紙）

われら掌上のブルヂョア（扉）

さあ兄弟、手を握らう——若槻内閣の社会政策——（二〇号　一九二六年三月二十日）……一

若槻内閣は第五十一議会に労働組合法（その実は組合破壊法）争議調停法（争議鎮圧法）を社会政策と称して提案。これに対して全国に、組織労働者二十万に及ぶ未曾有の大示威運動が起され遂に前者を握りつぶさした。

臭議院の幕閉ぢ（二二号　二六年四月三日）……二

第五十一議会は前出二法案で無産階級弾圧法の審議と田中の三百万円事件山梨の議員買収事件憲政会の松島遊廓事件等泥仕合に終始。一方議会内の猿芝居を尻目に先に解散された農民労働党の更生労働農民党が三月五日呱々の声を揚げた。

職場から街頭へ（二五号　二六年四月二十四日）……三

おれたちはメーデーに行くよ、アバよ！

支那革命の巨頭（「文芸戦線」二六年六月号）……四

農村の暴状（三九号　二六年七月二十四日）……五

立入禁止反対！　検挙反対！　暴圧反対！

ブルヂョア座に現れた怪物（四五号　二六年九月四日）……六

八月労農党京都滋賀支部及同地方無産団体協議によつて議会解散請願運動が提唱された。門戸閉鎖サボタージユで闘争を拒否してゐた社会民主主義幹部を押しのけ瞬く間に全国的運動に発展しブルヂョア地主及その手先の恐怖する議会解散運動の幕が切つて落された。

あとの祭り（五二号　二六年十月十六日）……七

小作人「遅かつた地主さん、俺ハア腐らぬうちに稲を刈つただ。」

戸を開けろ！（「労働新聞」三三号　二六年十月二十日）……八

七月二十六、七両日の労農党第三回中央委員会で、西尾、川村、安部、賀川等の右翼幹部は左翼の評議会、無産青年同盟、大衆教育同盟、水平社無産者同盟の入党拒絶を決議させ、同党をブルヂョアに奉仕させるために右翼の指導下につなぎとめる事に成功した。之に対して抗議運動が全国から捲き起され始めた。

打ちそこねた芝居（「労働新聞」三四号　二六年十一月五日）……九

単一無産党、門戸開放の要求が益々激しくなつて抑圧し切れなくなつたので、総同盟、官業等の右翼ダラ幹は、労農党そのものを破壊しようと企らみ十月二十四日の第四回中央委員会開会とともに大挙脱退した。だが大衆の支持によつて党は微動だもせず、ダラ幹の陰謀は美事に失敗。

御主人のお気に召すやう（五六号　二六年十一月十三日）……一〇

右翼幹部の裏切行為に対して総同盟大衆の間からも反対の声がごう／＼と揚がり、労農党脱退反対同盟が組織された。総同盟幹部は反対者を除名して十二月五日に右翼だけの社会民衆党を樹立した。

嶮しい路を恐れて——あぶない「階級的正道」の正体——（五八号　二六年十一月二十七日）……一一

総同盟大衆の脱退反対要求にチョックラ乗つて見たために除名された、麻生、加藤、棚橋、望月等の中間派幹部は、労農党に復帰しないで日本労農党を結党し組合同盟を組織し右翼幹部から離れて進出し出した総同盟大衆の左翼化を中途で阻んだ。労農党では大衆の要求に基いて直ちに合同を提議したが拒絶された。

中々よく踊るぞ（「労働新聞」三五号　二六年十二月五日）……一二

今日のドン・キホーテ——これで政治運動に乗り出す——（六一号　二六年十二月十八日）……一三

不景気の内幕（六二号　二六年十二月二十五日）……一四

暴露されたエセ無産政党の仮面（六三号　一九二七年一月一日）……一五

社会民衆党——鈴文、資本家の手代、鎌倉の御別荘から自動車で御通勤。日本農民党——須貝、女郎屋の亭主、政友会の出店。日本労農党——麻生、左にも非ず右にも非ざる中間道綱渡り名人、木製のおんまにまたがつて分裂政策一点ばり、勇ましいカケ声の仮面をはいで見れば生来の腰抜け。

労働農民党第一回大会開かる!!!（「労働新聞」三六号　二七年一月五日）……一六

入営（六五号　二七年一月十五日）……一七

国際労働会議の内幕（六五号　二七年一月五日）……一八

第十回会議では労働者の団結自由の原則さへも恥知らずに否決し去つた。左翼組合は否認の態度を取り其の代りに真実に労働階級の味方である太平洋労働組合会議を支持してゐる。総同盟大衆の間からも否認の声が猛烈に挙げられ、鈴文松駒輩のブルヂョア番頭どもヤッキになつて抑へつけてるが年一年強まるばかりだ。

支配階級の陰謀に此の一撃!!（「労働新聞」三七号　二七年一月二十日）……一九

だまされるな！（六六号　二七年一月二十二日）……二〇

日労党の三宅須永のダラ幹日本農民組合を分裂さして全日農民

組合を組織し組合同盟とゴッタまぜにし労農総聯合と称す。頭数だけそろへて置けば選挙の時好都合と云ふのが幹部の腹の底だし成立の由来が由来だけに間違つて入りこんだらヒドイ目に合ふ。

三党首妥協す（六七号　二七年一月二十九日）……二一

第五十二議会。泥仕合で予算不成立を恐れた金融ブルヂョアは政権盥廻しを約束して三党首を妥協させ、血税二億七百万円を金融ブルヂョアに呉れてやる震手法案と十七億の巨大な予算案を無審議で可決通過せしめた。

労働農民党の旗の下に（「労働農民新聞」二号　二七年二月一日）……二二

日支労働者団結せよ！（六八号　二七年二月五日）……二三

この味は忘れられぬ!!（六八号　二七年二月五日）……二四

此の奴隷を見よ（六九号　二七年二月十二日）……二五

『世界平和』の仮面にかくれた軍縮会議（七一号　二七年二月二十六日）……二六

民衆を愚弄して民政党成る（「労働農民新聞」五号　二七年三月十五日）……二七

三党首妥協で一時混乱を防いだ金融ブルヂョアヂーは震手案二億七百万円を懐にねぢこんだので暫く政局を安定させるために憲政と本党とを野合させた。憲政会は「特権階級の走狗」「民衆の敵」と悪口した政友本党と仲よく手を握つて民政党をつくつた。

うしろの影を見よ、軍縮会議の正体（七四号　二七年三月十九日）……二八

デモへ！（七五号　二七年三月二十六日）……二九

労働者と農民はいづれを支持するか？――ニッポン資本主義帝国は何を狙つてるか――（七七号　二七年四月九日）……三〇

治安維持法最初の犠牲――京大事件学生三十八名の公判（七七号　二七年四月九日）……三一

メーデー近き日に現れた怪物――田中反動内閣成立す――（七九号　二七年四月二十三日）……三二

前途暗憺たる金融界の危機を切り抜けるためには若槻内閣の無力さを知つた金融ブルヂョアヂーは台銀救済案を機会に枢密院をしてこれを倒壊せしめ田中軍事内閣を成立せしめた。田中内

閣は労農大衆の反抗を抑圧し、搾取し、金融資本の安泰を持ち来たす事に、その成立の使命を置いたのである。

街頭に出よ（八〇号　二七年四月三十日）……三三

起て！　万国の労働者（「労働農民新聞」八号　二七年五月一日）……三四

握手しよう（八二号　二七年五月四日）……三五

裏切り者と結ぶ社民党幹部（八三号　二七年五月二十一日）……三六

社民党では五月上旬宮崎松岡二名を国民革命の裏切り者南京政府の招待に応じて渡支せしめた。これはブルヂョア政府の手先になつて真実の日支労働者提携を妨害する策略であつた。

工場から工場へ——工場代表会議続々開かる——（八四号　二七年五月二十八日）……三七

金融恐慌。工場閉鎖賃銀不払解雇小口預金没収が労働者の頭上に襲ひかゝつた。これに対抗して工場閉鎖反対賃銀支払の闘争が工場から工場へと捲き起され、全国の各都市に工場代表者会議組織の運動が燎原の火の如く発展した。

農民代表者会議へ（八六号　二七年六月十一日）……三八

農村の農民たちは都市労働者の工場代表者会議に呼応して村民大会農民代表者会議を開き金融恐慌で傷を負つた地主たちの猛烈な立入禁止襲撃に対して戦つた。かうして労働者農民の固い提携の下に都市農村相呼応する全国的闘争へと発展した。

民衆の膏血で肥えるものは誰ぞ？（八六号　二七年六月十一日）……三九

政府は支払猶予令を布き臨時議会を召集して又々七億円の血税を金融ブルヂョア救済のために支出した。資本主義的危機の救済費、ブルヂョアヂー救済費は凡て労農大衆の負担へと転化される。

農民大会へ集まれ（八七号　二七年六月十八日）……四〇

田中大将の公平なる肥料分配論（八六号　二七年六月十一日）……四一

内閣総理大臣田中義一閣下は去る五月六日の議会で「農村振興とは肥料の公平な分配であります」と言明。

分裂の魔手を撥ねのけろ（「日本交通労働総同盟機関誌」第四巻第六号　二七年六月一日）……四二

咄！　この軍閥政治！（八八号　二七年六月二十五日）

……四三

何一つ言はせぬ此の暴圧（九〇号　二七年七月九日）……四四

労働者農民の代表を支那へ（九〇号　二七年七月九日）……四五

宮崎松岡が渡支して裏切り者蒋介石と提携したり、田中内閣の対支侵略が益々露骨になるので、日本の労働者と農民のほんとの意志を支那の労農大衆に伝へ先方の状態を正しく視察して来るために視察団派遣の運動が起つた。

大塚君の評議会葬（九〇号　二七年七月九日）……四六

花木ゴム争議応援団として南千住署に検束され死亡した評議会関東代表の大塚一郎君の葬儀（評議会葬）は三日執行された。南千住署は司会者をはじめ各団体代表の弔詞を中止し葬儀を解散し百数名を検束した。

言論出版集会の自由を獲得せよ……四七

民衆より言葉を強奪する奴等（九一号　二七年七月十六日）……四八

新軍閥蒋介石（九二号　二七年七月二十三日）……四九

蒋介石、張作霖と妥協して北伐を中止し、日貨排斥運動に中止命令を出して日本政府に泣きを入れた。

日刊実現へ！　読者五万突破！――一人は一人の読者を殖やせ！――（九二号　二七年七月二十三日）……五〇

府県会選挙で各政党は何を目指すか？（九二号　二七年七月二十三日）……五一

川崎造船所の××的解雇（九三号　二七年七月三十日）……五二

政府は川崎造船救済と称して、専断的に造船部を海軍省に移管した。同時に三千の労働者は馘られた。しかも十年の勤続手当八十円乃至二百円といふハンタ金で叩き出されたのだ。解雇宣言の際には××と警官隊が工場を包囲し従業員の行動の一切を抑へ、三々五々帰途についてゐるものさへ尾行した。更に川崎以外の労働者でも評議会労農党に属する闘士を検束して十日以上も留置した。

×××の神戸市（九四号　二七年八月六日）……五三

××××××は工場を包囲してゐる。四辻には警官が立つて通行人までも誰何した。（前頁参照）

サツコとバンセッチを殺させるな！（九五号　二七年八月十三日）……五四

人まね、こまね（九七号　二七年九月一日）……五五

人まねこまねの日労党、労農党が提唱した工代会議には反賃下運動を、村民大会には反立禁運動を対立させ、左翼の関東婦人同盟に対立して全国婦人同盟を、借家人同盟に対して同じく借家人同盟を組織した。

投票紙を数へる資本家の役人（一〇二号　二七年九月二十五日）……五六

投票日になつても工場から出さず口を緘し手を縛し無自覚大衆をだまくらかして投票をかき集める者は誰ぞ。その手先となつて民衆を抑へつける者は誰ぞ。

『怪我は心のゆるみから』とよくもぬかした安全週間（一〇三号　二七年十月一日）……五七

××と資本家は協力して十月二日から一週間を安全週間として「怪我は不注意粗忽から」だの何だのと書いたポスターを工場内外に貼り廻して一年に何万もの兄弟を片輪にしたり殺したりするのは自分たちではなくて労働者が不注意に作業するからだと宣伝した。このゴマ化し宣伝に憤慨した労働者は「資本家が不完全な設備で休憩時間も碌に与へず長時間酷使するからだ」と工場施設改善八時間労働の要求闘争を安全週間に対抗して捲き起した。この画は無産者新聞紙上に載せられるや各組合ニュース、ビラ、ポスターに再録されて工場の中に広く撒布され闘争××××××××役割を果した。

此の暴圧と戦へ（一〇四号　二七年十月五日）……五八

突進しろ！（一〇五号　二七年　十月十日）……五九

俺たちの労働調査に加はれ（一〇五号　二七年十月十日）……六〇

安全週間の次には十日から労働調査が行はれた。此の調査は隅から隅まで欺瞞的なもので、労働者の悲惨な生活条件を隠蔽するためのものだ。統一同盟ではこれに対抗して十七日に暴圧を冒して「俺たちの労働調査」を行つた。

怪物徘徊して天地暗し（一〇六号　二七年十月十五日）……六一

全大衆は共同して政治的自由獲得の闘争へ進め（一〇七号　二七年十月二十日）……六二

頻々として抜剣（一〇八号　二七年十月二十五日）……六三

芝浦争議団に加へた抜剣事件、秋田の農民への抜剣、函館の抜剣事件等頻々として抜剣事件が起る。ブルヂョアと地主が誰や

らの背中を叩いてゐるのが見えるではないか。
地主の来ぬ間に立毛かり取り――××××の偉力――（一〇九号　二七年十一月一日）……六四
サヴエート同盟を××！――ロシア革命十週年記念――（一一〇号　二七年十一月六日）……六五
第五十四議会を解散せよ（一一一号　二七年十一月十日）……六六
×のしたゝる十七億六千万円（一一二号　二七年十一月十五日）……六七

田中政友会内閣は第五十四制限議会に於いて十八億の巨額なる予算を無審議のまゝ通過させようと企らんだ。これは歳費十七億六千百万円は歳出、×××××××、追加予算二千万円だ。ところで、莫大なる軍事費は租税外の租税として民衆から間接に徴集されるし警察費は地方費として地方自治体から搾りとられる外、予算面に現はれない徴税は実に莫大なものになる。実にわが反動内閣の財政は他のいかなる国に較べても所謂苛斂誅求の度がひどい。

全労農政党は合同せよ（一一六号　二七年十二月一日）……六八

帝国主義諸列強は軍備を撤廃せよ（一一七号　二七年十二月五日）……六九

第四回国際軍縮準備委員会に出席したサヴエート同盟代表は、苟くも世界平和のための軍縮と云ふ以上はよろしく軍備を全廃すべしと提案した。帝国主義代表はよつてたかつてこれを否決し、軍縮会議とは軍備拡張の隠蔽にすぎない事を暴露した。此の提案は口に平和を唱へてその実戦争準備に余念のない帝国主義列強の心胆を寒からしめた。

東京市会を解散せよ（一一七号　二七年十二月五日）……七〇
住むところなし、在満八十万同胞（一一八号　二七年十二月十日）……七一

満洲間島地方に移住せる×××の大群は解放運動の強い支柱になつてゐる。これに恐怖したブルヂョアヂーは張作霖をして耕作地を取上げ住宅を焼き払つて彼等を内満の氷雪に閉された曠野に駆逐せしめた。

広東の労働者農民、赤旗高くサヴエート政府を樹立す――工人には飯あり、農民には田あり――（一一九号　二七年十二月十一日）……七二

帝国主義の番犬南京政府（一二〇号　二七年十二月二十日）……七三

此の威力！（一二〇号　二七年十二月二十日）……七四

川崎造船部三千の労働者立っ！

野田へ！　野田へ！——野田争議を応援しろ！——（一二一号　二七年十二月二十五日）……七五

野田醸造労働者千二百名は賃銀値上外六ヶ条の要求を掲げて九月十七日総罷業に入った。資本家茂木は組合破壊を企らみ官製私製の暴力団を活躍させて狂暴に弾圧した。総同盟幹部は始めから闘争を抑制し、全国労働者からの応援を凡て拒絶し争議団を孤立させ翌年四月二十日には争議団を強制的解散せしめて遂に争議を敗北せしめた。

闘士の面影（一二二号　二八年一月一日）……七六

上から　同志佐野學、同志山本懸藏、野田律太氏、大山郁夫氏、細迫兼光氏（野田、大山、細迫の三氏も曽ては我等の闘士であった！）

一九二八年を共同して戦へ（「労働農民新聞」三〇号　一九二八年一月一日）……七七

造船会社のトラスト計画が進めばまづ此の通り！（一二三号　二八年一月五日）……七八

金融恐慌後急速に資本の独占への傾向が早められた。わけて帝国主義の武器や軍艦製造にあたる造船業はトラストが意識的に計画されてゐる。失業、時間延長、待遇引下げといふ労働者を犠牲とする整理はトラストへと進行してゐる。川崎を見よ、石川島を見よ。全国的に失業が襲来した。

羊の皮着た狼のお使ひ（一二三号　二八年一月五日）……七九

野田争議を勝たせろ（一二四号　二八年一月十日）……八〇

同じ穴の狸（一二五号　二八年一月十五日）……八一

「二大政党はよろしくその二大政策を掲げて争ひ、それよつて議会を解散するなりせぬなりせよ」と全ブルヂョア新聞は云ふ。恰も政友、民政の二大政策が対立したもので国民の去就を決すべき国家的大問題であるかの如き宣伝。奴等はかうして揃ひも揃つて民衆をだましてゐる。国家的大問題は反対に労働者農民が団結した力で彼等のかうした欺瞞政策と戦ひ生活窮乏から脱するために闘争することだ。この闘争をするかしないかこれが労働者農民の去就を決すべき問題だ。

議会解散民衆大会へ（一二六号　二八年一月二十日）……八二

投票日を公休にしろ（一二九号　二八年二月五日）……八三

最後の制限議会も民衆欺瞞裡に了り所謂普選が始まつた。普選とは名ばかりで、労働者の選挙運動は身動きならぬ様に制限罰則で固められ、演説会は解散されるし、中止注意で政見発表すら許されない。おまけに投票日は工場に縛られてゐるから投票も出来ない始末だ。

これでも普選か？（一三二号　二八年二月十日）……八四

建国祭をぶつつぶせ（一三二号　二八年二月十日）……八五

投票日を公休にし日当を出せ（一三三号　二八年二月十二日）……八六

労働者と農民は労働者農民の代表を選べ（一三五号　二八年二月十八日）……八七

ブル政党の政友会民政党その他の有象無象は鳴り物入りで義務教育費国庫負担だとか地租委譲だとか欺瞞的なおしやべりで労農大衆をだまくらかし投票掻集めに狂奔。社民党、日労党その他の社会民主主義的党はブルヂョアの政策に従つた。独り労農党のみが労働者農民の圧倒的支持をえた。プロレタリアートは独立的な活動を展開してその基礎を大衆的に確立した。

ウヂ虫どもを掘りかへせ（一三六号　二八年二月二十日）……八八

新普選議会を解散しろ……八九

ブルヂョアと地主は労働者農民の選挙運動に徹底的な圧迫を加へ、一方欺瞞的なオシヤベリと、買収、強制、によつて圧倒的多数を齎ち得た。普選議会の名に於てその益々狂暴な支配を労農大衆の上に恣いまゝにするであらう。

奴等の手にのるな！（一三八号　二八年三月一日）……九〇

暴圧をハネとばせ！（一四二号　二八年三月二十三日）……九一

資本家地主政府は三月十五日未明日本共産党に対して全国一斉の大検挙を下しその数百名が治安維持法違反として投獄された。此の検挙は××××××××××××××の××と、×××××のための準備にほかならない。労働者農民のために最も勇敢に戦つた人たちは今資本家地主の手に捕はれて獄中に呻吟してゐる。

雑草と思つたは見当ちがひ（一四三号　二八年三月二十六日）……九二

一、「ヤヤヤヤ赤い毒草だ今のうちに引つこ抜かねば……」

二、「わけはないさ、根こそぎ抜いてやらう……ヨイトコショ……」

三、「ウワー……頭が出た！」

四、「キヤツ!!」

犠牲者を救援しろ（一四四号　二八年四月五日）……九三

三団体解散反対（一四六号　二八年四月十六日）……九四

四月十日、政府は労働農民党、労働組合評議会、無産青年同盟の三団体に解散命令を下した。これらの××ある三団体はいづれも、労働者農民の利益のために頑強に闘争したものであつた為め解散されたのである。政府の此の暴圧に対して暴圧反対、三団体解散反対の闘争が迫害をくゞつて展開された。

俺たちの要求（一四七号　二八年四月二十一日）……九五

メーデーへ（一四八号　二八年四月二十五日）……九六

共産党事件公判――暗黒裁判を公開せよ！（一八一号　二八年十月五日）……九七

新潟三千の農民起つ――退けば餓死だ、全農民は×××！――（一八二号　二八年十月十日）……九八

労働者と農民の国を××――ロシア革命十一週年記念――（「戦旗」二八年十一月号）……九九

弾圧に逆襲せよ（二〇四号　一九二九年二月一日）……一〇〇

『柳瀬正夢画集』叢文閣、1930・2・12

狂犬に噛まれる

「おつゝけ九月だ！」

だが無産階級にとつて九月でない月があるのであらうか。

我々は年がら年ぢう九月の中に立たされてゐる。

無産階級の心臓の上に烙印された九月、「九月」といふコヨミの文字はいついつまでも赤々とかきたてられる。

南葛の同志等が亀戸に×されたのはいつだつたか。

××と××の、無産大衆の××数千個が焼土のハシ〳〵に棄てられてたのは、

××夫妻、××少年の絞×体が井戸底から、堀り出されたのは、

サムライ帝国の「白色××」が××とサーベルと×××を×に濡らし乍らのさばり歩つたのは、

なほ罹災者無産大衆救援のため、労働者と農民の国から穀物を満載してきた船、ソヴエト・ロシアの「レニン号」が荷上を拒絶されて空しく突返されたのを覚えてゐるか。

それら、

一九二三年九月、

かの関東地方の大震災の記憶は我々に生々しい。

だが、今も無産階級は××の九月を歩つてるのだ「何

処に」

サムライ帝国主義の下敷にされて、日夜トタンの苦しみを続けてゐる日本プロレタリアの同盟者、××の無産大衆を見るがいゝ！

出兵によつて××の××的労働者農民を××したのは誰だ！

満蒙の塹濠から砲口を揃へて、東西の一翼にソヴエートの国を狙つてゐる蛇を見よ！

労働者と農民の頭脳、我が××党戦闘分子を牢獄にさらつた三・一五事件三団体の解散は昨日だ！

世界戦争の危機を胎んだ空は暗く垂れ、九月の道には我々の前衛を砕くべき、「改悪治維法」が埋没敷設されたぞ！

だが、奴等を××してやるのは、我々の歴史的任務だ。我々は常に大胆にして細心である。我々は九月の経験の中から更によりよく彼等と戦ふべき、我々の戦術を汲み取ることを忘れない。

以下辿りにくいペンで、××の片鱗を記述する所以もこの謂に過ぎなく、この個人的にうけた微かな片鱗にさえ、我々の階級に向けられた、資本主義帝国の「水を漏さじ」てふ馬鹿々々しく大形で、××を極めた、而も組織的な××振りが、反映してゐるからである。たゞ返す返すも恥ぢ入ることは、大衆闘争の中に発生した片鱗でないことそれである。

かの関東大震災の六日目の遭難、今年六月、九州福岡でうけた二つの事件を並べる。

×

一九二三年九月六日夜

ひつきりなしに襲つてくる余震の中を家に居るのは僕位のものだつた。まだ多くの人は野天の中に××の襲来で脅えてゐた。通りは早くからヒツソリカンとして夜は暗く、たゞ夜警詰所の辺りがやゝ明るいことゝ、人通りとては、提灯と共に思ひ出したやうに露路に飛び込んでくる夜警の人達の足音位、それに時々遠くで銃声を聞いてゐた。

僕は寝床の中に絵日記を終らうとしてゐた。ローソクの灯に浮く時計の針が十一時を廻つてゐる。その頃往来の辺りがやゝざわめいたことゝ、その中に自働車の爆音を聞いたことを、夢の中の記憶のやうに朦朧げに意識した。それから静寂に返つて五分とたつたらうか、梯子段の下から僕の名を呼ぶ女性の声が聞かれた。大山さんの女中の声だつた。この物騒な夜に大胆な女だナと思つたが、夜更に訪ねてくるからには、何か突発事変が湧起つたのだらうと、さ程不審にも思はないで下りて行つた。

露路から、がつしと私の手首を摑み取つたのは男の手だ。「何をするんだ!」反射的にかう言つた。「黙つて出て来い、此の野郎!」白い刺子の柔道着に白ヅボン、足袋跣、不浄縄を腰に下げた毬栗頭の男、淀橋×の××だ。片方の闇から飛かゝつて残つた方の手を摑んだ男は、青ざめた顔にチヨビ髭を蓄へた軍服の士官だ。

僕は此の士官によつて昼間の出来事を想起した。

この真夏僕は大山さん(元労農党首)の家族と房州の海に居た。僕が帰京して二日目が大地震だつた。昼間大山さんの戸塚の家を留守居し乍ら、大山さんの安否が気づかはれてならないので、も一人の友人を草鞋掛で房州へ送り出した。友人を送り出した後だつた。

呼鈴のけたたましい連続にドアを開けると、そこに棒

立ちしてゐるのが此の男だつた。肩のレッテルが中尉だ。中尉の後ろには光つた眼と頭が折り重つてゐた。その透間から、生垣の外に×士達の動いてゐるのをみた。

令状についての押問答を省く。

ましらの如き敏捷さでドッと闖入した彼等、六人許

りの一隊は、入つて直ぐの廊下を二手に分れた。廊下の分岐点へ片足ずつと延ばして踏みとゞまり、腰のものを握りしめてるのが此の青ざめた中尉だつた。

彼等はやがてリノリユームの敷けた書斎に集つて書類の検分に没入した。彼等は予審判検事だ。青ざめた士官が室の一隅にさつきの様な姿勢で銅像の如く突たつてゐる。相変らず腰のものを手にあてゝ。僕は此の緊張し切つた、動物的情景に、さかんなユウモアを感じた。土色した顔面皮、コメカミに彫り出れた青動脈、紙背に徹るとでもいふのか光つた眼光。僕は此の時初めて、ゲオルゲ・グロッツのモチーフを見、且グロッツを理解した。クッションによつてゐた私の手が、無意識の間に鉛筆をもつて紙片の上を走つてゐた。中尉の手が動いた。

「君に命令だ、写生は禁止です!」

この言葉の後で、抜外した抽斗を真中に、両足を投出して、信書類を混ぜつ返してゐる彼等、予審判検事達の間に、圧し黙つた彼等の間にフイに取交された、短い言葉、それを僕は聞逃さなかつた。

「無いらしい」

「矢つ張り房州からやつたのだらう」

たゞそれしきだつた。だが此の一句の中から、あの場合、如何に彼等が組織的××の錯覚的幻想を信じてゐたかゞ窺はれるではないか。而も当時の流言蜚語が奴等の××によつて××的に振り撒かれてゐ乍ら、彼等が各部屋々々の押入を点検したすばしこさと合せて吹出さずには居られない。

往来に引き出された僕は、ざわめいてゐる人影の向ふに、提灯の灯に浮いた自働車の二つの背を見た。用意されてたらしく暗の中から兵士が駆けつけてくる。中尉の命令で、六つの××が僕の胸の辺りを狙つて取巻いた。家を背にして立たされた私にも命令が下された。

「後ろを向かないで、空を見て」

今に×声が鳴るだらう。それでお終ひだ。

だが何の為に殺されるのか判らない。僕の心の平静は昼間の事件に対すると同じだつた。だが何て大形な行為だらう。一人前以上の力を出でない此の小男に向つて。……僕は六つの×口に取巻かれた柳瀬の姿を、客観的に漫画の線で描き出したりしてみた。

恐ろしく落付いた気持で、仆れる前の厳粛な劇的ポーズをとつた。

彼等の恐ろしく現実放れした行為に同化出来なかつた故もあらうが、×人の器具が六つも並んでひどく綺麗に死ねる鉄砲の故もあつたゞらう、だが正直な所を白状に及ぶと、此の時全身に、今思つても辱かしい程、人間的に（蛇足すると此のおろか者は震災直前迄、ニヒリストを以て任じてゐた）ヒロイズムの汪溢してゐた事である。

「休め！」

そこで兵士達の××が放れた。

この間、約二分。多分此の合間に自働車の客は、家宅捜索のため二階へ闖入したのだ。それから出発迄約五分。

兵士達の棒垣の外に、提灯の脚光にテカ〳〵と浮出てくる自警団の人達をみた。平常から親しい見馴れた顔許りだ。米屋、シーツ屋、古着屋、畳屋、飯屋、八百屋等々。老爺に息子に番頭。彼等は歯を剝いて罵言した。

「矢つ張り××人だつたんだナ、道理で馬鹿にふだんから口数をきかない奴だと思つてたよ」

「此の家は平常から毛の長い胡散臭い奴達許り出入りする家だつたよ、まだ少しは隠まつてるのかも知れんぜ」

「悪いことをしやがる奴だけあつて、いけづう〳〵しいや、馬鹿にすましこんで、糞度胸を据えてるぢやねえか。こらつ、よぼツ」

「畜生ツ、俺を睨みやがつたな、どうするか覚えてろ。今ぶつた切つてくれる」

私の頬を圧しつけて提灯の灯が、いくつも次から次へと突き出された。だが気の狂つた群盲といへどまだ此処ではよく踊らなかつた。

一人の兵士が、小瀧橋の暗から馳け出して来た。伝令だ。×士達は、僕を真中に××を肩にかけた。二人は前、二人は私の左右に、残りの二人と中尉は後ろ、「進め！」

落合の通りから小瀧橋を渡つて高田の馬場への道を。大山さんの家の前の通りをだら〳〵と下り切つて突き当つた通りへ来て、空地の中に「休め」の姿勢をとつた。

ぞろぞろと集ひ寄つた気の狂つた群盲の中から、のつそり僕の身に寄り添つた在郷軍人服の若者があつたが、彼は白眼を僕の瞳へ射込むやうにして、顔面筋肉を二三度引き吊つてみせた。彼のカーキー色のユニホームの下から白×の日本×が忍び出た。それを僕の鼻先へチクチクと針先の様な感触で二三度つつさしてみせた。
「野郎戸山つ原で蜂の巣だ！」
横からはみ出てきたのは刺子の黒い消防着で固めた朱面の老爺、熟柿臭い息を吹つかけ、僕の頭のテッペンを、持つてるトビロでコツ〳〵と軽く打つた。
「日本人さまに何のうらみがあつたんだ、やいかんねんしろよ、よぼ！」それからこんな声を聞かれた。「後悔の色を出しやがらねえんだ」「人を人とも思はずいけずう〳〵しい顔をしやがつて、威張りやがつて、土下座をしろ」「俺達日本人はあやまれば許してやる度量は持つてるんだぞ」「許せるもんか××××まえ！」僕の足を梶棒で払つた者がゐた。小石の二ツ三ツが頬を打つた。僕は群盲のするにまかせた。正服のお×りが二人目に入つた。一人が前へ出て来たが、形式的にたつた一度手を広げてみせたきりだつた。それきりだつた。××達は傍観した。中尉も注意はしなかつた。だが群盲のなだれが、×士の破れ垣から僕を奪ひ出さうとした時、無口な彼がこれだけ言つた。
「余りひどいことをしないで……これは××人ぢやない、××主義者だ」
群盲は微かにどよめくらしかつた。
「××主義者だッ」「ぢや石油罐を持たして一軒について一円づゝで火をつけさしたのはこいつだナ」だが気の狂つた群盲といへどまだ〳〵本当に踊つたのではなかつた。
伝令がきた、私達は又前のやうな隊伍で進んだ。坂を上つて、大山さんの家の前をよぎると戸山ヶ原に出た。此処で、今迄おし黙つてゐた兵士の姿態がぼつ〳〵崩れ初めたのだ。もう此処までは群盲も随いて来なかつた。此の頃の中尉の位置は、一番先頭に立つて拍車をガチヤつかせて進んだ。前の二人はその侭だ。横と後ろを囲んだ四人の兵士は、肩から××を外して、僕の腰の辺りに×を擬しつゝ進んでゐた。
星の落ちた黒い夜の上に、土の窪みと小石と雑草の中で僕は落ち込み、蹴躓づきして進んだ。浴衣一枚しか身につけてゐない上に、××と僕の身とは僅かな間隙しかなかつたし、それを彼等が時々抜き差しするために僕の肉はぢくぢくと痛んだ。(浴衣に微かに煮染み出た血痕と腰部にうけた三ツの疵を後になつてみつけた。)

「同じ国家に、こんな奴が生れるのは国家の恥だ！やらんか」

「中尉殿に断らんといかんぞ」

「万世一系の天子さんを知らん奴ぢや、芋差にしてもあきたらん」

「国を乱す奴はかまはん！」

××の取交す無遠慮な会話を聞いてゐた。私の頭を三日目の昼間、市内で目撃した情景が走つた。

至る所の電柱に描きポスターが張られてゐる。

「国賊××主義者を葬れ！　××会」

×に塗れて引づられて行く××。

お濠の土手の脊の低い樹木の中に、戦きちぢかんでる××を、四方から××が囲んで××で××××いてゐる。橋下から珠数繋ぎに引出されてくる半死の××達の間には女さへ混つてゐる。

針金で後ろ手に結へられた菜つ葉服の××の十数個の

××体の真中におつたつてる焼残りの交番。
焼跡の街の街角に放り出された××人の死体。
四谷見付、本所相生橋附近、車坂下その他。
上野広小路の十字路、松坂屋の前の今雑貨店のある所には、ヅボンと片足の靴だけを残した裸体の労働者が、×××××出されて放り出されてゐた。××で×かれたと覚しき、幾個所からも皮を破いて流れた脱腸、流出した血は黒く乾上つて焼土にこびりつき、頭髪は所々剝ぎ取られてゐる。焼跡の掘り返しに往来する人の列が、その大きな屍体を土足と鉄棒にかけて×み×つて行く。側にはこんな立札がたてゝあつた。
「いやしくも日本人たるものは必ず此の憎むべき××××に一撃を加へて下さい。」
僕達の一隊は原つぱをうねり乍ら、伝令を待つては進んだ。林を抜け、丘を下り、線路を渡つて射的場附近から人家の方へ右に廻つた。此処で今迄の兵士が四人抜けた。生垣を幾曲りかすると「戒厳司令部中隊本部」だつた。闇の中を、兵士が左右へパツと、将棋の駒のやうに開いた。突当りの植込の前にも駒が一列並んだ。戸塚辺りの余り広くもないブルジョアの邸宅だ。止つた処が玄関前の広庭だつた。左へ、突当りが玄関で、二人の軍人が事務をとつてゐる。正面に中佐、その側で伍長級位な男が書記をやつてゐる。大テーブルの真中にローソクが点つてゐる。正面の板戸一杯に二万分の一位な地図が張り渡されてゐる。ツーツーツーツー、引つきりなく電信が鳴つてゐる。全で戦時気分だ。
一時間余もかゝつて調書が出来た。
その間、微震が間断なくきたが、一度可成な強震がきた。威厳に脹れてゐた二人の老軍人が、ペンと椅子を放り出し、声さえ立てゝ前庭に飛出した。そしてやがて年齢に相応しい威容を繕ひ澄して入つて来た。
「もう帰して呉れるんですか」僕はこんな愚にもつかない問を試みたが、帰る当はなかつた。
「いや帰れん！　多分憲兵隊本部へ廻るだらう。調べの報告が来るまで待つてろ！」
三十分程経つて先の高等がやつてきた。調書と僕の顔を見比べてゐたが「これは私の方へ貰つて行きます」言ひ終ると両頬を続けざまに×つて、椅子諸共後ろへ引倒した。僕の体は庭の中程へ転り出た。起き上らうとした足を×られた。再び倒れた僕の頭部に、続けさま××を打下した。頭髪を引つ摑んで、のの字型に引摺り廻し乍ら、足袋跣で僕の顔面を×み×つた。幾度もそれを繰返してゐるうちに、体が擦り剝け、唇が裂け、鼻血が出た。漸く高等は僕を引摺つて、近くの、淀橋×戸塚分×の留置場に放り込んだ。

皮肉なことに、ブタ函に入つて僕は始めてホツとしたのだ。フアツシヨオの犬死から免れたことに。

三ツに分れたブタ函に、四人の拘留者が居た。二人は数年振に会つた、TとAといふ、郷里の友人だつた。後の二人は平林たい子君夫婦だつた。平林君夫妻の検束の理由は忘れたが、Tは郷里へ帰るため証明証を貰ひにきて「保護をしてやる待つてろ」と放り込まれ、Aは毎夜夜警に出てゐる××人の弁明に立つて放り込まれたのだつた。Aの家には生み月を過ぎた妻君が独り残されてゐた。

僕の戒厳区域脱出の途次、芝浦、清水港、下関に於いてした×人××の見聞その他、種々書きたい場面もあるがそれらを省略する。

ただ書残したなかで、彼等が僕の家の家宅捜査に当つたとき、土足で、畳の上、夜具の上を踏み荒したうえ、日記帳と幾冊かのコツピーしたノートと書籍と手紙類を持つて行つたが、外に僕が暇々に集めた、古い春画のコレクシヨンが、而もそのうちの優秀なものだけが紛失してゐるには驚いた。あの繁忙の中で、あの真剣な顔をして。（これらのものは後で掛合つたが今に返つて来ない。）それから、有りつたけのものをさらけ出し、畳、天井を捲つたのなどはい丶として、僕の油画用の筆洗のブリキ鑵を撮みあげて、

「やつぱりやりおつたな、ほら石油鑵！」と、貴重な証拠品の発見に勝誇つた一人の判検事のあつたことを、後になつて聞いて、彼等の周章てさ加減に僕は噴飯した。

×

一九二八年六月六日の早朝

僕は、福岡から門司行の列車に身を乗せて、昨夜からの疲れにうつら／＼とまどろむでゐた。

――九州プロレタリアートの心臓である、北九州の工場地帯に、無産者新聞の支局を訪れ乍ら、僕の福岡に入つたのは前夜の九時を過ぎてゐた。I氏の家に落付いて続々と顔を揃へた十年の知己の如き同志達と、二時近く迄も話し込んで終つたのだつた。――

「こらッ起きろ」

「起きろ！　起きろ」

両の腕を二人の男に擱れて、僕の体は引摺り起された。

「誰です?」

「高等は知れたこつた」

一寸睨まへて、彼等は余つた片手で、腰掛の上下を、塵芥箱を、漁る野良犬のやうな恰好で引つ掻き廻してゐる。列車の停車した瞬間らしい。プラットホームを覗くと、二八哩を来て「折尾」駅、七時何分かだ。

「大形だから手を放して呉れ」

「勿論逃げられて堪るか」

更に深く、腋下まで腕を挟み込んで礫よろしく、僕の小軀の足を浮して、改札口から街へ出た。

早朝の折尾署はカンサンだ。二階は会議室らしく更にがらんとして、初夏とはいへ朝の風が冷たい。

僕は、早速椅子の上で一糸も纏はぬ全裸とされた。

「矢つ張り男だ！」

頭髪の中を蚤取眼で掻き捲つた。

両の耳穴に楊子を入れた。

一応、全身をグル〳〵と視線で撫でた。

それから、彼等はタンネンに、そして時々僕の眼を読み乍ら、二人分担で持物を検べた。靴底の革を剥いだ。振つてみてたゝいた。靴下の二重底を、パンツと背広の縫目を辿つた。（二枚縫合したものは何であらうと割いてみる。そのため何もかもぼろ〳〵だ。注意をしたら元通りに縫つて返すから心配するない、と言つたが終にぼろ〳〵のその侭だつた。）背広裏のマークも帽子のリボンも、属いてゐるものといへば皆捲り取つた。サル又を頻に振る。腰紐のミシンの縫目をナイフで切つては開いて行く。容易に捗らない。革手帖の表皮を剥いで馬糞紙を割つてみる。鉛筆挿を覘き込んで、巻込んだ厚紙を突つつき出す。何か出してあげたいものだ。蝦蟇口の中の仕切の一枚皮を無理矢理二枚にしやうと焦る。

それから後も調べ返し〳〵してゐたが、ずつと後になつて、髪の毛の薄い、而しまだ三十に足らない、血の気のない、うらなりのやうな男の方が、一大発見をしたらしい。弄り廻してゐた仁丹の紙容器の中から、パラフィン紙が見つかつたからだ。それを破き出して、

紙質を検べて、陽に透《すか》してみた。

香を嗅いでマッチを擦つた。炙出に何かを待つらしい。

飲みさしの湯飲の茶水に漬けてみた。

引上げて電球に張り附けた。

あはれパラフィン紙は、マッチの炙出に焦げたうえ、茶水に漬けられ、おまけに電球の煤まで溶け込まされたので、茶黒つぽくなつた。ハテ、ナ？

相手の男もそれを凝視した。此の男は、雨続きの湿地に育つた屑冬瓜を想はす。右の頬から顎に掛けて切り下げられた疵跡の窪みが殊にその感を深くする。（その名、本庁特高課思想係次席森田某といふ）此の疵で想ひ出したが、ずつと後に、僕を検べた労働係の主任の顔にも、矢つ張り頭髪から顳顬へ斜交ひに切り込まれた眉間の疵があつた。これらの傷は、検べに際して、威嚇的補助作用を果すものではなくて、反つて逆に、北九州に深く盤踞する、がうせいなる同志の闘争の反映として、一倍の勇気を喚起さすものだと思つた。

しきりに自分のポケットを探つてゐた屑冬瓜は、同じ型の仁丹容器を引つ張り出して、二本の指でパラフィン紙を摘み上げ、うらなりを一寸軽蔑してみせた。職業的意識で多分上役の権威を見せたのだらう。

「そりやどれにもついておりますばい」

「色がとおかしうござつせんや」

これらの喜劇的情景は、恐らく、三・一五事件による調査技術として、中央から、かゝる指令の来てゐるためであらうが、真剣に、たんねんに、お役目大事と臆面なく僕の面前で、公式的にやつてのける所に可笑味がある。

×

紋切型の訊問の後で、冬瓜は僕の頭を撲りつけた。

「いよ〳〵やるな」

ぼろ〳〵にくずされた手帖の中から、知人の名前を拾つてゐるのだ。Sといふ友人に就いて、

「さつきは株屋で絵描きだと言つておき乍ら、今度は

絵描きで株屋だと！　口から出放題、何ちう出鱈目だ！」ポカリ。

冬瓜とうらなりが、二度目の拳を固めて、身をまげる前に、

「も一度撲つてみろ、絶対に口をきかないぞ！」僕の居丈高な反射行動に面食つたのか、彼等はやゝたぢろいだ。尻つ尾を捲き乍ら、冬瓜とうらなりはてれ臭さうにせゝら笑ふ。

「馬鹿、これ位のことで吠えるなよ、奥の手を見せるのはまだこれからなんだぜ」

僕達は、三・一五事件によつて、我が前衛同志に差加へられた、××の数々を知つてゐる。福岡は殊の外××の劇しかつた土地だと聞いてゐた。前夜も、遭難した同志の口から、当時の模様を聞かされたのだ。

女性の闘士が、毎夜十二時を過ぎて、道場に引き出され、全裸にされたうえ、水道のゴム管で打擲され、気絶する度毎に、水をぶつ掛けられ、疵の癒へるまで六十日間もブタ函に放りこまれた。

ある同志は、後ろ手に縛られて吊し上げられ、二人の××に竹刀で撲られた。等々の元始的××直話の数々。

「いよいよやるわい、やるならやつてみるがいゝ、俺の意志の試錬所だ、我々の前衛闘士だつて一声も出さなかつたのだ」だが、それつきり彼等の×力は出なかつた。併しその後の訊問の中へ挟んで、思想主任が、暴力の奥の手をほのめかしては威嚇した。

「言へなければ言つて呉れなくつていゝんだ、俺達は俺達の方法で言はしてみせるだけのことなんだ。後でべそをかゝない方が得だぜ」

「今度の事件で俺達が、奴等をどんなに調べたかは、お前達仲間はよつく知つてるだらう。福岡だけで四十人も起訴できるんだからナ、皆この俺がやつたんだぜ。君には、最初から特別に、紳士的な態度で質問してやつてるのに、しぶといにも程があるよ。どうだ言へないのか……余り好ましくないが、言はなきやいよ〳〵俺達の方法をとるぞ！」

×

歪んだポーズの中へ、も一人、上役らしい男が入つてきた。うらなりと屑冬瓜は、一寸身形を繕つて、月給の

隔り程開き合つた。上役らしいのはテーブルの正面へ割つて入つた。本庁特高の思想の主任、この男だ。蚯蚓のやうな眼を、とらほおむ患者のやうにしばたゝき乍ら、僕に視線を射込んだ侭腰を下した。にやにや笑ひ乍ら、

「よお。……お前も古い闘士ぢやのオ、最初電話でお前と聞いたので、俺の頭へピンときたよ、……お前の書いたものも大概読んどるよ」

嘘をつけ！　用心しろ！　もう鈎を垂らした。……だが僕も、此の男の顔に何処かで見覚えがある……だが、……絵画的に、先づ、起上り法師のふやけたアートラインを描いてみやう。下平顔、青々と剃り落した毛根に埋つて、痘痕の混け込みもそのけぢめがつかない。小さい蚯蚓のやうな眼。鈴木喜三郎の範疇に属するであらう所のちよぼ口。是ら、毛根、痘痕、眼、口、是を画ペンにのぼせば皆一律の米点とならう。即ち、熟れない青苺を描いてこの男を表現する。蓋し此の苺、なか／＼食へない蛇苺。

僕が凡そ、顔の造作に就いて、描写の興味を覚え始めたのは、僕が、此の蛇苺達によつて訊問をうけてゐた際、

此の蛇苺達の毒舌によつて福岡の同志等の顔の造作が、

滑稽化されたことに由来する。今此の試作をその答礼として警意を表する次第である。

×

型の如き訊問の蒸し返し、蛇苺の手で調書が作り直される。

最初僕は、彼等の重点が、何処にあるのか見当に苦しんだ。

何時頃、何処から、何んなきつかけでつけられたのだらう。

彼等は、ブロックの何処を守つてゐる番犬であるか、――このことの必要は、ブルジョアジーの忠実一途な番犬振を、彼等が必然、管轄意識によつて、発揚することで、彼等は如何に飼主の高禄に報ひつゝあるかの実証として、己の最優種を誇るべく、他の管轄を侮蔑してみせる。「だらしのない警視庁や大阪辺りの、ブョ〳〵特高たあ訳が違ふんだ！」其処で僕は、事の引つ掛りが、彼等の衛門を犯したことに掛つており、問題はその限界内、即ち「わし等の管轄区域」だなと知つた訳である。だが彼等を彼等の階級の組織の示威として是だけは後へ附加へる。「世界中で日本程、完全無欠な警察網を持つてゐる国はないのだからな」だから彼等は結句、階級敵に対する階級敵として、何でもいゝから引つぱり出せるだけのものは何でも引つぱり出さなければ損だと慾張る。だが「殊に福岡県の警戒が峻厳の最たる事を知つてゐ乍ら、事件直後に此処へ潜入するんだから、余程貴様はしたたか者なんだよ、何の為に来たんだオイ、あつさり言へよ！」と己の衛門の問題からは外さないやうにして。

―

彼等は僕の何に向つて吠え、且噛みついて来たか？

而し彼等は狙つてゐる問題に、直ぐ様触れやうとはしなかつた。嬲り噛みしつゝよき餌を得やうと少しづゝ齧り附いた。ナップとモップルの組織に就いて、新党組織準備会に就いて、無産者新聞の組織に就いて、その財源に就いて彼等は「ロシアから来てるんだらう。知つてるよ」とせゝら笑つた。無産者新聞の本社と北九州地方の支局の連絡に就いて、――此の訊問中驚くべきことは、支局の紙代納入の状態などが細かに調べられてゐること、尚彼等の饒舌の間から、本社からのレポ信書等が彼等の間へ筒抜けになつてゐることを合せ知り得た。彼等の他の常習×法は想像に余りあるだらう。

饒舌は、彼等一般の通有性のやうにさへ思へるが、彼等は、こちらで無智を装ふと、いゝ気になつて貧しい「博識精通」を振り蒔くものである。必要に応じて、これを誘発さすため此の饒舌の合間々々に巧妙な「おさへ」「きめつけ」のクサビを打つて行くと、それは饒舌の続きの請求として役立ち、それによつて少しでも訊問の時間を費させられるし、なほ此の手先によつて、ブロツク政権の思考力のポイントをも知ることが出来る。又一つには此の技術を利用することによつて、対立階級細胞としての示威にも役立てねばならない。すると、彼等はこのトリツクの軌道に乗つて、歯を鳴らしぷりぷり怒り乍ら走り出すのである。「馬鹿だな、そんな事を知らないのか、奴はかく〳〵しかしかじか……」「そりやこうさ、それ位のこと……」

福本氏と山川氏の理論的根拠、対立について得意に術語を使ひ分け指導分野を説明せられるには聞手の歯が浮いた。続けて日労党幹部雑誌、「労農」については蛇苺が噛んで吐き出すやうに言つた。「奴等が左翼の闘士？馬鹿も休み〳〵言へよ、俺達だつてそれ位のこと知らないで商売になるか、左翼の勢力は大概刈り取つたし、刈り残りの奴を今捜してる最中だ。日労、「労農」の幹部に何が出来るもんか、だから奴等にや、最初から触らないんだ。今からだつて何も出来つこないよ。俺が証明するよ」

兎に角、問題の重点が三月十五日事件で、其処に刑務所送りの札を結びつけやうとしてゐる彼等の意図は、直ぐ頷けた。始め前衛党の活動状態、検挙漏れの闘士の住所、機関紙「××」の印刷場所、それらを根堀り葉堀りして、「無産者新聞や、新党準備会の連絡といふのは口実で、それ以外に此の方の重大な使命を帯びて入つた」のだと思惟してゐたらしい。光栄の至りだが、無いものは光線にかけてもみられまい。で「貴様が『××』を持ち込んだのだ！」といふ畳み込み方は引つ込めておいて、「小倉のHの家」と「福岡のIの家の会合」この「二つの席上で確にそれを見たのだ、で少しもそれを見ないと言ひ切るのは、貴様が持込んだ歴然たる証拠なんだ」

「用紙はしか〴〵こんな風なものだが、どうだ白状しろ！」
　唯此の間の消長を摑むべく、執拗に長い間を狂奔し尽した。彼等一流の野卑で、無礼で、狡智な掛引によつて。時には食慾に誘惑して迄も、足を踏みつけ、テーブルをゆすり、軽く体をこづき、×力をほのめかして自ら疲れては「それが貴様等共通の戦術さ！」と投げやり歎息しながら。
　三日目の夜、
　福岡へ夕方引上げて行つた許りの彼等が、夜の十時を過ぎて意気揚々と引返してきた。
「どうぢや参つたか」
「とう〳〵貴様の泥を吐く時が来たぞ！」
「みろ！　矢つ張り貴様が持込んだのだ、ぐうの音も出まいが」
　彼等の自信振をみると、余程確かなものを握つたらしい。僕は、同志達が総検束を食つたのではないかと心配した。
「貴様は余つぽどしぶといぞ、どうせどちみち放り込まれるんだから、これ位の事を言つて呉れたつていゝぢやないか、こちらにやちやんとした確信があればこそ是だけ言ふんだからナ、僕達が秘密にすべき号数まで打明けて調べるといふことは余つぽどのことなんだぜ、兎に角十三号と四号なんだからナ、……」「持つて来たので無いとした処で、見たことだけは確かだらう。そらあの席上にあつたぢやないか、たゞ見た、と是だけ言つて呉れゝばそれでいゝんだ。どうだ頼むから正直に言つて呉れないか。簡単ぢやないかオイ、此処は福岡だぜ、やるよ……僕達、本庁の思想の主任と次席が夜に日をついで君にかゝり切つてるんだぜ！　少しは此の意気にだつて感じて呉れ給へな、頼むよ」
　此の悲鳴は蛇苺。彼等の重大な摑みものは『××』の号数にしか過ぎなかつたのだ。
　僕は此の一葉のスケツチの上に更に淡彩を施さねばならない。
　先に僕は、此の蛇苺を青い色で表現したが、此日、目の前にした蛇苺は変色を来してゐた。苺の色変りだから勿論青の次に赤く熟れると極り切つてはゐやうが、歌舞伎の金時もかくやと思はる、真赤な蛇苺が毛穴を展げ、屑冬瓜と挟撃で、熟柿臭いメタン瓦斯を吐き掛けるには辟易した。酒に酔ひしれてゐる所へ、13・14の号数が入つたので、取るものも取り敢へず自働車をぶつ飛ばしたのだらう。不安定な体で、やけに卓を打続け乍ら、「どうぢや参つたか」「知らんことなからうが」「どうぢや柳瀬」「どうぢやオイ、どぢやどぢや」息もつかせず、此処を先途と攻立てるさまのおかしさ、やがて時も過ぎぬれば、本意なくなく苺と冬瓜十二時近く退散せり。

×

溶き残しで、も一筆、話は戻つて第一日目、皮切りの訊問を区切つた正午過、蛇苺と屑冬瓜は余程疲労したと見えて、其場にぶつ仆《たを》れて昼寝の鼾をかき初めた。蛇苺はテーブルに両足を投げ出しその侭椅子にのけぞつて、冬瓜はやゝ放れた畳敷の部屋で監視旁、僕に添寝して夜つぴてI氏の家を張つてゐて、寝るか寝ないに此の早朝の追跡、バンドを締め兼ね帽子と上衣を抱へ乍ら飛出した狼狽のさまが彷彿する。

×

プラットホームの柱にかくれた瓜

訊問に就いて、彼等の犯×デッチ上げの巧妙な掛引は先に述べた様な絞切型のものだが、書き加へて置きたいことは、おかしな表現だが、レアリズム的答弁の強請であつた。完全な写真描写に時分を合せねばきかないのだ。是に対しては大概無言で応酬したが、「眼が明いてれば眼に止つてるぢやないか、耳が明いてれば聞えとらんちう筈がないぢやないか、それでは抜けとる足りん、それでは早過ぎる時間との辻妻が合はん」といつた調子。訊問をうけるものは予め蓄音機とカメラの中に身を置いておかねばならない。

×

留置場の平面図は大体いづこも同じものだ。勝手の違つてる点は、仕切のない便所が一隅に同居して、臭気を充満させてゐること。高い天井、それに続いた高窓と、四十角に明いた差入口以外には光の通路もない暗さ位のものだ。

高窓から純く流れ落ちてくる外光を斜にうけて、同志達の油で脂色がつやゝかに光つてる板壁のうえ、処狭しと、爪先で落書した短章、壁新聞の浮出しを拾つてゐると、此の地方の闘争の記録の断片が躍動してくる。是は誰も経験することだが嬉しいものだ。

「××万ザイ」

「労働者と農民の××を作れ！」

「中鶴炭坑はワシ等の地獄だ、オヤヂやカカアのかたき今にとつてやる」

「……××と一処になつて妾をダマシタノデス……」

「……荊冠旗……××……葬れ！」

「悪法絶対反対、我等の前衛を返せ！」

「万国の労働者団結せよ！」

等々。

真昼中でさへ闇の沈澱してゐるブタ小屋のことゝて、蚊群は終日こゝを飛び去らない。——夜、蚊帳を入れないのだ、——夜となく昼となく刺し通して、血脹れた蚊が壁面に針を休めてゐる。それを狙つては昼の徒然に叩き潰して歩くのだが、赤く潰した蚊の死骸を連続して文字を造るのだ。僕は、——

コンクリートで堅めた白壁一杯に書かれた文字を、福岡のブタ函でみた。エキスクラメーションマークの尻だけ未完成だつたが、僕の経験から推して是を書くにはゆうに四日間掛つてゐるだらう。——幾人かの共力とするとなほ面白い。——文に曰く。

闘志！

×

折尾に四日、福岡に五日、怠屈なブタ函生活を過した僕は、彼等の口を借りると「此方では、起訴するに充分な証拠と価値のある奴だが、問合してやつた警視庁の返事が『柳瀬の頭の中までは分らんから』といふことだつたから一先づ釈放する」のださうだ。

十三日夜、十時何分かの汽車で、福岡の空に同志の健闘を祈りつゝ尾行をつけて門司へ向つた。あらゆる自由を阻まれ乍ら。

沿線の空を埋める煙の連続、流れる工場、鋳物、耐火煉瓦、明治紡績、製糖、製鋼、ガラス、陶器、製紙、浅野セメント、サクラビール等々、工場は夜つぴて起きてゐるのか、夜業を続けてゐるのは線材か、容鉱爐か、汽缶工か、製鋼か……北九州のプロレタリアートは焼き弾ける焙烙のやうな中で、今資本の魔に搾取されつゝあるのだ。遠くの暗には嵐を待つものゝ如く筑豊炭田が蹲つてゐる。

三哩に亘つて長駆する魔物、八幡製鉄所を迎へた時、かの一九二〇年二月の二万四千の総罷業が追想された。北九州三十万の労働者の約一割がこの国家産業の大×取魔の下に大量的に生×を絞られつゝあるのだ。

「敗北に落胆するな！　幾百回でも盛り返せ！　彼等の搾取機を、我等の城砦にとつてかへよ！　地を掻き鳴す動力を止めろ！　林立する煙突を明るくしろ！　容鉱爐にある紅焰の舌こそ我等が心臓に燃えたぎる鉄火だ！」

こんなことを呟き乍ら、容鉱爐から吐き出る紅舌の夜空を舐める魅力に引かれて、車窓に寄りかゝらうとすると尾行は周章てゝ腕を掴みとつた。福岡を発つてから哀願し続けてゐる言葉を又繰返すのだ。「停車場や汽車の窓から同志に顔を見せて呉れるな、是だけの約束を是非門司まで守つて呉れ」といふのだ。

「どうか顔を出さないで下さい。主任から懇々注意されて来たのだし僕の責任になるから」

威を借りるべき虎の居ない狐は柔順であつた。昨日の彼は狼だつた。――さうだ×等は皆狐で狼だ――よれよれで灰色のパンツ、擦り減つて口を開けかけた靴、剝つちよろけのアルパカ背広、去年持越のカンカン帽、栄養不良な顔色、油つけのないかさかさの手、辛うじて威厳を保たうとする口髭も相憎あるかなしかの鼠髭だ。何処からみても哀しい存在だ。殊に矮小でしねつこびてゐる形がその感を深くする。僕は網にかゝつて鳴を静めてゐる、尻ツポの切れた毛の剝脱した溝鼠を覗き込んでゐるのだ。彼にも貧しい家族があるのかも知れぬ。減俸が悲しいのかも知れぬ。だが瞞されるな、奴等を過少評価する勿れ、奴等には無慈悲であれ。

×等は矢つ張り狐で狼でブルジョアの爪だ。

十二時過、門司駅着。引継ぎの高等が眠さうに待つてゐてシャツポをとる。

「大変な御災難でしたな」

×

彼等が、訊問の際に、よく、「九州の難地へ使命をもつて潜入するための、お前達一流の戦術」だと称してきかなかつた家族づれの門司行は、子供の整理を目的としてゐたのだ。――尤も是は彼等の為に不成巧に終つた。門司には僕の父の家があるんだ。

僕を検束した次の日、家宅捜査のため、彼等は冬瓜を先頭に五人の勢揃ひで僕の家へ闖入した。――勿論令状も持たず、確答も得ないで――大体は折尾署の初日に僕へしたやうな笑止千万な所持品調査をやつたのだが、彼等は隣り近所を一軒々々荒し廻つたうえ――そのため親爺の営業防害までやつた――門司×に、妻まで引つぱり出して猥雑無礼な取調べをした。

壁紙をひつぺがし、借物のトランクを刃物で切りさき、枕を破き、筆の軸の空洞を突つつき廻しなどしたうえ、がらくた物一束を纏めた。その中に鎌とハンマーの画があつたゞけに持つて行かれた小説本や、「貴様が社説を書いたのだらう、これだけでぶち込んでみせるぞツ」と蛇苺を居丈高にしたS君からの手紙――無産者新聞何号かの社説の内容について疑問を訴へた信書の一部――などがあつたのだ。尚その時、僕の帰りの旅費を引つぱりだして「どこから来てゐるのかこんな金があやしいのだ」と囁き「もう九州を一巡して来た所だ」と驚いた彼等は、行がけの駄賃にル・サックを行衛不明にした。

×

出発の日まで正服、高等、×兵が出入して同志との連絡を監視した。

数日の後、僕達は別府から四国に渡り、讃予線を乗棄て、中国へ渡り、一路東京へ帰つてきたのだが、その間も尾行が一人乃至二人――高松では三人――慌しい引継を重ねて、貧しい家族を護送するのには呆れた。無産階級の×税によつてなつてゐる二百万円の高等警察費なるものがこんな所へも費消されるのだらう。

以上で目的の大体を尽した訳だが、彼等の地方色に就いて、より個人的で、蛇足の嫌ひはあるが、以下残りの断片を差加へる。此の「書き落した尻つぽ」を附け加へることもむしろ彼等猷にとつてはふさはしくなからうか。と……

×

折尾署の三日目、夜の七時過高等の部屋に引つ張り出された。初めてみる高等係の顔が主任らしいのを取巻て六つ許り散ぼつてゐる。

「兎も角出て呉れ給へ、預り物を皆身につけてな」

「帰つていゝんだね」

「いや出すだけだ」

一歩署の外へ足を踏み出すと同時に又ぞろぶち込まうつて寸法なんだ。「救護を要する者」として。

「兎に角、こちらぢや他所の預りもんなんだからね、厄介でしよがないんだよ、本庁の主任も君にや弱つたつて愚痴つてたよ、正直に言つてやつて早く決り給へ……兎も角、今夜はも一度入つて呉れ給へ、その代り差入などは僕の方の金で出来るだけの待遇をするから」

四日目、福岡の方へ廻さるべく、金員の受取証に拇印

を押し乍ら蝦蟇口を調べてゐると、「生卵二個代金十二銭也」が抜取られてゐる。同行の狐が顔を赫らめて言ひ訳を言ふ。

「初めの約束とは違う訳だが、だがこちらにも色んな都合があつてね……少しの金だから勘弁して呉れ給へナ」

×

博多駅の出口に自働車が廻されてゐた。出迎への小さい太つちよの狐が、ニコ〳〵し乍ら僕の背をたゝいた。

「あんた柳瀬さんと？　おご苦労だしたナ」

街外れの西新町署に着いた時、太つちよ狐は又、

「喉が乾きましたやろ待たつせ、オイお茶を持つて来い、給仕はどぎやんとしたや、あたしが一寸沸つしましよ、ヤ、水がなかと、我慢しなつせ」

「こりや何て穢なか、速ぐ掃除をさせて蓙を入れますたい」

ブタ函に入つてから便宜のためにと、彼の名を聞いたが、彼は巧にそれを避けて、僕を放り込んだ。がちやん。彼の顔は終に五日目の夜迄見えなかつた。

一番奥手で空気の乾いたコンクリートの函。

係りといふものが居ない此処のブタ函では、留置人の声は通らない。聞へても狐は聾を装ふのだ。食事時にだけ入つて来るのが、少し足りない給仕君。絶食を続けてゐた僕は箱弁を断つた。茶を運ばすために毎食事に声だけは掛けるやうに言つて置いたのだが……

日照りの続いた蒸暑い四日目、全《まる》一日給仕が声を掛けなかつた日、二日間水を入れてゐなかつた僕は終に倒れて終つた。水を求めて、終日根限りの声を絞つたが、狐は聴覚を持つてゐないらしい。彼等は僕の声を二つの目で、見るだけは見てよぎるのだつたが。

五燭の電灯が廊下から漏れ込んで、黄昏の逃げた暗函の中へ、湯殿の方から惜気もなく撒け零れる水の音が、ざわ〳〵と聞えてきた。宿直室の格子窓には、海獣のやうな濡れた甲羅が幾個も並んだが、ひつつれた喉にもう医者を求める声は出なかつた。熱が出てきた。

×

曇天の、暮れて行く西新町×の二階の大広間の真ん中、十二の眼に囲堯されてゐる僕、速ぐ鼻先にある四つの眼

は、労働主任と思想主任の睨み、執拗な凝視で射竦めんず勢。背後にやゝ放れて監視する八ツの眼は、訊問技術見学中の狐、例の「ドブ鼠」の同僚。彼等の眼は微動の中にも手掛りを読まうとする。僕の眼は、窓を遥に越えて、黒づんで行く松の梢の大木の上に何時までも遊んでゐた。投げ出した机の下の素足を靴先で踏みつけられたと思と、卓が鳴つて怒声が爆発した。

「どうだ、いゝかげんに白状しろ！」

「ぐづ〳〵するない！」

ドン――二人してする卓上と足踏の音――この後の言葉に含まれてゐる彼等の苛立を分析するとこうだ。此の蛇苺達、狼は、今夕郎党打連れて、九州劇場にかゝつてゐる大歌舞伎の総見と洒落る所で、練り出す途中に此の獲物を片付けて行かうつて算段だつたのだ。

「どぎやんしても泥を吐かんと！　仕方なか、今日はこれだけにしやう」

僕は彼等が下りて行く階段の中途に落した同志の消息を拾ひとつた。

「さつき迄居た所たい、次から次に出て奴等も仲々やりおる」

演説会が開かれたのか、デモでもやつてるのか、それとも渡辺工場にストライキがボツ発したのか、而し僕にはどうしてか水平社の同志の姿が浮び出て仕方なかつた。此の昼間、地方裁判所で、『福岡聯隊事件』の公判が開廷されたのではなかつたらうか。そして該事件をデッチ上げた蛇苺達自らが、獲物を×りさく自らの料刀を慰んでゐたのではなかつたか？　奴等の鈍刀を跳ね返しへり折りして戦つてゐる同志等の勇姿――更に元気百倍して僕はブタ函に帰つた。

×

僕は高等の部屋で靴をつつかけバンドを締めてゐた。帰り仕度の和服に着流した署長と、尾行して来る「溝鼠」とが居た。

「署長さん長らく御世話になりました。此の男もいよいよ今夜出してやります」

「あさうか、こりや今迄んとと変つてゐるね、一寸おとなしさうぢやないか」

羊のやうな労働者と農民を頑強に鍛へ上げたものは奴

ス
パ
イ
奴等は樺太の高山の頂上までも尾行するつもりか？
登山家の勇姿
列車内における

等のサー×ルとドロ靴であつた。

『奴等に対する憎悪から勢力とエネルギーとを作れ。若し汝が奴等から憎悪されたら、汝が正しい道を発見した最も確実な証拠だと知れ』――レーニン――

柳瀬よ確かりしろッ

×

松山へ入つた次の日、伯母の家へ正服が入つて来た。佩剣をがちやつかせ乍ら、戸籍調べといつた恰好で。

「おばさんのお家はおばさんお一人ぢやつたな、他には同居人はお居でんだつたかのもし、あさうかな、そりや何ぞいな、甥に当られるので？　目的はお墓参りに来たんかな、そいぢや速ぐ帰るんぢやろな、へえぇ、長う居るんかな、そいて生年月日はな？」

奥に居て噴飯を耐へてた僕はとう〳〵出て行つた。上り框《かまち》に腰を下してゐた正服は周章てながら大福帳やうの手帖を閉ぢて、お世辞笑ひをした。

「松山の戸籍調べは一寸変つてますな、高等から頼まれて来たんぢやないのですか」

彼の笑ひが消えた。

「いんえ違ふがな」そして伯母の方へ目を返して

「此ごろはどん／＼街が開けるのでな、いつも移動があるもんぢやけん、詳しう調べとかんと困るんぢやがな、此の町調べるだけにもうひと月掛つとるんぞな」そして僕の方へパンと割つた大福帳を見せて

「ころうみいな」

だが僕の松山へ入る一週間も前に、僕の親戚の門へは杙が打つて廻られてゐたし、その後自転車を走らすコマ鼠のやうな彼正服の姿が身辺にあつたし、出発の当日、駅の出札口に切符を待つてゐる僕の背後から、そつと覗き込んでゐるのつぽも正服巡査だつた。

×

讃予線に添つて高松に向つてゐた。

狐がつけてゐる。雑誌『改造』に隠した眼が時々覗く。塩田を展望する波止浜駅に下車した時、奴の眼が光つた。乗棄てた列車が発車し初めたので猶予出来なくて飛び下りた彼は、近くのプラツトホームの柱に身を吸ひつけた。僕の隙を狙つて背を丸くすると駅長室に飛込んだ。

こんなふうに其後の駅々でも、殊に「今治」「伊予小松」の間を監視するらしかつた。今治警察が得意万面暴れ廻つてる地域なのだ。四国に於ける工場地帯としての今治地方は、かつての国会選挙で労農党の支部聯や評議会の一般労働が目醒ましく活躍した処だし、伊予小松は勇敢な農民によつて日農の支部県聯合会が死守されてゐる処、その故だらう。「観音寺」に入つてから尾行を見失つて終つた。流石は国会選挙で模範的×威を振つた香川だけあると感心した。「余程うまくつけてるんだナ」

その前、同じ列車で、通路を隔てた筋向ひに「新居浜」から乗込んだ登山家が居た。誰彼となく「わしの山」の自慢話を持ち掛けてゐた。列車中の耳がそちへ向いてゐた。台湾の何とか山を最南に、北はこれから樺太の何とか山へ途中友人を誘つて登りに行くのださうだ。髭に濃く埋れた顎、経水帽の下から、セピア色の顔に光つてゐる太い眼、靴下に草履をひつかけ、タオルの寝巻にバンドを締め、リユツクサツクを背おつて、手拭を腰に、ピツケルを頑とついて、どこからみても頑強なスポーツマン。

高松の桟橋を、連絡船へ乗込むべく歩いて行くと、僕達を忙ぎ足で追越して行く男が三人居た。

「あれです私達の責任ですから粗相のないやう気をつけませう」

三人の男は乗船の検札口で或る一人の男に追ひ縋つた。切符を出してゐるのは登山家だつた。

「あなた柳瀬さんでせう」

此の時側まできてゐた僕は、ブッと吹出したくなるのを辛じて鼻へ抜かした。といふのは追ひ縋つた三人の狐の質問よりも、奇問を掛けられた登山家の周章かたの大業なためにだ。かの登山家にして此の動作あるを予期しなかつた僕だからである。――笑ひといふのはこんな契機で爆発するものではないだらうか――登山家は何んと思つて周章てたのか。「違ふです自分はあのう」と自分の姓名を吃り〳〵申述べるらしかつた。

船が動き出してから便所に下りて行つた。正面の大鏡に向つてゐる背幅の広い男が居た。折目正しい白のパンツ、白チョッキにネクタイ、石鹸箱を傍にして無性髭を剃り落してゐる最中なのだ。

便所に入つて漸くその男がさつきの登山家であることを思ひ出した。

狐が便所へつけてきた。

×

列車は暁方大阪に着いた。出迎へて引継いだ狐が追つかけて来た。此の日尾行されるのは特に困りものなので、乗込む夜行の時間を知らせて妥協した。

「時間だけ間違ひなら頼みまつせ、ぢや今日一日遊ばいて貰ひまうわ」

狐は群る円タクの中へ脱兎の如く姿を消した。

その夜、××の一人が此の大阪で逮捕されたことが翌る日の朝刊に初号見出し五段抜で出てゐた。

『共産党首魁捕はる!』

×

以上僕は、我等の×部××に対する、××政府の××振を窺ふため、冗長に微少な身のとばつちりを書き綴つた。

無産者運動の進む所必ずや弾×を予期すべき僕達は、法律の知識に暗きため、幾多の同志が幾度同じ失敗と悄愴を繰返したかを思ひ浮べて、微細なる我陣営内の損失をも法律闘争の形態にかへるべく、我々の身に受けし豊富なる曝露素材を、もつと〳〵語り合ふべきではなからうか。——日夜間断なく降りかゝる××に、僕達は余りに馴れ過ぎた嫌ひがある。習慣の投げやりは危険である。我々は本年三月十五日の苦き経験の上に警察政治網の拡大、かの高等警察網の敷設、更に己の××慾を守護するための恐怖の本源、即治安維持法の埋設、その狙ふ所、工らみの深さと、用意の広さと、其細密さとを注意せねばならない。僕達への仮初の××にしても、是を分析すれば奴等の組織的計画的××的憎悪が含まれてゐることは、ほんの瑣末な問題を拾つてみても意識化の毒汁が潜み居ることで知れやう。我々はその外形が如何に片々たるものにしろ、これら「ブルヂョア爪」の奥に陰×且悪×極りなき中枢神経が、常に×家権力、ブロック政権の上位に糸を操つてゐるブルヂョアヂーにあることに心して、僕達独自の大胆、執拗、明快なる闘争力の上により細心緻密なる闘争力を合せ含めねばならない。——否我々は此の××の経験を組織することによつて、更によりよく闘争する明日のものを用意し、奴等を迎へ討たねばならないのだ。

我々は、敵の特色、弱点を極め、奴等の陣地の勢力状態を調べ、奴等のブラックリストに対する我等のホワイトリストを作つて、奴等罪状持――常に我等の困難の道に身を傷つける××を想起せよ!! ――の一匹々々にさへ、いやしくも我等の旗のほんぽんする所、奴等の身の微動だに出来ぬやう監視糺弾せねばならない。今こそ我等は、法律をも、――法律とは一言にして「奴等が××を合理化し、無産階級を抑×窒息せしめんとする、彼等の××的武器」と言へやう――その解釈の逆用によつて彼等のワナを我等のワナとせねばならないのだ。司法警察×力の狂犬をぶち落せ！

彼等の法律で彼等を縛れ！

×憲を瀆職×で告発せよ！

正式裁判によらざる逮捕、監禁、訊問、処罰を廃止しろ！

――なほ法律関係に於ける我等の戦術や、抗告方法に就いての技術は、本紙八月号に平野君の紹介もあつたが希望閣発行の『検束、拘留、押収、捜索と如何に闘ふべきか』（奈良正路著、百六十頁定価五十銭）と労働問題研究所発行の『暴圧と如何に戦ふべきか』（産労編輯、七十頁、定価二十五銭）この二著を極力推薦する。××政府の嵐の中に進軍する我々は、かくの如き攻防自在なる『兵書』を絶対に必×とする。希望閣のものは、出版と同時に発禁を食つたがどうにかして×に入れるといゝ。これらのよき『兵書』に常に大衆の経験を盛つて、更に是を我が闘争場裡の光とせばならない。――

今や我等は、彼等の暴圧を我々闘争のバロメーターとなし得る。我々は誰が正しいかを明瞭見得る恰好の時機に遭遇した。

犠牲者を即時釈放せよ！

治案維持法を撤廃しろ！

我等の××党を守れ！

最後に、我々一部に残存する所の致命的な神経質に就いて、レーニンはそれを『××闘争に於ける最悪の顧問』と喝破してゐることを附加へやう。次の一章を更めて、我と人とで心臓の中へ噛み砕かねばならね。

神経質にためらうな！　××主義者は神経の代りに
太い針金を持たなばならない！

——レーニン——

（一九二八・八・十）

『戦旗』1巻6号～1巻7号、1928・10・1～11・1

壁の中で呻吟する漫画家

来る可き時代の漫画家は、搾取階級と被搾取階級との、終に相容れざる利害感念の上に立つて階級的意識を強調するにあらざれば、深刻なる社会描破は出来ないと思ふ。従つて漫画家も其の何れかの階級闘争の武器として、明確にその属する分野を有つてゐる可きである。

故に、現に左右両頭を持して、単なる販売政策から矛盾と瞳着とを敢てしつゝある資本主義的ジャーナリズムに、真に時代の民衆の為めの漫画的理解があると云ふことは出来ない。——即ち謂ふところの、資本的商品主義新聞とは、彼等の有する伝統的な本質として、リベラリズムの仮面を被り、巧妙に装ふてはゐるが、所詮資本主義的怪物の傀儡である外の何物でもない。而して、之に民衆の心を托することは、狼の牙に羊の命をあづけて置く様なもので、危険この上もないのである。

既成漫画家のすべては謂ふ。

『漫画とは、社会苦を癒す清涼剤であらねばならん』。

と、この清涼剤とは、畢竟民衆の為めの何の効用価値を有するものであるのか。即ち彼等の主張するごとく、笑ひの有つ要素が総ゆる勤労階級の疲労をユーモアの国に誘ひ込み、彼等を愉快なる情操に転換せしむることを——即ち彼等に慰安を得せしむるものであるとして、プロレタリアートは、労働の汗の間に、笑ひを得たとて何になるか、彼等は単に笑ふことのみによつては彼等の空腹を満たすことを得ないのである。併もこの階級的意識のない漫画家群は、無産者労働者階級に笑ひと、エロテイツクの時間を与へて、働く労働者階級に慰安を与へることを単なる目的としながらその結果に於ては、逆に、労働者階級の闘争心を麻痺せしめてゐるのである。而して、現に漫画に於ける矛盾と瞳着とは、かくの如き思はざるも甚だしき無自覚極まる漫画群の中に醸成され、リベラリズムのカムフラージユを施したジヤーナリズムの中で何時までも、古い道化者の役目に甘んじてゐるのである。――併し、この道化者の役目は其後果して何時まで続くのであるか。現に進歩的なブルジヨア階級はもつと優れた漫画家を翹望してゐるのである。而して、この既成漫画家群は彼等自身惨めな没落過程を辿りつゝあることをも悟ろせず、徒らに現在の利那の享楽に没頭してゐるのである。

一方歴史的使命を帯びて擡頭しつゝあるプロレタリアート階級は、先約された政治的、経済的圧迫の下で自らの階級を解放するに役立つところの、階級自体の中から生れた闘争的な汎絵画様式を漫画的形式の中に求めてゐる。――それも東京漫画会乃至は日本漫画家聯盟の様な既成団体の中からではなく、日本プロレタリア美術家同盟を主体とする、プロレタリア漫画の中に求めてゐるのである。

然らば、謂ふところの、時代の漫画家とは誰か、而して彼等はどこにゐるのか？

高い、煉瓦の壁に締切られた陰惨な室の中に、彼等はいま呻吟してゐる。

燃ゆる如き大衆愛と、而して燃ゆる如き闘争心を抱きながら、圧迫と干渉に色青ざめながらも、漫画の、次の時代へと重い鎖を引きづつて、歩いて行く………。

『新聞及新聞記者』10巻6号、新聞研究所、1929・6・1

＊「最近に於ける新聞漫画の分野及主張」のひとつ。

本社漫画家柳瀬君より

今《いま》
ボウアツを抜《ぬ》けた
イキますますケンコウ
僕《ぼく》へのムチは
・・
無新へのムチだ
・・
無新即労働者農民《ろうどうしゃのうみん》の頭《あたま》だ
我等《われら》の頭《あたま》を
鉄火《てつくわ》の中《なか》にきたえよ!
労働者《ろうどうしゃ》と農民《のうみん》の
われらの
無産者新聞《むさんしゃしんぶん》を守《まも》れ!

『無産者新聞』160号、1928・6・21

瀬戸内海会遊

瀬戸内海の沿岸松山に生れながら、無産者《むさんしゃ》の身で内海の美しさを知りませんが、童心《どうしん》の底になつかしまれるのは、ゴゴ島、四十島の朝霞の中に浮び出て来る姿です。
久しぶり、三津の朝町がみたいなア。

『新旅行』4巻7月号、1928・7・1

昭和五年を迎えて

一、先づやって見たい仕事

二、人にやって貰ひたい仕事

余多年の懸案であるところの無産《プロレタリア》少年少女の(又はその母の)ために絵雑誌又はグラフ形式の小型新聞の発刊。

『新聞及新聞記者』11巻1号、1930・1・1

赤いパレット！　字で描いた漫画（APRIL-FOOLに寄せる）

ヨタを飛ばす時間はないが、漫画を描く暇位は持ち合してゐる。——

ソヴエート・ロシアのウラヂオの放送局の電波がひとまたぎ日本海を渡つて、封建でゴリゴリタコの出来てゐる日本の上層階級の耳へハツキリ話声を伝へてくる。何てぶしつけなラヂオだらう。日本語の煽動演説さえしくさつてるぢやないか。しかもそれがレニングラードからの中継放送ときてゐる。スターリンの声まで手に取るやうに聞かしやがる。この国防方策は何としたらよかんべ。——頃日こんな風のニュースをあるブルジョア新聞がしてゐた。日本海べりに金綱でも張りめぐらしてゐるチョンマゲの日本の姿を描けば面白いポンチ画だ。だが更にまたテレヴィージョンの完成を、手近に想像することはより〳〵愉快なことぢやないか。資本主義彼自身の内在的矛盾に悩みのたうち廻つてゐる世界の全貌は、偽らずに貧困の海、争議の波、内乱の怒濤となつてありありと僕達の眼に声と共に見える日も、さう遠くない。そこでパレットのやうな地表の上を空から空へ赤い「プロレタリア・ニュース」の腕がガッチリ組まれてゐる漫画をかいてみると愉快ではないか。

現在のブルヂョア新聞は二十年を待たずして「活字の報道」を揚棄し、揚棄と自ら同伴してギマンにこりかたまつたこのブルヂョアジーのラッパはプロレタリア文化のために揚棄されてゐるに違ひない。

一九五〇年の世界には、この正調な正確な活々とした「全世界の生活」のニュースを掻きまぜるべくあはれなモグラモチとなつて何処かの穴に残存してゐる白軍の放送する雑音波がときどきオエツのやうに地殻の上を走つてゐるに違ひない。

『新聞及新聞記者』11巻4号、新聞研究所、1930・4・7

漫画庭訓往来

〔漫画家志望・新進漫画家に寄せる一家言〕

若きゼネレーションの輯めるもの　ここに見直すべき日本の漫画団がある。

新漫画派集団編『新漫画派集団　漫画年鑑』
文座書林、1933・12・20

「プロレタリア演劇の思ひ出」座談会

出席者（ABC順）
秋田雨雀
久板榮二郎
村山知義
仲島洪三
小川信一
小野宮吉
佐野碩
佐々木孝丸
佐藤誠也
高田保
柳瀬正夢

村山　では、これから「プロレタリア演劇の思ひ出」座談会を開きます。最初に日本のプロレタリア演劇運動前史として、まづ、トランク劇場までのことを知つてゐる人に願ひます。小川君どうですか。

小川　柳瀬君どうだ？

柳瀬　僕は駄目だよ。秋田さんに。

秋田　僕は大体、先駆座前身の「土の会」からトランク劇場になる前までの時期を前史として考へたいと思ひますが……

小川　では簡単に僕の知つて居ることだけ述べましよう。明治三十七、八年の、「平民新聞」があつた頃から、もう社会主義者が芝居をやつてゐました。忘年会とか革命記念日とかにやつたのですね。荒畑寒村氏や山川均氏も役者をやりました。山川氏が女に扮したことがあつたと覚えて居ます。それから大分後、大正十年頃でしたか、新橋の平民食堂の三階で社会主義者連の忘年会だか新年宴会だかがありましたが、この時にも、寒村や岩佐作太郎などが芝居をやりました。堺さんの奥さんや生田長江氏や真柄氏が三味線を弾き清元か何かをやつたやうに覚えてゐます。その時の芝居の出し物は「停電」といふもので、その筋は、発電所の労働者がストライキを起す、と丁度その時、そのストライキの指導者の子供が盲腸炎を病んでゐて、医者が来てその手術をしやうとしてゐる。手術の瞬間、ストライキのため停電になつて子供は死んでしまふ。ストライキに成功した指導者は喜びに溢れて帰つて来て、子供が死んでゐるのを見出す。彼は悲壮な声で万歳万歳を叫ぶ、といふのです。この時、医者に扮してゐた岩佐氏が、このセリフは台本にはなかつたのだ相ですが、「こんな国には外科的手術を行はねばならない」と言つたのが拍手大喝采で二度も三度もくりかへしたものでした。

その「停電」の筋のことに就てゞすが、この間、僕がプロレタリア科学の研究会である人からこんなことを聞きました。当時イタリーの映画でそれと同じやうな筋のものを観たといふのです。所が、その結末が異つてゐるのださうです。その映画では、ストライキをやつたから子供が死んでしまつたのだ。だからストライキなんか止めやう、といふやうな労資協調のものなんださうです。

佐野　当時の芝居の見物はどういふ人達だつたのかね。

小川　みんな社会主義者ばかりだつたよ。アナもボルもはつきり区別がなかつた頃で。その後、大戦後の資本主義の世界的恐慌の波が日本にも襲つて、プロレタリアは到る所でストライキを起してゐた。これにつれて労働者の中の演劇にも新しい容貌が見られる。震災前、大正十年頃民衆芸術研究会が尻押しで平澤計七氏が亀戸で素人芝居をやつた。その一座は大工とか左官とか請負師のやつてるもので、それへ割込むだ。その小屋といふのは怪しげな寄席だつた。

佐藤　大島町の五ノ橋館とかいふ寄席で、川上隆太郎一座と合同で演つたもので、其の時の事を大正十年四月号の「大観」に中村吉蔵氏が書いてゐます。又、昭和三年二月号の「演劇研究」にも藤井眞澄氏が述べてゐます。

小川　その時の見物の中に、秋田雨雀、中村吉蔵、土方與志や当時未だ労働者だつた内藤辰雄や吉田金重などといふ人がゐた。筋は労働争議が突発して、危くなると資本家の娘が労働者に同情してそれを調和して目出度し目出度しと云ふのです。その後大正十二年頃、震災の前に藤井眞澄、平澤計七氏等が「新興文学」の伊藤忞と芝居をやらうとしたら、伊藤が亀戸署に引つ張られ、平澤氏が震災であんなことになつた。

佐々木 あの時は、土方君は見物として行つたのではないんだ。あとで聞いたことだが、その時分、平澤君はよく小山内氏のとこへ行つてゐたんだそうだ。当時土方君が小山内氏の弟子で、その関係で、土方君は当日手伝ひをするために出掛けていつたんだが、行つてみたら、もう芝居をやつてゐたのだそうだ。この間の「プロレタリア演芸大会」の時、土方君が、平澤君のあれを思ひ出しますよ、と言つてゐた。

小野 随分古いことがあるんだなあ、驚いた〳〵。

佐藤 その労働劇団の性質を知るために、当時のチラシの写しを持つてきました。これがチラシの文句の一節です……『日本で最も貧乏な劇団が生れました。初めて旗上する舞台は場末の汚ならしい小屋で、背景も道具も、お粗末至極、俳優は名も無い旅役者に、虐げられてゐる労働者が自分の仕事着のまゝ飛び出して加勢します。脚本は無名作家の作、して、やるものは労働問題の芸術、たゞ此貧乏劇団はなまな人生を舞台に表現する誇りを有してゐます。先づ此点では御同情下さる事と思つてゐます……』そして脚本は『女社長』『血の賞与』『失業』『疵痕』など題する平澤氏のものを三晩に分けて上演して、舞台と見物とが互ひに熱し合つて、とても愉必な空気が渦巻いたさうです。

佐々木 その後、僕等が「表現座」をつくつた時、あれは大正十年だつたか、稽古した芝居が禁止になつた。すると、それを知つた平澤君は残念がつて、場末へ持つて来い。検閲なんかのとゞかないところへ来てやれ、と言つた。――話が少し前後しさうだから前へ戻さう。

秋田 大正十年、この年は、松井須磨子が死んで二年目、ロシア革命の四年目で、日本に於ける第二期の社会主義運動勃興期です。五月には第二回の大衆的メーデーがありましたが、最初の戦闘的なメーデーでした。芝公園で旗の奪ひ合ひをやつたり、上野でも大変騒ぎました。女性が理論時代から実行時代に移つた年で「赤瀾会」が奮闘しました。

久板 神戸に労働者劇団ができたのも此の年だ。神戸では川崎造船と三菱造船にストライキが起つて、四万人のゼネ・ストになつた。それに刺戟されて出来たんだ。みんな素人で、旅役者と一緒になつて巡業して歩いた。労働者を煽動すると共に、争議資金を集めるためだつたさうだ。その時この芝居と一緒に、ストライキの大デモンストレーションを、帝キネか何かで撮影したフイルムを持つて廻つた。このフイルムは大都会では上映禁止を喰つたが、小さい町では随分やれた。今は、大原社会問題研究所が保管してゐる。――芝居の方は、その時の脚本が佐々木君のところへ行つてるつてことだネ？

佐々木　その芝居の方の筋はかうだ。ストライキを取扱つてゐるんだがね、社長に娘があつて、こいつがストライキのリーダーに惚れてゐる。この娘を社長のお気に入りの法学士か何かが恋してゐるんだな。でどうなるかといふと、結局、娘が社長を説きつけてストライキは治る。娘とリーダーとは目出度結婚する、といつたやうなものなんだ。

佐野　去年、神戸へ行つた時に聞いた話だが、この劇団はもと／＼本当の意味で労働者のための劇団ではなくて、いま佐々木が話したやうな労資協調式な芝居ばかりやつてゐたので……それだからまあ新派の旅役者などと一緒にやつて行けたんだらうが……とにかくその後まもなく団員同志の恋愛関係から自然消滅の形になつてしまつたさうだ。

久板　だが、その中から残つてゐる人がある、×××君などは大山一派が没落してからも左翼の堅塁を守つた人で、また現在の神戸労働者一夜劇団をつくつた人なんだ。

佐野　××君に就てだが……二月のカンパニヤに際して行衛不明になつたが、持つて行かれてしまつたのだ。だが俺はその前に、この人に逢つて、当時の劇団が使つた幟を貰つてきた。プロツトの事務所にある。

久板　神戸労働者一夜劇団の連中も独創的な事をやつたよ。「勧進帳」の時に椅子を逆さに背負つて笈の代りにした。

小川　それで思ひ出したが、明治三十七、八年頃は「勧進帳」のやうな芝居が多かつた。「鑄掛松」なども……。

佐々木　さうだ。あの頃は「勧進帳」をよくやつたといふ話だ。僕の「勧進帳」はそれから思ひ付いたんだが、堺氏が弁慶、荒畑氏が富樫なんかで、メーデー——メーデーと云つても当時のは所謂主義者だけが集つて、座談会のやうなものに過ぎなかつたんだが、——その席上でやつたんだ相だ。その弁慶の読みあげる巻物がマニフエストでね。

秋田　その後、ロシヤの飢饉救済運動が「種蒔き社」によつて盛んに起されるのですが、僕達は「ダントン」の稽古をしてゐます。

佐々木　「種蒔き座」が出来て、ロマン・ローランの「ダントン」の「革命裁判所」の場を準備してゐたんだが、当日禁止された。場所は青年会館だつた。役割はダントンが俺、平林初之輔が検事、その他金子洋文なんかだつた。その後ロシヤ飢饉救済金募集の為秋田へ出かけた時「表現座」の名で芝居をやつた。出し物は武者小路の「或る日の一休」。俺、金子、今野賢三なんかが役者だつた。この時、芝居の前に講演会をやつて、それは秋田さん、藤森さんなんかが出た。この講演会で芝居の切符を売つたんだが、その方法が面白かつた。売り手は「ダリア会」といふ芸者連中で、切符は二十銭だつたが、義捐金だといふので、十円札を出しても釣銭を出さなかつたんで随分集つた。

佐野　その金は何処へ行つた。

佐々木　勿論ロシヤへ送つたよ。このすぐ後で、有島武郎も講演に行つたが、マニフエストを最近に読んだもので一番いい本だといつて、二時間に亘つてそのことばかり話したもんだ。

村山　ロシヤ革命五週年紀念には何か芝居をやつたかね？

佐々木　芝居はやらなかつたが講演会を開いて、その時初めてインタナショナルを合唱したよ。代々木の方の藪の中で歌を稽古したんだが、コンダクターが俺とか高津正道とかなんだから、如何に調子つぱずれだつたか想像がつくだらう。

（哄笑）

佐々木　だが役者の方ぢや、堺利彦なんかは俺が好きで、絶えず激励してくれて、君は伊庭孝より上手いと言つて寄来したりしたよ。

小川　伊庭孝と比較されたんじやアしたことはないよ。（笑ひ）

秋田　佐々木君はこの頃からボルシエビズムの方へ進出しはじめてゐます。

村山　では十二年に這入らうか。

秋田　今度は十二年ですね。この年には、床次が内務大臣で、小村が国立劇場を設立しやうとして、劇作家協会が請願運動を起しましたので、われ〳〵は猛烈な反対運動を起しました。

佐々木　中村吉蔵、金子洋文、それに秋田さんなんかが反対者で、僕はその時「新潮」に「国立劇場反対運動者に与ふ」といふ公開状を書いたことを覚えてゐるよ。

佐藤　秋田さんは最も頑張つたものです。

秋田　演劇の「合理化」が行はれやうとしたんですね。

小川　資本の攻勢ですね。

秋田　その時分、僕達は平河町にあつた河瀬子爵の土蔵を相馬愛蔵氏が譲り受けて改築した土蔵劇場に籠つて、大いに頑張つてゐましたよ。

村山　「土蔵劇場」が出たから「先駆座」には入らう。

佐藤　後年、築地小劇場が出来た時、新劇団体が始めて自分達の「劇場」を持つたといふやうに言はれたが、その前、即にプロレタリア傾向の劇団として「先駆座」が此の「土蔵劇場」なる物を持つてゐたんだ。この「土蔵劇場」といふ建て物の事に就ては、其の当時に於いても一種のお道楽位にしか世間では思つてゐなかつたやうだ。ある人の如きは『土鼠ぢやあるまいし、土蔵の中で芝居をやるなんて変な奴等だ』と言つた程です。僕達は十二年の四月、この土蔵の中で第一回の試演をやりました。「読売」では三面の上段へ二段抜きで土蔵劇場の記事を出しました。この時の芝居では近藤孝太郎氏に、演技の点で随分世話になつたものです。

久板　定期的にそこで演つたんだね。

佐々木　演るつもりでゐたところ、一遍やつて、二度やらうとした時、震災で土蔵が駄目になつたんだ。

佐藤　その土蔵に立籠らうとした時の「先駆座」の宣言の中に、「民衆劇運動の前衛として、まづ小劇場主義を採る」といふ句がありました。つまり従来の小劇場主義では物足りなくなつてきてゐたので、こんな風に出たわけです。会員組織で、毎月二拾銭宛徴りました。会員は細井和喜蔵、園池公功、有島武郎、友田恭助、遠藤友四郎、金子洋文、村松正俊、島崎藤村など二百近くありました。初日には森英治郎夫妻、水谷竹紫、青山杉作などいふ玄人筋が見に来たのだから妙なものです。

秋田　其の時の出し物は、ストリントベルヒの「火あそび」と僕の「手投弾」とでした。それから、六月には種蒔き社、イプセン会、先駆座其他の発起で、中村吉蔵、小川未明の両君と僕の三人を招待するための「三人の会」といふのが神田の仏教会館にありまして、この会で「先駆座」の連中は中村吉蔵氏の「税」、小川未明氏の童話「野薔薇」、僕の「国境の夜」を朗読したのですが、この時、アナとボルと喧嘩をはじめましてね……。

佐々木　あの喧嘩は面白かつた。中村吉蔵は、自分を引つ張り出しておいて政治闘争のダシに使つた、と言つて憤慨して退場するし、小川未明は、正義のために戦ふものが何故お互ひに喧嘩するんだ。と叫んでゐた。この時に、今の救援会の前身とも見るべき防援会といふのが出来た。

佐藤　その席上で防援会の基金募集をやつたよ。

佐々木　この会には有島武郎も来る筈になつてゐて、僕達は随分待つてたんだが、その時、既に有島武郎はもう軽井沢で死んでゐたんだ。然かも武郎先生、この会の発起者の一人に加つてゐるのだから一寸意外さ。

秋田　社会的には、この年は支配階級の攻勢といつた傾向が著しかつたのですね。例の軍事教育なんか其の一例です。ところが、この反動に対するプロレタリア側からの反抗がわれ〳〵の演劇運動の上にはちつとも反映されてはゐなかつたのです。

佐々木　僕達は自らプロを以て任じてゐながら、なんでもないものを演つてゐたんだ。云ふことと、することとがまるつきりちがつてゐたんだ。

秋田　私は作家としては、かなり進んでゐた方ですが、作品と芝居とは異つたものだといふ考へを抱いてゐました。

佐野　あの当時、トラーを誰かゞやつつけたら、秋田さんは僕はアナーキストの立場から反対すると言はれたといふことですが、本当ですか。

秋田　そんなこともあつたでせうね。僕はその頃アナで、しかし非常に悩んでゐましたよ。それがやがて芝居をやめさせることになつてくるのですが。

小川　柳瀬君は「先駆座」の貢献者でしたね。

佐々木　「先駆座」は、その翌年、十三年の四月、早稲田のスコット・ホールで第二回目をやつた。当時の舞台装置は柳瀬一人でやつたんだ。出し物は僕の訳したアナトール・フランスの「運まかせ」、秋田さんの「水車小屋」、ストリンドベルとの「仲間同志」だつたが、その頃丁度村山が意識的構成主義の旗をかかげて、例の舞踊で「先駆座」に提携を申し込んで来たんだが、俺が拒絶した。

佐藤　あの頃、村山君や岡田龍夫君等で演つた「チエルテルの会」つてのは何ですか。僕は見に行つて非常に感動させられたものですが。

村山　（てれる）

佐藤　チエルテルといふのはどんな意味なんですか。

秋田　あ、さう〳〵。あれは僕が附けたんですが。意味はないのです。「先駆座」がスコット・ホールでやつた頃は、震災後の非常な反動期でしたが、二日間に二千人近く見物が来ました。あの時の花柳はるみ君の出来は非常によかつたですよ。

佐藤　あの時には色々と面白いことがあるんです。東洋大学の諸君を初め、外部からの熱心な応援者も随分ありましたが、今でも思ひ出すのは、萩原中君が汗を流して受付と下足番を兼帯でやつてくれたんですよ。

佐野　こいつア傑作だ。

小川　その時「先駆座」はどんな考へを持つてゐたんだ。

佐々木　あの時の「先駆座」のモットーは All or Nothing といふのだ。しかし一座の中に色々の傾向の矛盾が胎まれてきてゐて、それが秋田さんと僕との間に一寸した感情の衝突になつて現れた。といふのは、僕は招待券なんてものを発行するのに絶対反対で、招待券で俺達の芝居を見やうなんてのは不心得だと主張してゐたんだが、当日、清見陸郎が招待されたつもりでやつてきて、入口でゴタゴタ言つてゐるんだ。俺はそれを楽屋で顔をつくりながら聞いて、何とか呶鳴つちやんだ。清見の先生ブーブー言つて帰つたさうだ。

佐藤　萩原君の拒絶振りは実に頑強だつたからなア。もう一人藤森成吉氏も招待でない事が分ると奮然として帰らうとしたのを誰かが引戻して入れた筈です。それより珍談は、正体不明の一労働者が『俺は入場料なんて金は一文も無いがその代り之れで見せてくれ！』と云つてうや〳〵しく紙包みを佐々木君が開けて見たら、出したものです。楽屋で佐々木君宛に木戸口へ出て来たのが「菊池寛」と書いた表札。それ以来、菊池寛先生の門札は釘でなしに門へ固く嵌め込むやうにしたさうです。とんだ茶番ものですな。

小川　先駆座のモットーは All or Nothing の外にまだ〳〵何とかあつたなあ。

佐藤　かうなんだ。――『劇場を救ふためには、劇場は破壊されなければならない。男優及び女優は禍によつて皆死絶えなければならない。彼等は芸術を不可能ならしむる』といふエレオノラ・デューゼの言葉です。

秋田　あれは丁度社会の反動時代でしてね。

佐野　つまり震災でガタガタしてゐたその時代に例の表現派が入つて来たわけですね。

秋田　それは、トルラーなどでした。僕などは、行き所がないので、アナの中へ入り込んだものですよ。

小川　アヽ、アナではなくて……

秋田　（忙てゝ）いや穴ですよ。ホラ穴の穴ですよ。

（哄笑）

仲島　あの芝居の稽古は新宿の中村パン屋の二階でやつてゐたが、六十銭ばかりパンを註文すると必ず二円ばかりの分量をくれたんで、それを飯代りにしたね。僕なんか芝居には三十秒位しか出なかつたんだけど、パンを喰ふために毎日稽古に出かけたよ。

秋田　僕の「骸骨の舞踏」は此の頃書いたものです。あれは自警団を諷刺したものです。「幼児の殺戮時代」といふ作は社会主義の暗黒時代を書いたものです。「棺を囲る人々」これは大杉君のことを書いたのですが、僕は非常にアナーキスティックになつて居て、之なんかも大杉君を書いてゐて平澤君を書いてゐないのです。そこへ六月十三日に築地小劇場が生れて「海戦」をやつたのです。僕は非常な刺激を受けましたよ。この為めに先駆座が分化作用を起して吸収されてしまつたのです。

小川 佐々木なんかは、しかし……

秋田 さうです。「先駆座」には大体三つの要素があつたんです。革命的だつたのは僕で、あくまで小劇場的だつたのは川添利基君、大衆的だつたのは佐々木君なんかでした。

久板 その大衆的要素つてのが今日の落合三郎なんだね。

佐野 先駆座が万世アーケードでやつたのはその頃ですか？

秋田 然うです。その年の暮に、フエビアン協会が出来て「朝から夜中まで」を総見したりした事があります。

久板 「三科」の芝居つてのは、万世アーケードより後かね。

村山 後だよ。

小川 十四年に入ることにしませう。

秋田 この年は、二月に過激思想取締法案、小作争議調停法などが議会に出て、悪法反対の大デモンストレーションが行はれました。二月十五日に日露国交恢復の会がありました。「先駆座」は五月二十二日から三日間、僕の「アイヌ族の滅亡」、長谷川如是閑の「エチル・ガソリン」、北村喜八訳オニールの「鯨」を万世アーケードでやつて居ます。これが「先駆座」の最後ですね。佐々木君はこの頃から非常に進出してボルシエビズムを奉ずるやうになつて居ました。僕はアナーキズムの殻がどうにも脱げなくつて、次第に感情的に離れて行かざるを得なかつたのです。だから此の時の——第三回試演の時は、僕は充分働きかける気持を失つて居たのです。この時柳瀬君が「エチル・ガソリン」で構成派の舞台を作りました。

佐藤 あの舞台はよかつたね。

佐々木 「アイヌ族の滅亡」は秋田さんが演出をやる筈だつたんだが来て呉れないんで僕がやつた。あの時道具を拵へてゐて初日の前日に手を怪我して首から釣つた侭「エチル・ガソリン」其他に出演した。

佐野　さうさう。さうだつたな。

佐々木　川添利基はその前の第二回スコット・ホール以来大阪の映画の方へ行つてたんだが、帰つて来て、また一緒に芝居をやるやうになつて、脚本も川添の選ぶのと、僕が選んだものと意見が違つて居た。僕の選んだものは、僕が演出するてなことになつて、がーがーやつたよ。あん時は俺はことごとに怒つてたよ。柳瀬なんかには、何べん怒つたか知れない。秋田さんとも喧嘩した。

秋田　この頃僕の読んだものは、日記を調べたらクロポトキンの「相互扶助論」や「倫理学」なんです。ところがこの時コップ大使の歓迎会があつて、僕は文芸家の代表として、挨拶を述べなければならなかつたのですが、アナの立場から述べるか、ボルの立場から述べるのか、非常に迷つたものです。もつとも先方には悪感を与へずにどうにかやりましたよ。その時、陸軍戸山学校軍楽隊が「インターナショナル」を奏楽しました、すると後の方から突然「×旗の歌」が起つたので、僕は非常に衝動を感じました。感激しました。面白かつたですよ。後藤新平がビックリしてコップ大使を抱いて逃げだすやうな珍劇があつてね。これ以来、社会的イデオロギーを、把握しないで芝居をやるのはいけない、ロシヤへ行つて勉強して来なければならないと思ひました。私のロシア行きの決心は、その後二年たつて実現されたわけですよ。

佐野　たしか、その時戸山学校が「インタナショナル」をやつたが問題になつて、いくら締盟国の国歌でも「インタナショナル」だけは御法度といふことになつたんだよ。

小川　柳瀬君、表現派の装置に関する感想を聞かして呉れないか。

柳瀬　あれを取り入れたのは新しいものにかぶれたんだ。

仲島　柳瀬は俺のセットには色の比重を出してあるんだなんて、むづかしい事を云つてたよ。

（高田保此の時来る）

佐々木　二度目のスコット・ホールの時、今日芝居だといふ日になつて柳瀬がのこ〱やつて来た。俺は散々悪口を言つたんだが柳瀬は直ぐに見事な装置を拵へちやつた。その速製のセットは劇評で非常に褒められてるんだ。

柳瀬　あの頃の苦心と云へばどの舞台も奥行が二間か一間半位しかなかつたので、深さを出すのに苦心したな。

小川　村山君、その頃君は何をしてたんだ？

村山　「朝から夜中まで」の装置をやつたんだ。

小川　君のあの装置は独創かね。

村山　僕と土方氏と一緒に考へたんで、別にネタはなかつた。これは僕の最初の舞台装置だつたんだ。

佐藤　万世アーケードで芝居をやつた時、大河内傳次郎がまだ室町次郎時代で、第二新国劇の連中が此の芝居を見に来て巧妙に「エチル・ガソリン」の型を取つて行つて、浅草で矢張り「エチル・ガソリン」をやつた。僕等はそれを総見に行つたものです。

小川　村山君、君はあの時から後は何をしたんだ。

村山　柳瀬君と連日議論ばかりしてたんだ。例の意識的構成主義を振廻して仲々負けなかつたよ。

佐藤　シアター・ムンズの運動はあの時分ぢやアなかつたかな。

佐野　ありや止さうや。

村山　十四年の万世アーケードの次ぎが「三科」の芝居だつたよ。

小川　さうさう。

村山　「三科」の芝居は築地小劇場でやつたんだ。出し物を皆んなで一つ宛出した。「子を生む淫売婦」なんてのをやつたよ。それからオートバイをガタガタやつたりした。

高田　匂ひのするものを持つて客席を通つたのは、その時だつた。

佐々木　あれをやつた時の柳瀬の意識はコンムニスチツクなんだつたが、見物人には判らなかつた。

柳瀬　僕は佐藤と一緒に演出をやつたんだが、佐藤が上つて、ドヂを踏んで、僕もとちつてばかり居たよ。

佐野　俺は前まで行つたんだが満員で入れなかつたんだ。

小川　僕は見たよ。「消極的効果に依る悲劇人生」と称する様な人を喰つたものを見せられたよ。

佐野　小野はまだその頃は築地の忠良なる俳優だつたのかね。

小野　その頃から築地小劇場の内部は動揺してゐた。小山内と土方とが対立し、青山が、小山内の組だつた。僕は始め小山内組だつたが千田是也は始めから土方組だつた。だが「朝から夜中まで」をやり「ヒンケマン」が中止になつた頃から土方の方へ移つて行つた。で此の小山内土方の対立はいろ〳〵複雑な原因や要素を含んで居るが要するに保守派と急進派との対立だつた。所が土方の進急主義も何等明確なイデオロギー的基礎に立つものでなく単なる新しい演劇形式への憧憬に過ぎなかつた事は勿論だつた。だが時代は若い血の気の多い人間達に其処に留ることを許さなかつた。トラアやカイゼルに振り向いた僕達はそれを通して頭を劇場の外に突き出した。その頃から千田や僕が社会の動きに関心を持ち始めて来たんだ。小山内、土方の対立は小山内が死に、築地が分裂する迄続いた。だがあの分裂は意識の分裂だとは考へられない。千田、僕と相続いて築地を飛出し、その頃の社会文芸研究会に入り、それから「前衛座」となるんだ。

佐野　それまではまだ仲々だよ。千田と俺が知り合ひになつたのは、谷一が築地ファンだつたので、千田と知つて居た。それでやつたんだ。

小川　いつ頃だい。

久板　十四年だよ。十五年の始めに「マル芸」が出来たんだから。

佐野　小川信一は宣言に、時代精神か、生命かと云ふやうなのを書いてた。

小川　あれを書いたのは僕だが、時代精神云々を入れろと言つたのは（佐野に）君だ。その当時君と谷はむしろ芸術派だつたんだからなあ。

村山　ムンズはどんな仕事をやつたね。

小川　何んにもやらないよ。

（笑ひ声）

佐野　ルンツの「真理の町」をやらうとしていろ〳〵準備した。その手始めにトルラーの「転変」をやらうとして現小川信一夫人を連れて来てやりはじめたんだ。左翼の連中がこの際芝居なんて生ぬるいと云ふので新人会の××××（現在三・一五事件で入獄中）を連れて来て、ブハーリンの「唯物史観」をやつたんだ。

マルキシズムを知らずに芝居をやれるかつてんだ。俺は反対したんだが、多勢に無勢で負けてしまつた。

（一同笑ふ）其時分谷一が千田を連れて来たんだ。

高田 報知講堂で何かやつたね。

佐野 シアター・ムンズの基金募集の為めに映画「覆面の女」と関屋敏子の歌をやつた。

高田 俺はあの頃佐野から切符を三枚売りつけられた。

佐野 活動の合間に小川信一が挨拶して小山内を前にして築地なんか糞くらへといつてゐながら芝居は何もやらなかつた。だが雑誌は出したんだ。

高田 それを君が持つて歩いて銀座でくばつた。これは世間には出さないが非常にいいパンフレットだつて……

佐野 そんな事ないよ。

高田 いいや呉れたよ。

村山 ムンズの話はこれで止めよう。

（一同哄笑）

佐々木 その頃久板は「朱門」の同人で高田は新劇協会内のいはゞ左翼だつたんだよ。

村山 佐々木と新劇協会の関係はどうなつてゐたんだ。

佐々木 スコットホールの芝居が済んでから新劇協会が秋田さんの芝居をやる事になつて俺と関係が出来たんだ。

高田 新劇協会に遠山静雄が入つて来た。その時分君（佐野に向つて）が居たが、照明をやつてゐる男かと思つて居たらドイツ語で議論をふつかけるんだ。一体悧口なのかどうなのか解らなかつたんだ。それでシアター・ムンズを見せられたんだ。これで日本を赤化して見せると称して居たよ。あの時分は新劇協会動揺時代で秋田さんに社会的意義を持つように来て貰つた。秋田さんは読売で「意志」を持つように言はれて居た。それで江戸川の畑中の家で、畑中にそれを言ひ聞かせたら判らんで、彼は「俺は芝居をする意志を持つてるよ」といつた。（一同笑ふ）初日を開けたら雪の日だつたが七人入つて居た。うち招待券が五枚だつた。場所は同志会館で、出し物は僕の「ジャズ」、秋田さんの「手投弾」、横光利一の「喰はされたもの」だつた。

村山 仲島君、君は居たのか。

仲島　居なかつた。

高田　三つの中で「手投弾」が一番よいと云つたが、畑中には判らなかつた。当時新劇協会は畑中、御橋等が右翼で、降松、楠田、僕などが左翼で、この対立が分裂の基になつた。

小野　その頃の左翼は其処を出て何処へ行つたかと云ふと築地へ行つた。この連中と、俺達はつまり入れ換り築地を出た訳だ。

久板　小野君が築地を去る当時は芝居をやめるつもりで出たのか。

小野　さうだつた。

村山　この辺でトランク劇場の話へ行かう。

佐野　林房雄を通じてトランク劇場の存在を知つたんだが構成メンバーが旧先駆座の連中だと聞いて、大したものでないと軽蔑して居たんだが、林から一喝をくつて、あゝいふものを見ない奴があるとか、とやられた。

小川　あの頃の林は、とても凄かつたよ。

久板　僕がトランク劇場を知つたのは、共同印刷の争義へ応援に行つて事務をとつてゐた時だ。仕事の暇々に集合所廻りをやつたんだが、柳町クラブか何かでその芝居を見た。素人にしてはバカにうまいと思つて感心して、あとで争議団の指導者に「僕は、新人会の学生だが、将来あゝいふことをやつて行きたいから」と云つて、捗りをつけたんだが、あれは争議団員で、他班のコレコレだ。なんてとんでもないことを教へられた。トラツク劇場だつたつて事はあとで知つた。

仲島　スパイだとでも思はれたんだらう。

佐々木　集合所でやるときは、みんな争議団員だと云ふフレコミだつたから。

佐藤　あれは、先駆座としてゞはなく、日本プロレタリア文芸聯盟演劇部として出たんだ。

仲島　その前に、神楽坂で発会式を挙げた。

佐藤　それで争議団に団体の性質を知らせるために佐々木君が一応の説明をした。

佐々木　二ケ所で、三回やつた。最初の一日だけ扮装してから幕の前へ出て、内容と一緒に、日本プロレタリア文芸聯盟の演劇部から来た、といふことを説明してやつた。だがふれ込みは、争議団の素人として入つて行つたんだ。他から行つたことが分ると、パイ公に止められるおそれがあるんでね。聯盟の演劇部が出来た頃、共同印刷の徳永が来て争議が起つたので、手を借してくれといふので、それも明日来てくれといふので、佐藤と二人で、出し物は「エチルガソリン」と「ある日の一休」を急に選んで出かけることにした。金がないので電車に乗らずに歩いて行つたんだ。初めに護国寺で野外劇をやる筈だつたんだが、ここが止められて第一集合所へ行つたんだ。その時、行く途中で「トランク劇場」といふ名前が出来上つたんだ。この名称は小山内薫からフランスにトランクを持つていつでも簡単に出かける芝居があるといふ話を聞いてゐたので、それから思ひ付いたんだ。

佐野　トランクは本当に持つて行つたのか。

佐々木　持つて行つたさ。万世アーケードで使つた、「ガソリン」の衣装と鏡が入つてゐた。なにしろ電車にも乗れない様な仕末なんで、ライオン歯磨の五銭の袋を買つて、こいつが粉白粉なんだ。「一休」の野武士では、高橋季暉が突嗟の機転で争議団から貰つた炭俵を着て、女工のしごきを締めてやつたりして、大喝采を受けた。もつと面白いことがあるんだ。坊主のボテカツラは浅草から買つて行つたんだが、一休のおれが寝てゐて起き上ると、見物がとても笑ふんだ。おれはボテカツラがおかしいので笑つてるのかと思つてヒョイと頭へ手をやると、カツラが落ちてやがるんだ。最後の日丁度神楽坂で漫画市場をやつてゐて、柳瀬や村山達が争議資金を集めてゐたんだ。そこへおれが口がうまいといふんで客引きに来てくれといふんで、行くところだつたんだが、本郷三丁目まで歩いて来ると、林に逢つて新人会の本部へ来ないか御馳走してやるからと云んだ。行つてみると中野重治がゐて、彼は芝居を見てゐたんだが「どういふつもりであんな芝居をやつたのか」と聞くんだ。俺は別に計画的にああいふものを選んだのではない、唯、面白いからいゝだらうと思つて……と云ふと、中野は、争議団とは関係が無いぢやないですか、と云つたことを覚えてゐる。すると林が、中野に、あれでもいゝぢやないか、争議団の連中が喜べば……と言つてゐた。

佐藤　それから徳永君が浜松の争議に行く時に一緒に行かうと企てたが行けなかつた。
仲島　警戒がひどくて駅の一つ手前で下りたりしてゐた。は既に、無産者新聞で働いてゐて忙がしかつた。
佐々木　あれは随分苦心して、行かれなかつた。柳瀬君は「逃亡者」の一人芝居を計画してゐて、共同印刷の時、参加する筈だつたんだが、手違ひで来なかつた。千田
柳瀬　僕は、千田と会つて、連絡を取る積りだつたんだが、会ふ筈になつてゐた漫画市場へ千田が来なかつたので駄目になつた。その時、佐野が来て小川の家へ一緒に行つたんだが、谷がゐて、俺は、初めて会つた。
久板　マル芸が出来たのは、その前後だね。
小川　ムンズを止めてマル芸を作らうといつたのは、林だつた。
佐野　作らない中に、林は持つて行かれちやつたんだ。
久板　準備会を一回やつてからだ。
小川　林は文芸運動でも、ケルンを作る必要がある。丁度「林檎」を文戦へ発表して関係がついたので、佐々木や葉山なんかは意識が低いから、乗り込んで教育してやらうと俺を誘つたんだよ。林は、ボグダーノフ一点張りだつたが今でも随分ボグダーノフイズムのために毒されてゐるよ。
佐野　林は、とても凄かつたんだよ。その前、テーゼを作つたんだ。それで君（小川に向つて）の家でこんなものは、危いから焼けといふ指令だつたんだ。
久板　あれは、丁度学生事件で、あゝいふ文章のやかましい時分で、会合するのでも、コソコソあたりを見廻して君（小川を指して）の家に集まつたりなんかした位だつたから。
佐野　プロ聯への加入が問題になつた。規約を送つてくれつて通知を出したが、なんとも返事が来なかつた。そのうちに、新聞の消息欄を見て総会があるのを知つて、全部押しかけて行つた。その時、青野と佐々木が論争してゐたのは集団芸術が有り得るか無いか、といふことだつた。俺達の間ではそんな問題は、解決ずみだつた。その時から皆プロ聯へ入つた。
佐々木　この時、夏、山へ行つてゐたんだが、帰つて来てみたら、皆んなすつかり文戦に入つてゐたよ。青野

が一緒や山へ来てゐたんだが、そこで無産者新聞の基金募集の芝居をやる計画を樹てゝゐて、千田から一週間と揚げずに芝居のことに関する手紙が来てゐた。青野と俺とでも一度先駆座みたいなものを復活させようといふ話ばかりしてゐたが、その時、こんどさういふものが出来たら名前は「前衛座」といふのにしようと話し合つてゐた。

小川　青野の目的意識は、あの頃出来たんだ。

佐野　その前に無産者新聞に呼びつけられたことがある。

久板　マル芸から十人プロ聯から十人集ることになつてゐたんだが。プロ芸からは水野正次一人しか出て来なかつた。

佐々木　山から帰つて来て、前衛座を作る事がいよ〳〵具体的になつた。千田と小野とは、また自分たちで準備をしてゐた。この劇団は、商売劇団として作る事に極まつてゐた、トランク劇場をやりながら、その準備会をすゝめてゐたんだ。当時前衛組織が問題となつてゐたので、さう名付けたんだ。

佐野　大森の君（久板を指して）の家へよく集まつたなあ。久板の「犠牲者」の出来た時は、感涙にむせんでビールを飲んだつけ。

小野　あの頃、無新とよく聯絡してゐた。「犠牲者」の時はラヂオの八木節を関根悦郎君が一生懸命であつた。

佐野　無新の井ノ口君ね。あれが躍気となつてゐたんだ。

佐々木　あの当時、初めは、芸術運動に対して北浦千太郎が熱心だつた。あの「無産者の夕べ」で俺は、又柳瀬と喧嘩しさうになつたよ。柳瀬がまた遅れて仲々やつて来なかつたんでね。この時の事だ。トム（村山）が来てゐた。舞台装置の梯子を黙々として塗つてゐたんだ。それまで俺は、トムがなんとなく虫が好かなかつたんだが、このことでトムが好きになつた。この野郎、案外ちやんと仕事をする奴だと思つてね。それまで唯、ダダ的な男のやうに思つてゐた村山に対する僕の観念が一掃されて了つた。

村山　あれは、千田にチョロマカされたんだ。無新宣伝のヴアラエティを任せられて書けなかつたんで、罪滅ぼしに手助けに行つたんだよ。

佐野　久板の「犠牲者」のセットは、人形座の人形のセットを全部使つたんだよ。

柳瀬 さうぢやないよ。

佐々木 いやさうだよ。人形座の小道具を張つたり塗つたりして使つたんだ。村山は地味に黙々として塗つた。

久板 人形座のセットだもんだから、出入口なんか低くつて役者が額をブツつけたりした。

佐野 さうだ。

久板 「犠牲者」の脚本のことに就いて言へば、あれは無新の記事からヒントを得たんだ。「朱門」とは前年の二月に手を切つて、それから煩悶懊悩してゐたんだ。芸術なんか駄目だといふので新人会に入つて勉強した。それから一年ほどは何も書かなかつた。何でも、大森の僕の家で『人形を配した舞台』つて云ふ戯曲を小川に見せたら、林よりうまいとほめられて自信がついた。その後、団結力で賃金を上げたといふやうな記事にヒントを得てあれを書いたんだ。あれを書くためには組合へ行つたり、労働者の家へ行つたりして、随分勉強した。――今から見ると幼稚なもんだがあの頃としては…………

佐野 プロレタリアの戯曲なんて無かつたからな。「逃亡者」「二階の男」位のものだつた。

久板 だが、当時は福本イズムがやうやく起りかけた時分で方向転換論で大騒ぎだつた。だから、あれ（犠牲者）は上演したあとで、酷評を受けた。今は政治闘争の時期だから経済闘争の脚本はいかんと云はれたので悲感したよ。これぢやいけないてんで、福本イズムを大いに勉強して翌年の二月に書いたのは「戦闘は継続する」だ。これは政治闘争で（笑声起る）……ところが今度は砂を嚙むやうな作品だと評された。

佐野 「犠牲者」はおれの最初の演出だ。

小野 「カムチヤツカ行」はおれがやつた。

久板 「カムチヤツカ行」はドウ〳〵廻りした揚句僕が書くことにだつたんだが、幕切れに現物の「無新」を観客に売るつて趣好は作家の意図しなかつたことで、演出者の大手柄だつた。

佐々木 初日に、女の客から現場で無新を売つたらどうかと注意されたので、二日目に、出たての無新を赤だすきを掛けた警備隊が舞台から運び出して売つた。

――あの時の出し物は、セツツルメントの子供の合唱、鑑子さんの独唱、「カムチヤツカ行」「犠牲者」「馬鹿殿評定」などだつた。

小川 この辺で心座をやらう。

村山 その必要はないだらう。

小川 いや、あるさ。

村山 うゝと、十四年の九月に、「ケオルグ・カイザー」の「ユアナ」をやつた。チヨンまげと洋式の混淆でやつた。内容がなくて形式だけのものだつた。

高田 あれはホルムを全部ぶつこはしにかゝつた。

村山 うん、それからます〳〵アナーキスチツクになつて、十五年には「孤児の処置」なんてものをやつたんだ。

小川 林がね、あの時「孤児の処置」と一緒にやつたルノルマンの何とかつて芝居を見て面白がつてゐたよ。とても、綺麗だといふんだ。尤も林はあの時初めて芝居を見たんだ。僕はつまらなかつた。僕は村山の「孤児の処置」を見て奮慨して「これが村山チギの智慧のありつたけか?」と怒鳴つたものだ。村山は舞台から「貴様やつて見ろ」と云つた。あの時林の云ふやうに『貴様は舞台監督じやないか』と云へは僕の勝ちだつたんだが、ポーツトしてそれきり物が云へなかつた。

高田 さうだ。僕も知つてる。あの時誰かどなつた奴がゐた。そいつを見ると色のいやにのつぺりした男がゐたんだ。それが、つまり小川だつたわけだね。

小川 うそ言ふない。

(笑声)

佐野 このへん、いさゝか創作の気味があるね。

(笑声)

佐々木 その時だが、林は文芸戦線に、「再び世紀末の道化物村山知義に与ふ」なんてものを書いたゐた。

小川 あとでね、プロ聯の美術部へ村山を引つ張らうとしたんだが、この怒鳴つたことがあるんで困つたよ。

高田 僕はあの時分、自分の中にアナーキスチツクなものが多分にあつたが、なにもやれなかつた。それを村山が勇敢にやつてゐる。おれのやらうと思つてゐることをみんなやつてゐるので、ひそかに尊敬してゐたんだ。邦楽座のプリツヂで「孤児の処置」を見てゐたが、最後の、村山が舞台のハナへ出て見物席に向つて「馬鹿野郎！」とどなるところでマスクをかむつてゐたもんだから軽蔑しちやつた。だからその後、数寄屋橋で彼に合つた時に、畏敬してゐたんだが「君はマスクを取らんと肉とくつゝいていまにとれなくなつてしまふよ」と謎のやうな言葉を掛けたが、彼は悧口だからある時期が来ればパッと眼を覚ましてマヴォを止めると思つて言つたんだ。

佐々木　おれは舞台のすぐ前の席にゐて、はづかしくなつたんならマスクを取つてしまへと弥次つたのを覚えてる。

高田　村山は「兄を罰せよ」で随分非難を受けたね。

佐々木　おれはあの戯曲をほめたよ。

村山　あれは転換後に書いたもんだから、騒がれたんだ。

高田　僕は「勇ましき主婦」よりもあれに感心したよ。僕は筑波山のてつぺんで読んだんだ。すぐ端書を書かうと思つたてだが、とう〳〵出さなかつた。あれはやつぱり村山の画期的な作品だと思ふね。

村山　転換の悩みなんだ。理論と感情の矛盾を書いたんだ。

高田　血のついた片身だね。

佐々木　おれは村山が小手先きだけの器用さでなくて本道へ入つて来たものだと思つてほめたんだ。

村山　それで、新劇協会に「勇ましき主婦」を貸すべきかどうかで悩んだんだ。

佐々木　それがまた前衛座に入れる時問題になつた。花柳はるみがとても弁護したよ、その時分。

高田　新劇の協会の甦生と前衛座の誕生とが同時だつたんだね。

佐々木　さうなんだ。前衛座はトランク劇場の兵站部として利用するといふ計画だつた。時々公演をやつて得た資金でトランク劇場が隼のやうに出没することが出来るやうにと。

久板　その時、激論があつたよ。マル芸派がその意見に反対なんだ。

佐野　そんなことあつたかなア。

佐々木　佐野の家で図解なんかして、人形座に喰ひ込むだの、フラクションを作つて、どうするだのつて、おれが説明したのを覚えてゐるよ。

高田　「新しい世界観に立脚し」つてのは誰が書いたんだ。

佐野　あの宣言書はおれと君が（小野に）書いたんだつたな。

佐々木　創立大会の時、旧先駆座からと、心座から村山とをピックアップし、マル芸の演劇に関係のある奴、プロ芸、文戦から、青野、前田河、山清、葉山なんかを入れることにしたんだ。

村山　僕は千田の家で奨められたよ。

久板　あの村山つて男は意姑地で、強硬に言つても駄目だから、そつと付かず離れずいつてこつちへ転換させるより外はないと佐野がいつてたんだよ。

（笑声）

佐々木　あの総会の前に、つまり大正十五年十月だ、前衛座と名乗つて秋田、土崎、能代と三ヶ所へ行つたことがあるんだ。今野賢三の「青山田一家」といふ迚も鼻持のならない新派以下の芝居と、金子洋文の「牝鶏」それから「エチル・ガソリン」「二階の男」の四つを持つて行つたんだ。ずゐぶんいんちきなもんだつたよ。「牝鶏」をやつた時、巴米子といふ女優、がズーズー弁でまくし立てたもんだから大喝采だつた、尤も根がその地方の生れなんだつたけどね。流石の花柳はるみが、スッカリ喰はれてとても口惜しがつてたよ。

村山　プロレタリア戯曲の原始的形態がこの秋田公演まで続いてゐて、これで終りを告げたわけになるんだね。丁度区切りがいゝからこれで止めようぢやないか。来月は、その後から今日までをやりますから、また出席して下さい。

——ぢや、これで止めよう。（終）

『プロレタリア演劇』1巻1号、1930・6・10

2

漫画

似顔絵
無産者新聞―漫画―
無産者新聞―挿絵―
労働新聞
労働農民新聞
アサヒグラフ
東京パック
中央公論
批判
漫画
コマ絵
挿絵

〔**千葉亀雄**〕『新聞及新聞記者』10 巻 5 号、1929.5.1
＊千葉亀雄「婦人の生活を没却せる現代の新聞」より。

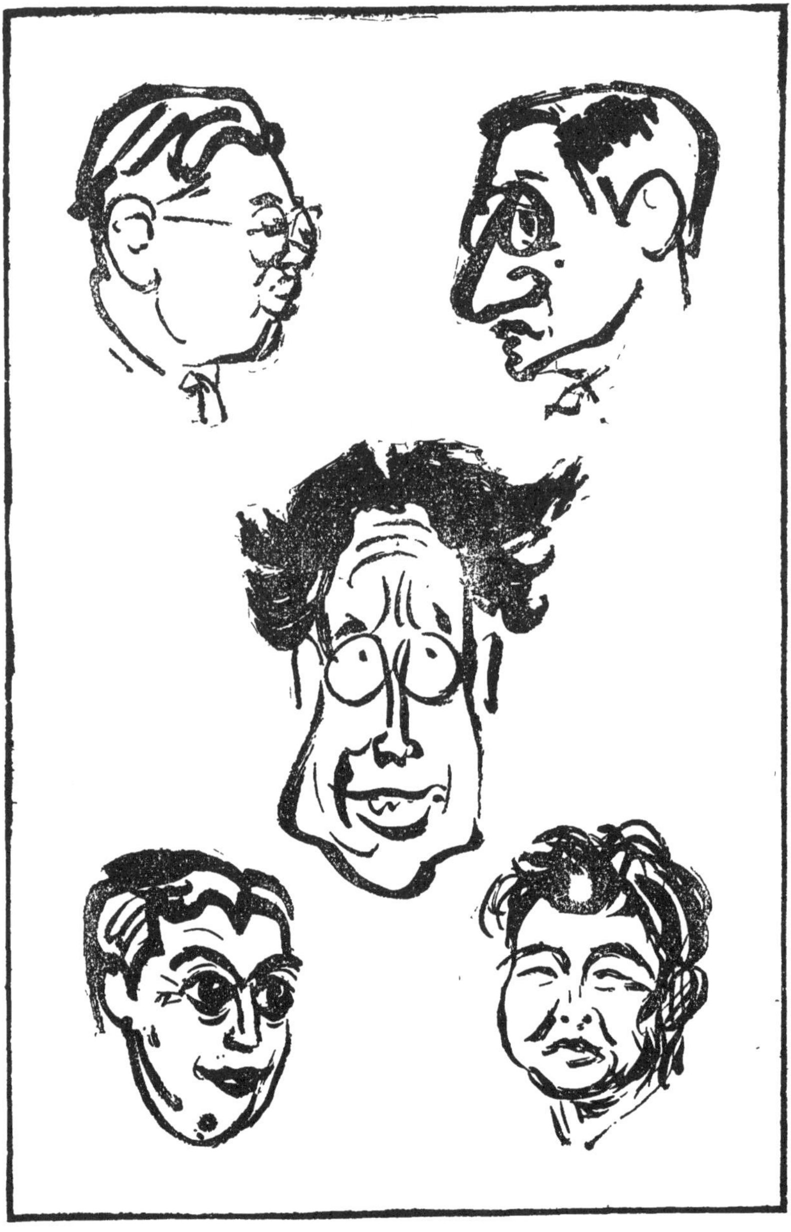

或る日の編輯室 『批判』1巻1号、1930.5.1

座談会に集つた人々　『批判』1巻2号、1930.6.1

＊長谷川如是閑・櫛田民蔵・新居格・向坂逸郎・石濱知行・
荘原達「ブルジョア教化機関の行詰とインテリゲンチアの地位座談会」より。

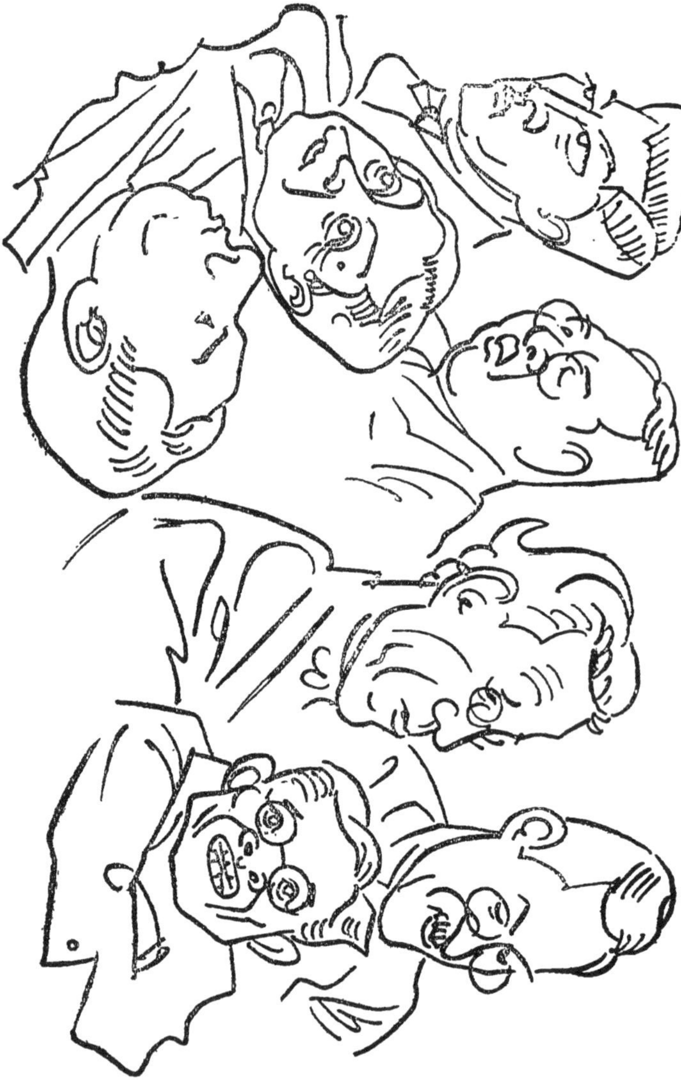

座談会に集った人々　『批判』1巻3号、1930.7.1
＊長谷川如是閑・矢内原忠雄・大内兵衛・福岡誠一・松本重治・嘉治隆一「『帝国主義と植民政策』座談会」より。

〔座談会出席者〕『批判』1巻4号、1930.8.1

＊王子言・長谷川如是閑・福岡誠一・荘原達・田中九一・
嘉治隆一「『支那社会運動の現状』座談会」より。

九人の面々　『批判』1巻5号、1930.9.1

＊杉山元治郎・川瀬新蔵・須永好・長谷川如是閑・森戸辰男・荘原達・河西太一郎・来間恭、福岡誠一「『農村の窮状を聴く』座談会」より。

対談中のオヂさん　『改造社文学月報』42 号、1930.6.13

共産党指導者の似顔絵 『改造』13 巻 10 号、1931.10.1

渡辺政之輔、佐野学、丹野せつ子、鍋山貞親
＊再録：『赤旗』1932 年 7 月 15 日（佐野学、鍋山貞親）、
『文学新聞』1931 年 10 月 10 日（渡辺政之輔）。

プロレタリアは吾々の××××××××××の生ける姿を、階級戰野・日常鬪爭の組織の强化の上に日々見てきた。

個人の面貌を必要としなかつた私は（指定された十名の前衞の畫像を）いま便宜上ブルジョア通信社のストック寫眞の中から選び出してきた。（これらは全部警視廳許可拂下げになるもの）

此處には幼稚極る寫眞技術を通した畫像が完成してゐる。而もこれらは粗惡な單純化したブルジョア漫畫として各自の特質を實によく摑んでゐる。（これらが各ブルジョア新聞紙上のデマ記事の間に××××の寫眞版として挾み込まれるのは判りきつたことだ。）今更驚くべきことは彼等が瑣末なかゝる技術の隅々までも意識化し歪曲し階級的仕方・方法を持つて臨んでゐるといふことである。

九個の前衞像はこの材料によつた。

（同志高橋貞樹の寫眞は小見山夫人の手元にすらなかつたので割愛した。）

共産党指導者の似顔絵　同右

市川正一、徳田球一、国領伍一郎、杉浦啓一、三田村四郎

＊再録：『赤旗』84号、1932年7月15日。

「政界往来」政治家似顔集・その六　鈴木喜三郎氏

『政界往来』2巻10号、1931.10.1

三木清氏〔左〕／羽仁五郎氏〔右〕『鉄塔』1巻2号、1932.11.1

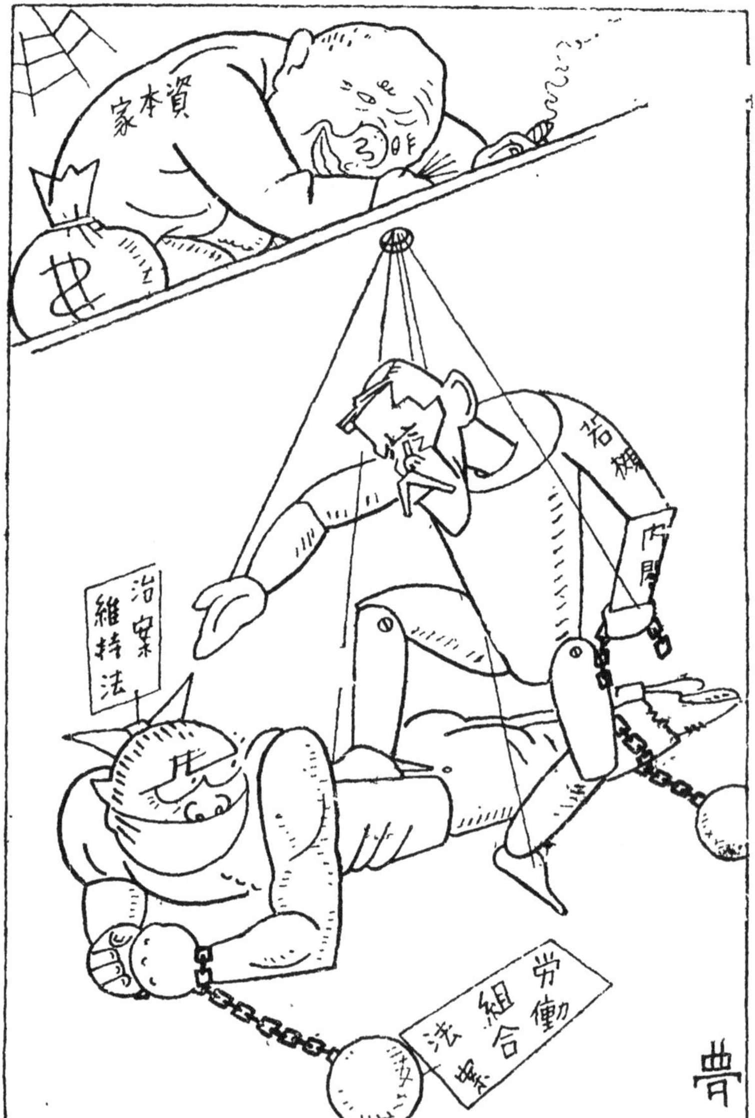

サア兄弟、手を握らう 『無産者新聞』20号、1926.3.20

再録：「さあ兄弟、手を握らう——若槻内閣の社会政策」（『画集』1）。

＊「国法に従ひ労使相和せ」（『日本及日本人』復刊95号、1926年4月1日）と同構図。

臭議院の幕閉ぢ 『無産者新聞』22号、1926.4.3
再録：同タイトル（『画集』2）

此の巨手を握り固めて！　『無産者新聞』号外、1926.4.23

おいらメーデーに行くよ、ザマあ見ろ！ 『無産者新聞』25号、1926.4.24
再録：「職場から街頭へ」（『画集』3）

〔**無題**〕『無産者新聞』26号、1926.5.1
再録：扉絵「メーデー」(『文芸公論』2巻5号、1928.5.1)

〔**無題**〕『無産者新聞』39号、1926.7.24
再録：「農村の暴状」（『画集』5）

現実主義――『こうして集めて置きさへすれば、選挙戦で一儲……
そこがそれ現実主義の有難みさ』
『無産者新聞』41 号、1926.8.7

共存共栄　『無産者新聞』43 号、1926.8.21

組合費《くみあひひ》を芸妓狂《げいしやくる》ひに使《つか》つて置《お》いて、曝露《ばくろ》する者《もの》があると、それを『共産党《きようさんとう》』と云《い》つて除名《ぢよめい》する『現実主義者《げんじつしゆぎしや》』『穏健派《をんけんは》の労資階級戦《らうしかいきふせん》…………。

芸妓の奪ひ合で　ダラ幹の階級闘争 『無産者新聞』44 号、1926.8.28

ブルジョア座に現れた怪物 『無産者新聞』45号、1926.9.4
再録：「ブルヂヨア座に現れた怪物」（『画集』6）

ブルジョア丸《まる》は振《ふ》りかゝる民衆《みんしう》の
議会解散《ぎくわいかいさん》、耕作権確立《かうさくかくりつ》の
要求運動《えうきううんどう》を前《まへ》にして
資本主義《しほんしゆぎ》を維持《ゐぢ》することに
狂奔《きやうはん》してゐる。

不景気の荒波　『無産者新聞』50 号、1926.10.9

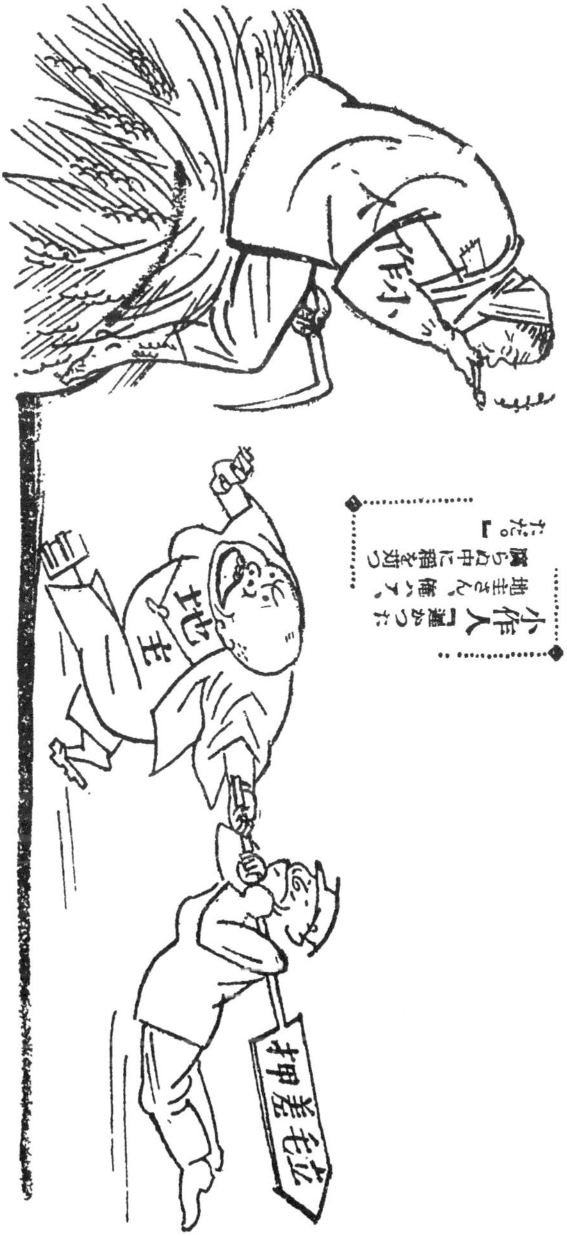

〔無題〕『無産者新聞』52号、1926.10.16
再録：「あとの祭り」（『画集』7）

御主人のお気に召すやう 『無産者新聞』56号、1926.11.13
再録：同タイトル（『画集』10）

〔無題〕『無産者新聞』58号、1926.11.27
再録：「嶮しい路を恐れて――あぶない「階級的正道」の正体」（『画集』11）

今日のドン・キホーテ――これで政治運動に乗り出す
『無産者新聞』61号、1926.12.18

再録：同タイトル（『画集』13）

不景気の内幕　『無産者新聞』62号、1926.12.25

再録：同タイトル（『画集』14）

〔**無題**〕『無産者新聞』63号、1927.1.1
再録：「暴露されたエセ無産政党の仮面」（『画集』15）

国際労働会議の内幕 『無産者新聞』65 号、1927.1.15
再録：同タイトル（『画集』18）。＊『ユウモア』2 巻 3 号（1927 年 4 月）と同構図。

〔**無題**〕『無産者新聞』65号、1927.1.15
再録：「入営」（『画集』17）

〔**無題**〕『無産者新聞』66号、1927.1.22
再録：「だまされるな！」（『画集』20）

政権争奪に腐敗せる第五十二議会を即時解散せよ

『無産者新聞』67 号、1927.1.29

再録：「三党首妥協す」（『画集』21）

労働者の国際的団結へ 『無産者新聞』68号、1927.2.5
再録：「日支労働者団結せよ！」（『画集』23）

〔**無題**〕『無産者新聞』68号、1927.2.5
再録：「この味は忘れられぬ!!」（『画集』24）

彼等の政治運動、彼等の議会解散請願運動『無産者新聞』69 号、1927.2.12
再録：「此の奴隷を見よ」(『画集』25)

『世界平和』の仮面にかくれた軍備縮小会議　『無産者新聞』71号、1927.2.26
再録：「『世界平和』の仮面にかくれた軍縮会議」（『画集』26）

学生《せい》奴隷化《れいくわ》の桎梏に堪《た》えかねて学生大衆《せいたいしう》が反抗《はんかう》するとこの通《とほ》り専《せん》制主義《ぎ》の魔手《ましゅ》は容赦《ようしゃ》なく放校退《はうこうたい》学、停止《ていし》の兇暴振《けうぼうふ》りを示《しめ》す

学生大衆の上に伸びた専制主義の魔手　『無産者新聞』72号、1927.3.5

後しろの影を見よ、軍縮会議の正体　『無産者新聞』74号、1927.3.19
再録：「うしろの影を見よ、軍縮会議の正体」（『画集』28）

請願示威運動に参加せよ！ 『無産者新聞』75号、1927.3.26

再録：「デモへ！」（『画集』29）

金融資本家が喜ぶ震手案とは何か？ 『無産者新聞』75号、1927.3.26

〔無題〕『無産者新聞』77号、1927.4.9

再録：「労働者と農民はいづれを支持するか？——ニッポン資本主義帝国は何を狙つてるか」（『画集』30）

石ころ食はなければ罪になる　『無産者新聞』77号、1927.4.9
再録：「治安維持法最初の犠牲――京大事件学生三十八名の公判」（『画集』31）

メーデー近きこの日あらはれたこの怪物！　『無産者新聞』79号、1927.4.23
再録：「メーデー近き日に現れた怪物――田中反動内閣成立す」（『画集』32）

聞け万国の労働者　とゞろき渡るメーデーの
示威者に起る足どりと　未来を告ぐる関の声
1927
大衆よ
街頭に
出よ

第八回メーデー　大衆よ街頭に出よ　『無産者新聞』80号、1927.4.30

再録：「行け　守れ　メーデー!!」(『文芸公論』2巻5号、1928年5月)／
「街頭に出よ」(『画集』33)

〔**無題**〕『無産者新聞』82号、1927.5.14
再録：「握手しよう」（『画集』35）

〔**無題**〕『無産者新聞』83号、1927.5.21
再録：「裏切り者と結ぶ社民党幹部」（『画集』36）

工場から工場へ——工場代表会議続々開かる 『無産者新聞』84号、1927.5.28

再録：同タイトル（『画集』37）

田中総理大臣閣下の公平な肥料分配論　『無産者新聞』86号、1927.6.11
再録：「田中大将の公平なる肥料分配論」(『画集』41)

村民大会へ村民大会へ　『無産者新聞』86号、1927.6.11
再録：「農民代表者会議へ」（『画集』38）

〔**無題**〕『無産者新聞』86号、1927.6.11
再録：「民衆の膏血で肥えるものは誰ぞ？」（『画集』39）

小作人も小商人も自作農も小地主も来い　『無産者新聞』87号、1927.6.18
再録：「農民大会へ集まれ」（『画集』40）

咄！この軍閥政治！　『無産者新聞』88号、1927.6.25
再録：同タイトル（『画集』43）

何一つ語らせぬ此の暴圧　『無産者新聞』90号、1927.7.9
再録：「何一つ言はせぬ此の暴圧」（『画集』44）

支那へ視察団を派遣せよ！　『無産者新聞』90号、1927.7.9
再録：「労働者農民の代表を支那へ」（『画集』45）

〔**無題**〕『無産者新聞』90号、1927.7.9
再録：「大塚君の評議会葬」（『画集』46）

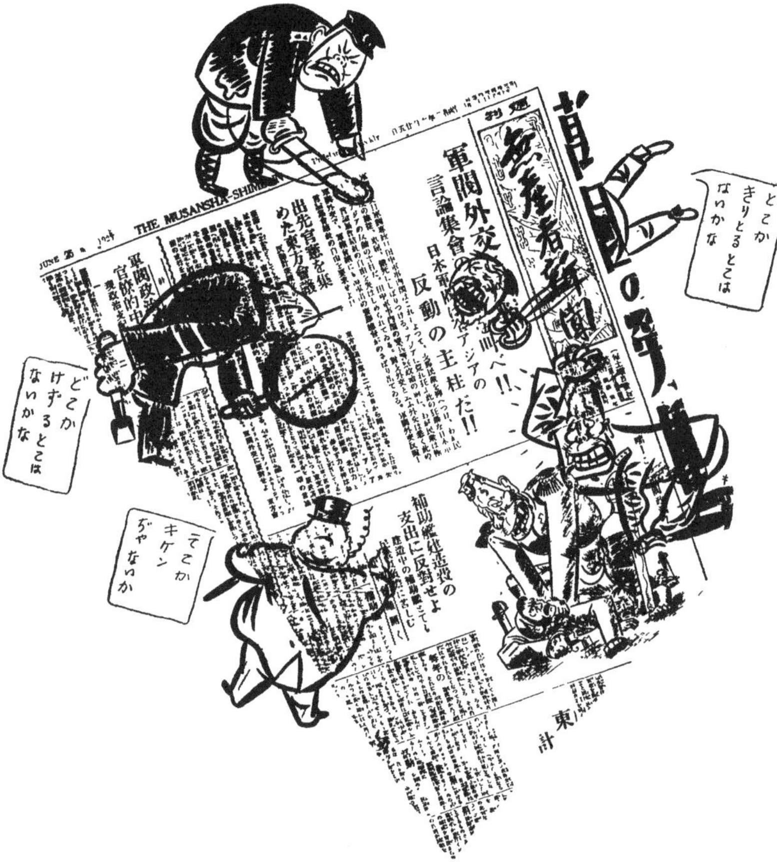

咄！民衆より言葉を強奪する奴ら 『無産者新聞』91号、1927.7.16

再録：「民衆より言葉を強奪する奴等」（『画集』48）

日貨排斥のための総罷市で小市の民闘争激化し
蔣介石日本の軍閥政府に泣きを入れる 『無産者新聞』92号、1927.7.23

再録：「新軍閥蔣介石」（『画集』49）

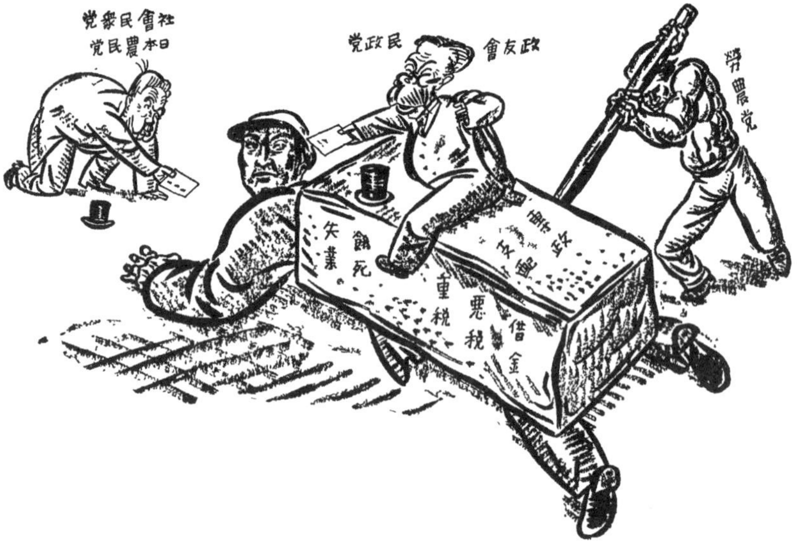

府県会選挙で各政党は何を目指すか 『無産者新聞』92号、1927.7.23
＊下図は再録時のもの（同タイトル『画集』51）。

一人は一人の読者を殖やせ！ 『無産者新聞』92号、1927.7.23
再録：「日刊実現へ！読者五万突破！——一人は一人の読者を殖やせ！」（『画集』50）

川崎造船の暴力的解雇　『無産者新聞』93号、1927.7.30
再録：「川崎造船所の××的解雇」（『画集』52）

三個中隊の軍隊は工場を守り　警官は四辻に立つて通行人迄誰何する。
検束者はまた釈放されぬ
戒嚴令下の神戸市

戒厳令下の神戸市　『無産者新聞』94 号、1927.8.6

再録：「××××の神戸市」（『画集』53）

サッコとバンゼッチを殺させるな！ 『無産者新聞』95号、1927.8.13
再録：同タイトル（『画集』54）

若しも民衆党と農民党に従ふと　『無産者新聞』96号，1927.8.20

人まね、こまね　『無産者新聞』97号、1927.9.1
再録：同タイトル（『画集』55）

我々に与へられた選挙の自由　『無産者新聞』101号、1927.9.20

投票日になつても工場から出さず口を緘し手を縛し、無自覚大衆をだまくらかして投票をかき集める者は誰ぞ。
その手先となつて民衆を抑へつける者は誰ぞ。

投票紙を数へる資本家の役人 『無産者新聞』102号、1927.9.25
再録：同タイトル（『画集』56）

安全週間 『無産者新聞』103号、1927.10.1
再録：「『怪我は心のゆるみから』とよくもぬかした安全週間」（『画集』57）

此の暴圧と戦へ！　『無産者新聞』104号、1927.10.5
再録：同タイトル（『画集』58）

政治的自由 !! 『無産者新聞』105号、1927.10.10
再録：「突進しろ！」（『画集』59）

俺達の労働調査、17日 『無産者新聞』105号、1927.10.10
再録：「俺たちの労働調査に加はれ」（『画集』60）

怪物徘徊し天地昏し　『無産者新聞』106 号、1927.10.15
再録：「怪物徘徊して天地暗し」（『画集』61）

暴圧反対、政治的自由 『無産者新聞』107号、1927.10.20
再録：「全大衆は共同して政治的自由獲得の闘争へ進め」（『画集』62）

頻々として抜剣 『無産者新聞』108 号、1927.10.25

再録：同タイトル（『画集』63）

立毛差押　『無産者新聞』109号、1927.11.1

再録：「地主の来ぬ間に立毛かり取り――××××の偉力」（『画集』64）

〔**無題**〕『無産者新聞』110号、1927.11.6
再録：「サヴエート同盟を××！——ロシア革命十週年記念」（『画集』65）

第五十四制限議会を解散せよ！　『無産者新聞』111号、1927.11.10
再録：「第五十四議会を解散せよ」（『画集』66）

財政破綻を救ふべくかくも搾りあげんとす　『無産者新聞』112号、1927.11.5

再録：「×のしたゝる十七億六千万円」（『画集』67）

総ての労農党は合同せよ!! 『無産者新聞』114号、1927.11.25

全労農政党は合同せよ！　『無産者新聞』116号、1927.12.1

再録：同タイトル（『画集』68）

軍縮会ギ 『無産者新聞』117号、1927.12.5
再録：「帝国主義諸列強は軍備を撤廃せよ」（『画集』69）

現東京市会を解散せよ！西久保市長を追ひ出せ　『無産者新聞』117号、1927.12.5
再録：「東京市会を解散せよ」（『画集』70）

張作霖と日本帝国主義全朝鮮民族を満蒙より駆逐せんとす
『無産者新聞』118 号、1927.12.10

再録：「住むところなし、在満八十万同胞」（『画集』71）。
＊再録時、「朝鮮民族」の文字が伏せられた。

武装せる広東の労働者農民はつひに労働者農民の政府たる
ソビエット政府を打ち建てた！ 『無産者新聞』119号、1927.12.15

再録：「広東の労働者農民、赤旗高くサヴエート政府を樹立す
――工人には飯あり、農民には田あり」（『画集』72）

ソビエットロシアを擁護せよ！　『無産者新聞』120 号、1927.12.20
再録：「帝国主義の番犬南京政府」（『画集』73）

川崎造船部三千の労働者立つ　『無産者新聞』120号、1927.12.20
再録：「此の威力！——川崎造船部三千の労働者立っ！」（『画集』74）

野田へ！野田へ！野田争ギを応援しろ！

『無産者新聞』121号、1927.12.25

再録：「野田へ！野田へ！――野田争議を応援しろ！」（『画集』75）

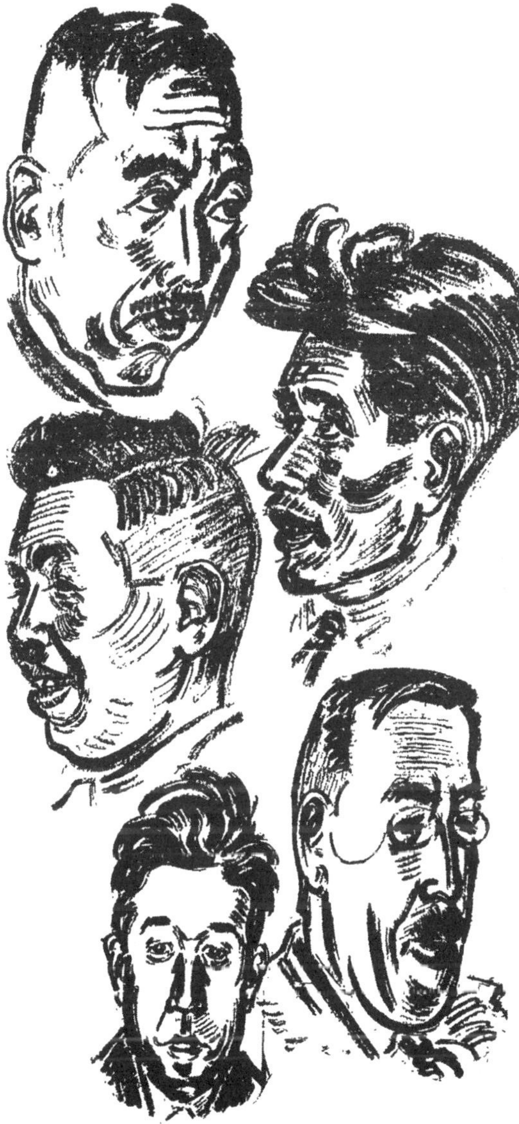

前線に戦ふ人々　『無産者新聞』122号、1928.1.1
本社主筆　佐野学氏（上）、山本懸蔵氏（中右）、野田律太氏（中左）、
労農党々首　大山郁夫氏（下右）、細迫兼光氏（下左）。
再録：「闘志の面影」（『画集』76）／
〔大山郁夫、細迫兼光の似顔絵〕（『読売新聞』1930年3月15日）

造船会社のトラストが進めば此の通り！　『無産者新聞』123号、1928.1.5
再録：「造船会社のトラスト計画が進めばまづ此の通り！」（『画集』78）

エッサラオッサラ、ブルヂョアのお使ひ 『無産者新聞』123号、1928.1.5
再録：「羊の皮着た狼のお使ひ」（『画集』79）

資本家には政府からの強制調停の広援、労働者には全労働者からの広援隊！
『無産者新聞』124号、1928.1.10

再録：「野田争議を勝たせろ」（『画集』80）

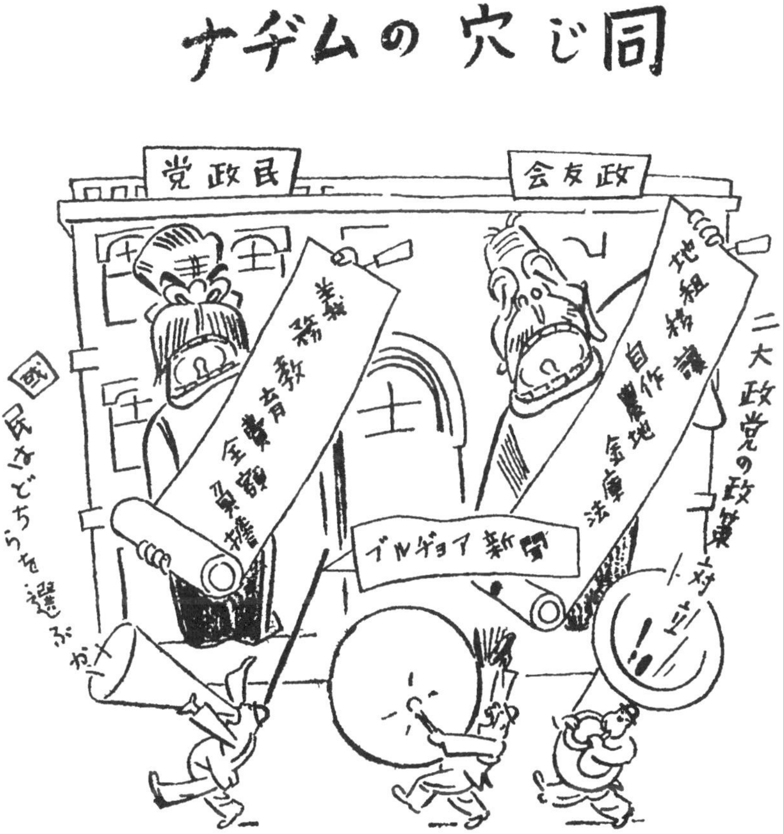

◆「二大政党《たいせいたう》はよろしくその二大政《たいせい》策《さく》を掲《か》げて争《あらそ》ひ、それによつて議《ぎ》会《くわい》を解散《かいさん》するなりせぬなりせよ」と全《ぜん》ブルジョア新聞《しんぶん》は言《い》ふ。あたかも政友《せいいう》、民政《みんせい》の二大政策《たいせいさく》が対立《たいりつ》したもので国民《みん》の去就《きよしう》を決《けつ》すべき国家的大《かてきたい》問題《もんだい》であるかの如《ごと》き宣伝《せんでん》だ。奴等《やつら》はこうして揃《そろ》ひも揃《そろ》つて民衆《しう》をだましてゐる。国家的大問題《かてきたいもんだい》は反対《はんたい》に労働《らうどう》者農民《しやのうみん》が団結《だんけつ》した力《ちから》で奴等《やつら》のこうした為瞞政策《ぎまんせいさく》と戦《たゝか》ひ生《せい》活窮乏《きうばふ》から脱《だつ》する為《ため》に闘争《とうそう》することだ。この闘争《とうそう》をするかしないか、これが労働者農民《らうどうしやのうみん》の去就《きよしう》を決《りつ》すべき問題《もんだい》だ。

同じ穴のムヂナ　『無産者新聞』125号、1928.1.15

再録：「同じ穴の狸」（『画集』81）

〔**無題**〕『無産者新聞』126 号、1928.1.20
再録：「議会解散民衆大会へ」（『画集』82）

投票日を公休にしろ！　『無産者新聞』129号、1928.2.5
再録：同タイトル（『画集』83）

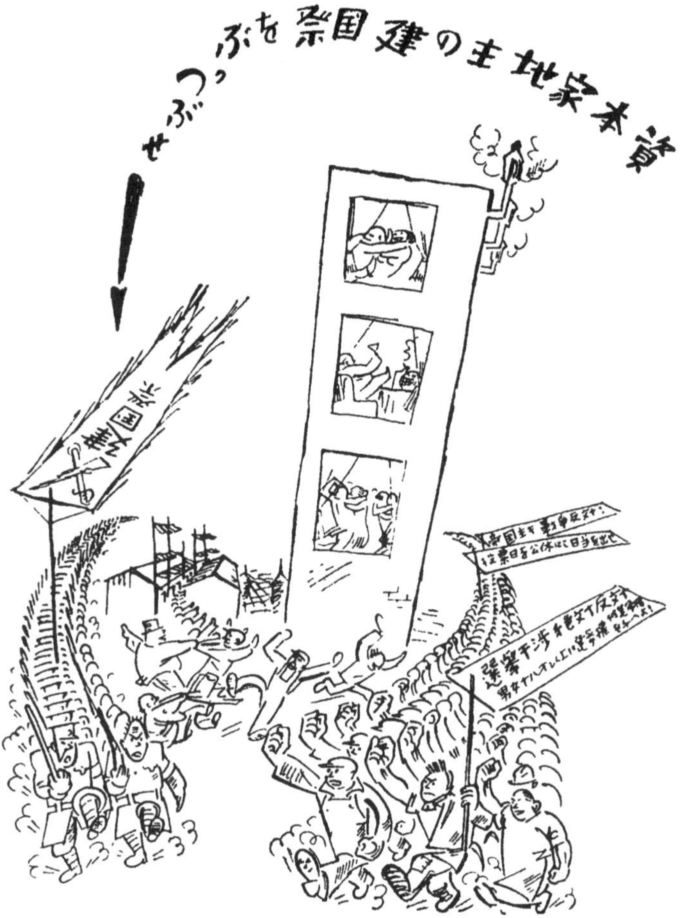

資本家地主の建国祭をぶっつぶせ！　『無産者新聞』132 号、1928.2.10
再録：「建国祭をぶっつぶせ」（『画集』85 ／
『日本プロレタリア美術集　1931 年版』内外社、1931 年）

これでも普選か?! 『無産者新聞』132号、1928.2.10

再録：同タイトル（『画集』84）

投票日を公休にし日当を出せ！　『無産者新聞』133 号、1928.2.12

再録：同タイトル（『画集』86）

資本家地主の政党をぶつ倒せ！　『無産者新聞』135号、1928.2.18
再録：「労働者と農民は労働者農民の代表を選べ」（『画集』87）

選挙にひそみ込んだウヂ虫共を今後はこれで掘り返せ！
『無産者新聞』136 号、1928.2.20

再録：「ウヂ虫どもを掘りかへせ」（『画集』88）

そらッ、奴等の手だッ、けとばせ！　『無産者新聞』138号、1928.3.1

再録：「奴等の手にのるな！」（『画集』90）

大衆的抗ギで暴圧をはね飛ばせ！　『無産者新聞』142号、1928.3.23
再録：「暴圧をハネとばせ！」（『画集』91）

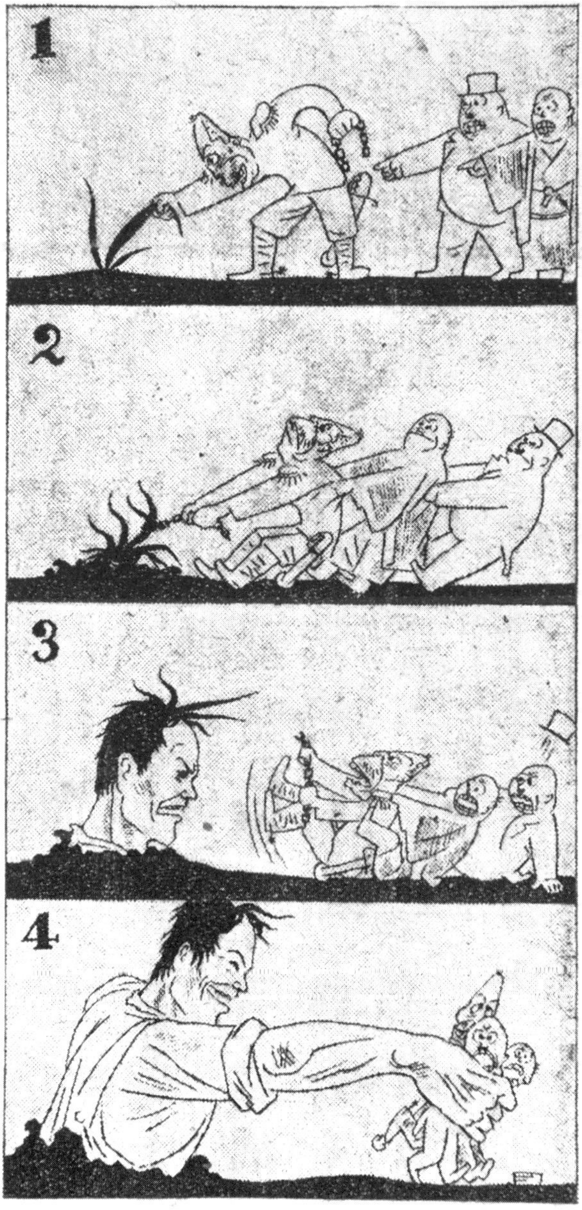

大衆の力で暴圧をハネ返せ！ 『無産者新聞』143号、1928.3.26

再録：「雑草と思つたは見当ちがひ」（『画集』92）

獄舎に呻吟する我等の兄弟を救へ！　『無産者新聞』144号、1928.4.5
再録：「犠牲者を救援しろ」（『画集』93）

〔**無題**〕『無産者新聞』146号、1928.4.16
再録：「三団体解散反対」（『画集』94）

〔**無題**〕『無産者新聞』147号、1928.4.21

再録：「俺たちの要求」（『画集』95）。＊再録時、「政府樹立」の文字が削除された。

〔**無題**〕『無産者新聞』148 号、1928.4.25
再録：「メーデーへ」（『画集』96）

〔**無題**〕『無産者新聞』181 号、1928.10.5
再録:「共産党事件公判——暗黒裁判を公開せよ!」(『画集』97)

合同を阻止する陰謀の網を破れ！　『無産者新聞』182号、1928.10.10

〔**無題**〕『無産者新聞』182号、1928.10.10
再録：「新潟三千の農民起つ——退けば餓死だ、全農民は××××！」（『画集』98）

弾圧に逆襲せよ！　『無産者新聞』204 号、1929.2.1
再録：同タイトル（『画集』100 ／
『日本プロレタリア美術集　1931 年版』内外社、1931 年）。

〔**無題**〕『無産者新聞』215号、1929.3.25

林房雄「同志の復讐（5）」『無産者新聞』19号、1926.3.13

林房雄「同志の復讐（6）」『無産者新聞』20号、1926.3.20

葉山嘉樹「追跡（1)」『無産者新聞』21号、1926.3.27
＊右図は表題上のカット。

葉山嘉樹「追跡（2)」『無産者新聞』22号、1926.4.3
再録：日本電報通信社編『現代挿画芸術展図録』(非売品)

葉山嘉樹「追跡（3）」『無産者新聞』23号、1926.4.10

葉山嘉樹「追跡（4）」『無産者新聞』24号、1926.4.17

葉山嘉樹「追跡（5）」『無産者新聞』25 号、1926.4.24

赤城信夫「首途」『無産者新聞』26号、1926.5.1

岡一夫「昔話（1）小娘の枕」『無産者新聞』28号、1926.5.15
＊右図は表題上のカット。

岡一夫「昔話（2）脱獄囚」『無産者新聞』29号、1926.5.22
＊右図は本文中のカット。

岡一夫「昔話（3）要塞監獄」『無産者新聞』30号、1926.5.29
＊右図は表題上のカット。

岡一夫「昔話（4）裏切者」『無産者新聞』31号、1926.6.5

岡一夫「昔話（5）開墾地」『無産者新聞』32号、1926.6.12

山田三治「新しい道（1）」『無産者新聞』33号、1926.6.19

山田三治「新しい道（2）」『無産者新聞』34号、1926.6.26

岡一夫「搾られた人々（1）　家から追はる」『無産者新聞』36 号、1926.7.3
＊右図は表題上のカット。

岡一夫「搾られた人々（2）　誘惑」『無産者新聞』37 号、1926.7.10
＊右図は表題上のカット。

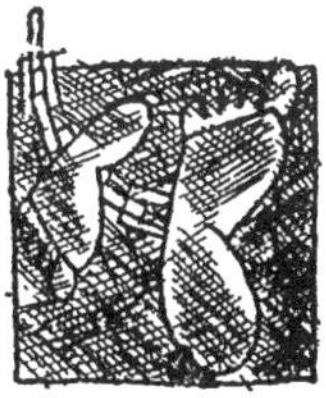

岡一夫「搾られた人々（3）　倫落の女」『無産者新聞』38号、1926.7.17
＊右図は表題上のカット。

岡一夫「搾られた人々（4）　ゴロツキ」『無産者新聞』39号、1926.7.24
＊右図は表題上のカット。

岡一夫「搾られた人々（5）　無智と自滅」『無産者新聞』40号、1926.7.31

＊下図は表題上のカット。

平林初之輔「一晩の出来事（1）」『無産者新聞』41号、1926.8.7
＊右図は表題上のカット。

平林初之輔「一晩の出来事（2）」『無産者新聞』42号、1926.8.14
＊右図は表題上のカット。

シュタイニッケ「給仕頭」『無産者新聞』43 号、1926.8.21

＊下図は表題上のカット。

前田河広一郎「宣伝ビラ（1）」『無産者新聞』44 号、1926.8.28
＊右図は表題上のカット。

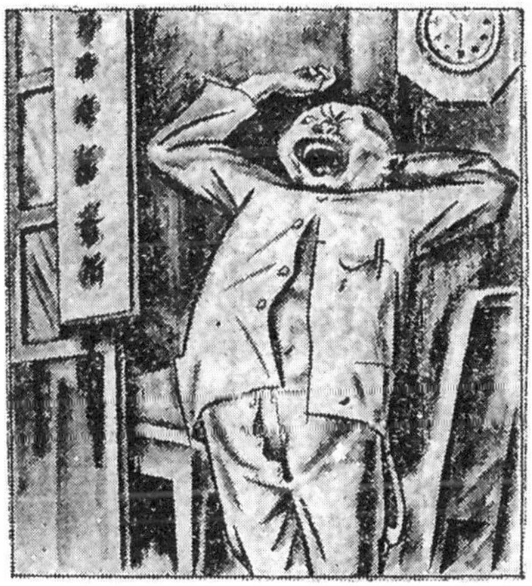

前田河広一郎「宣伝ビラ（2）」『無産者新聞』45 号、1926.9.4
＊右図は表題上のカット。

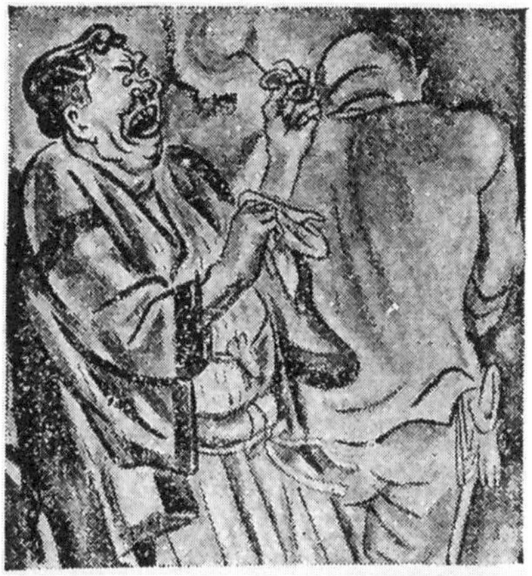

前田河広一郎「宣伝ビラ（3）」『無産者新聞』46号、1926.9.11
＊下図は表題上のカット。

山田清三郎「若き時代（1)」『無産者新聞』47号、1926.9.18
＊右図は表題上のカット。

山田清三郎「若き時代（2)」『無産者新聞』48号、1926.9.25
＊右図は表題上のカット。

山田清三郎「若き時代（4）」『無産者新聞』50号、1926.10.9
＊下図は表題上のカット。

鹿地亘「彼は如何したか（1）」『無産者新聞』52 号、1926.10.16

鹿地亘「彼は如何したか（2）」『無産者新聞』53 号、1926.10.23
＊右図は表題上のカット。

鹿地亘「彼は如何したか（3）」『無産者新聞』54号、1926.10.30
＊右図は表題上のカット。

鹿地亘「彼は如何したか（4）」『無産者新聞』55号、1926.11.6
＊右図は表題上のカット。

鹿地亘「彼は如何したか（5）」『無産者新聞』56号、1926.11.13

林房雄「同志の復讐（1）」『無産者新聞』57号、1926.11.20
＊右図は表題上のカット。

林房雄「同志の復讐（5）」『無産者新聞』62号、1926.12.25

林房雄「同志の復讐（7）」『無産者新聞』65号、1927.1.15

林房雄「警戒線」『無産者新聞』63号、1927.1.1
＊下図は表題上のカット。

飯野孫右衛門「敵と味方（2）」『無産者新聞』70号、1927.2.19
＊下図は表題上のカット。

林房雄「銃口（1）」『無産者新聞』129号、1928.2.5
＊右図は表題上のカット。

林房雄「銃口（2）」『無産者新聞』132号、1928.2.10

林房雄「銃口（3)」『無産者新聞』134 号、1928.2.15

林房雄「銃口（4)」『無産者新聞』136 号、1928.2.20

林房雄「銃口（5・完）」『無産者新聞』138号、1928.3.1
＊下図は表題上のカット。

労働者と農民大衆「ヤイ！労農党内《ろうのうとうない》にかくれてゐても駄目《だめ》だぞ、退《の》け！」
ブルヂヨア「労農党《ろうのうとう》を小《せう》ブルジョア党《とう》にするためには、三団体《だんたい》をいれてはならん」
右翼ダラ幹「四団体《だんたい》を入党《にうとう》させては、旦那《だんな》方に申《まを》し訳《わけ》がない」

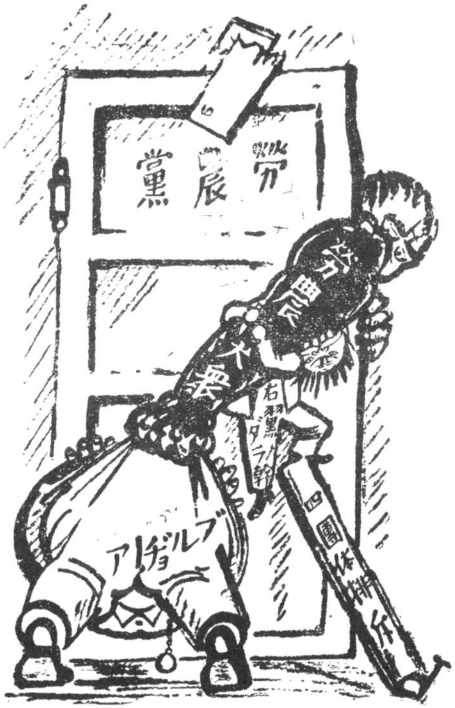

〔無題〕『労働新聞』33号、1926.10.20
＊下図は再録時のもの（「戸を開けろ！」『画集』8）。

ブルヂヨア「馬鹿奴！あのザマは何だ。何故労農党をブチ壊して来なかつたんだ。クソッ！役にたゝない奴だ。」
ダラ幹部「イエ、それが其の、実は何で、吾々が脱党致せば崩解すると云ふ見込みでやつたんですが、何分労農大衆が、党を支持しやがるものですから…………誠にどうも……………。」

〔**無題**〕『労働新聞』34号、1926.11.5
再録：「打ちそこねた芝居」(『画集』9)

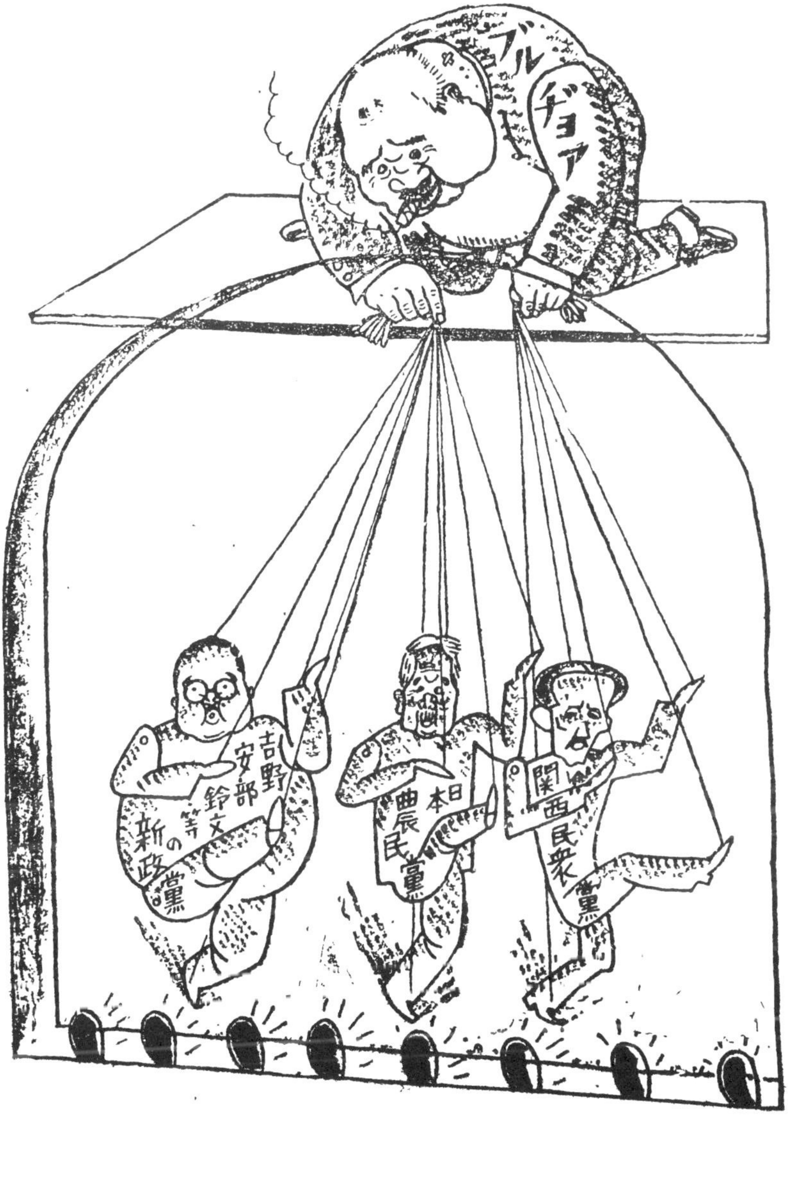

〔**無題**〕『労働新聞』35号、1926.12.5
再録：「中々よく踊るぞ」（『画集』12）

〔**無題**〕『労働新聞』36号、1927.1.5
再録：「労働農民党第一回大会開かる !!!」（『画集』16）

〔**無題**〕『労働新聞』37号、1927.1.20
再録：「支配階級の陰謀に此の一撃!!」（『画集』19）

〔**無題**〕『労働農民新聞』2号、1927.2.1
再録：「労働農民党の旗の下に」（『画集』22）。
＊再録時、「請願運動」の文字が伏せられた。

〔**無題**〕『労働農民新聞』5号、1927.3.15
再録：「民衆を愚弄して民政党成る」（『画集』27）

起て！万国の労働者　『労働農民新聞』8号、1927.5.1
再録：同タイトル（『画集』34）

一九二八年を共同して戦へ！『労働農民新聞』30号、1928.1.1

再録：同タイトル（『画集』77／『日本プロレタリア美術集 1931年版』内外社、1931年）。
再録時、下部に「全ての労農政党は合同せよ！」の文字が加筆された。

一九二八年初頭における『失題』『アサヒグラフ』10巻1号、1928.1.1

＊「グラフ漫題楽」のひとつ。

＊「グラフ漫題楽」の漫画は、当時の読者から寄せられた漫題を描出したものである。

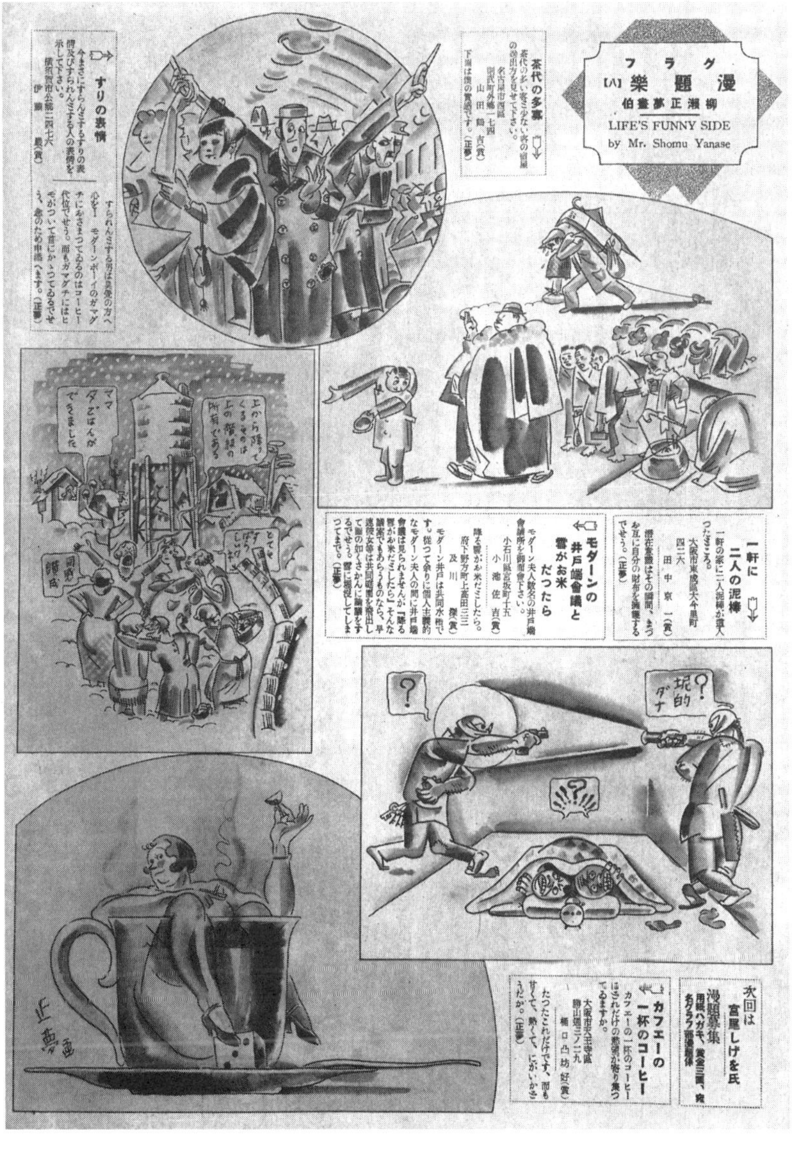

「グラフ漫題楽（八）」　全図　『アサヒグラフ』10巻8号、1928.2.15

〔題〕今まさにすらんとするすりの表情及びすられんとする人の表情を示して下さい。

すられんとする男は臭覚の方へ心を！　モダーンボーイのガマグチにおさまつてゐるのはコーヒー代位でせう。而もガマグチにはヒモがついて首にか丶つてゐるでせう、念のため申添へます。

下図は僕の実感です。

〔題〕茶代の多い客と少ない客の宿屋の送出方を見せて下さい。

〔上〕すりの表情　『アサヒグラフ』10巻8号、1928.2.15
〔下〕茶代の多寡　『アサヒグラフ』10巻8号、1928.2.15
＊「グラフ漫題楽（八）」部分①②

〔題〕モダーン夫人数名の井戸端会議所を御面会下さい。
〔題〕降る雪がお米だとしたら。

モダーン井戸は共同水槽です。従つて余りに個人主義的なモダーン夫人の間に井戸端会議は見られませんが『降る雪がお米だとしたら』そんな議案でもあらうものなら、早速彼女等は共同庭園を飛出して図の如くさかんに論議をするでせう。雪に埋没してしまつてまで。

モダーンの井戸端会議と雪がお米だつたら

『アサヒグラフ』10巻8号、1928.2.15

＊「グラフ漫題楽（八）」部分③

〔題〕一軒の家に二人泥棒が這入つたところ。

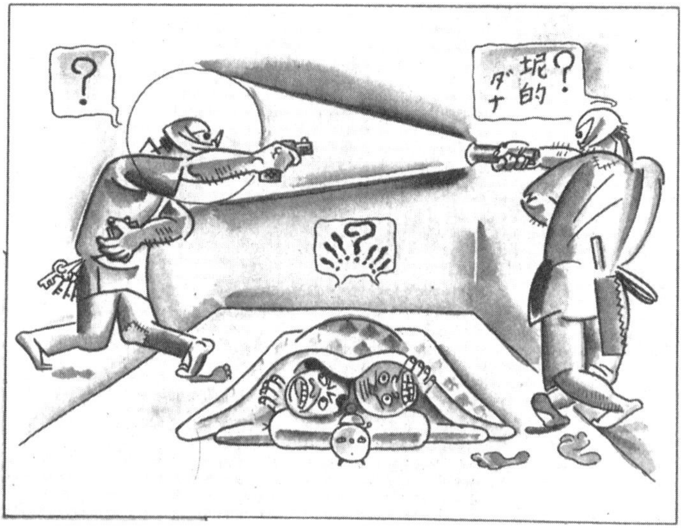

潜在意識はその瞬間、まづお互に自分の財布を擁護するでせう。

〔題〕カフエーの一杯のコーヒーにどれだけの慾望が寄り集つてゐますか。

たつたこれだけです、而も甘くて、熱くて、にがいかどうだか。

〔上〕一軒に二人の泥棒 『アサヒグラフ』10巻8号、1928.2.15
〔下〕カフエーの一杯のコーヒー 『アサヒグラフ』10巻8号、1928.2.15
＊「グラフ漫題楽（八）」部分④⑤

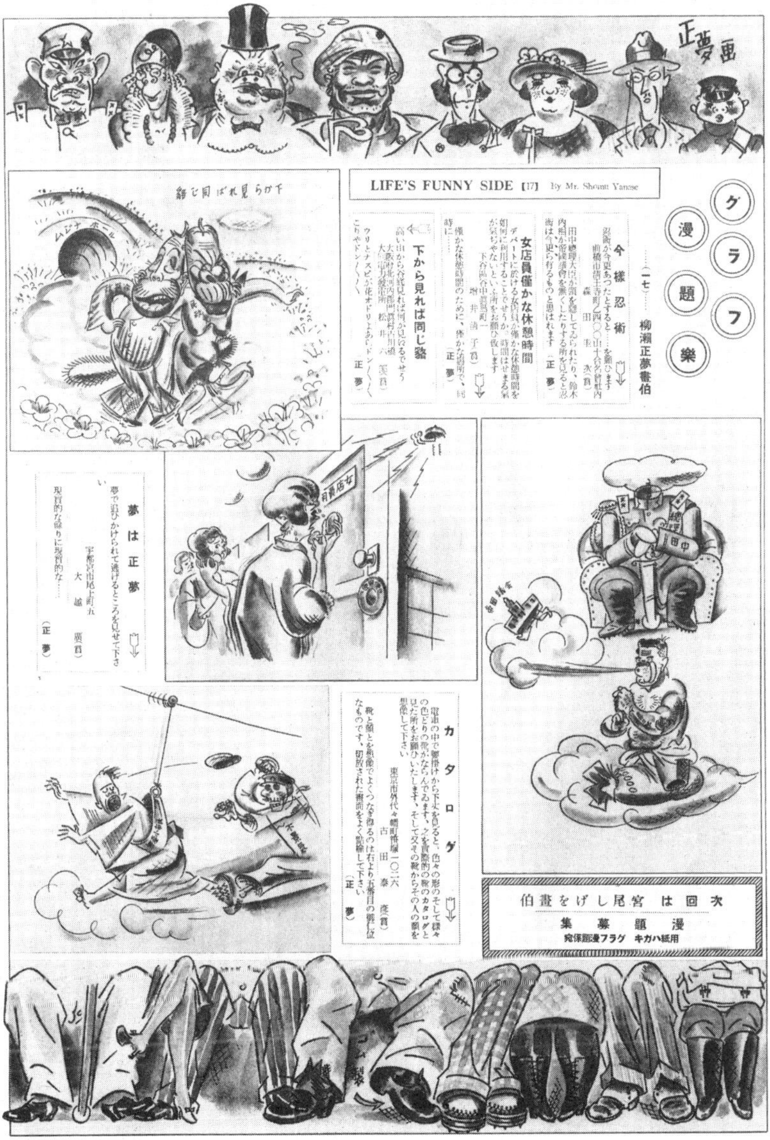

「グラフ漫題楽（一七）」 全図 『アサヒグラフ』10巻17号、1928.4.18

〔題〕高い山から谷底見れば何が見えるでせう

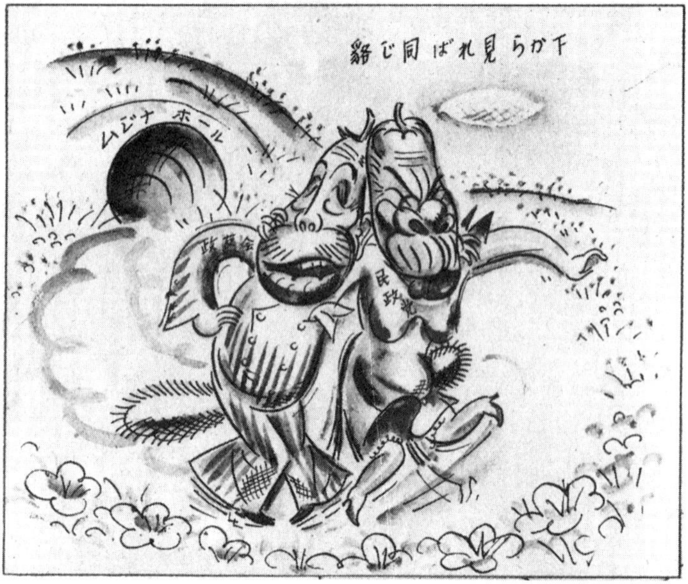

ウリとナスビが花オドリよあらドン〳〵こりやドン〳〵

〔題〕デパートに於ける女店員が僅かな休憩時間を如何に利用することでせうか。時間はせまる気が気ぢやないといふ所をお願ひ致します

僅かな休憩時間のために、僅かな場所で、同時に……

〔上〕下から見れば同じ貉 『アサヒグラフ』10 巻 17 号、1928.4.18
〔下〕女店員僅かな休憩時間 『アサヒグラフ』10 巻 17 号、1928.4.18
＊「グラフ漫題楽（一七）」部分①②

〔題〕忍術が今更あつたとすると……を願ひます

田中総理大臣が頭を隠してゐられたり、鈴木内相が帝国議会を無くしたりする所を見ると忍術は今更ら有るものと思はれます

今様忍術　『アサヒグラフ』10巻17号、1928.4.18

＊「グラフ漫題楽（一七）」部分③

〔題〕夢で追ひかけられて逃げるところを見せて下さい

現実的な余りに現実的な……

夢は正夢　『アサヒグラフ』10巻17号、1928.4.18

＊「グラフ漫題楽（一七）」部分④

〔題〕電車の中で腰掛けから下丈を見ると、色々の形のそして様々の色どりの靴がならんでゐます、之を実際的靴のカタログと見た所をお願ひいたします、そして又その靴からその人の顔を想像して下さい

靴と顔とを想像でよくつなぎ得るのは右より五番目の御仁位なものです、切放された画面をよく点検して下さい

カタログ　『アサヒグラフ』10巻17号、1928.4.18

＊「グラフ漫題楽（一七）」部分⑤

「グラフ漫題楽（33）」　全図　『アサヒグラフ』11巻6号、1928.8.8

〔題〕多産の奥さん、夕方になると前の原ッパに出て呼びます。
『長坊や！』『キン坊や！』『安ちゃん！』『多アちゃん』『広坊や！』と
名簿でも貸して上げたいやうに大変な有様です

『あと三本のこつてる………』

〔題〕先夜おそくのことです。省電が横浜駅を発車しやうとした時一人の意気な美人――二十五六歳でせう――が駈けつけてヒラリと飛び乗らうとしたのですが……悲しい哉！ 自働開閉式ドアのために左半身を挟まれたのです、電車は速力を出して桜木町へ、と見るより入口に立つてゐた会社員三人てんでに手を握るやら肩を摑むやら帯をもつやらの義侠心、美人青くなつたり、赤くなつたり（実見）

マア失礼な？………

〔上〕**多産奥さんの日課** 『アサヒグラフ』11巻6号、1928.8.8
〔下〕**親切の争奪？** 『アサヒグラフ』11巻6号、1928.8.8
＊「グラフ漫題楽（33）」部分①②

〔題〕銀座は平常通りモガモボ等、銀座になくてならぬもので一杯でした、其時です、地球に引力が無くなつちまつたのです、さあ大変人々は空中へ浮き上りましたがお尻の軽いモガ連、ズボンがより多くの空気を含み得るラッパズボンのモボ達は、一体どんな姿勢で浮き上つたでせうか

そして持物はこんな風にして昇天する……

モガ昇天図 『アサヒグラフ』11巻6号、1928.8.8

＊「グラフ漫題楽（33）」部分③

〔題〕裏からのぞいた

読者の予期せられるであらう世相人情のナンセンスから問題を転回する……列強帝国主義が各々利権確保のため、支那を賭けて今や大博奕の開帳とある、田中義一の強みは紋切型の一本調子の………にある

〔題〕一つの席が空いてゐる、電車が止つて両口から入つて来た人が我先きに腰掛けようとして互にいがみあつて醜い珍な面白い光景を呈した

だが其処にはゴモク店が開かれてゐたオヤ〳〵………

〔上〕得意の切り札 『アサヒグラフ』11巻6号、1928.8.8

〔下〕かくぞあるべき？ 『アサヒグラフ』11巻6号、1928.8.8

＊「グラフ漫題楽（33）」部分④⑤

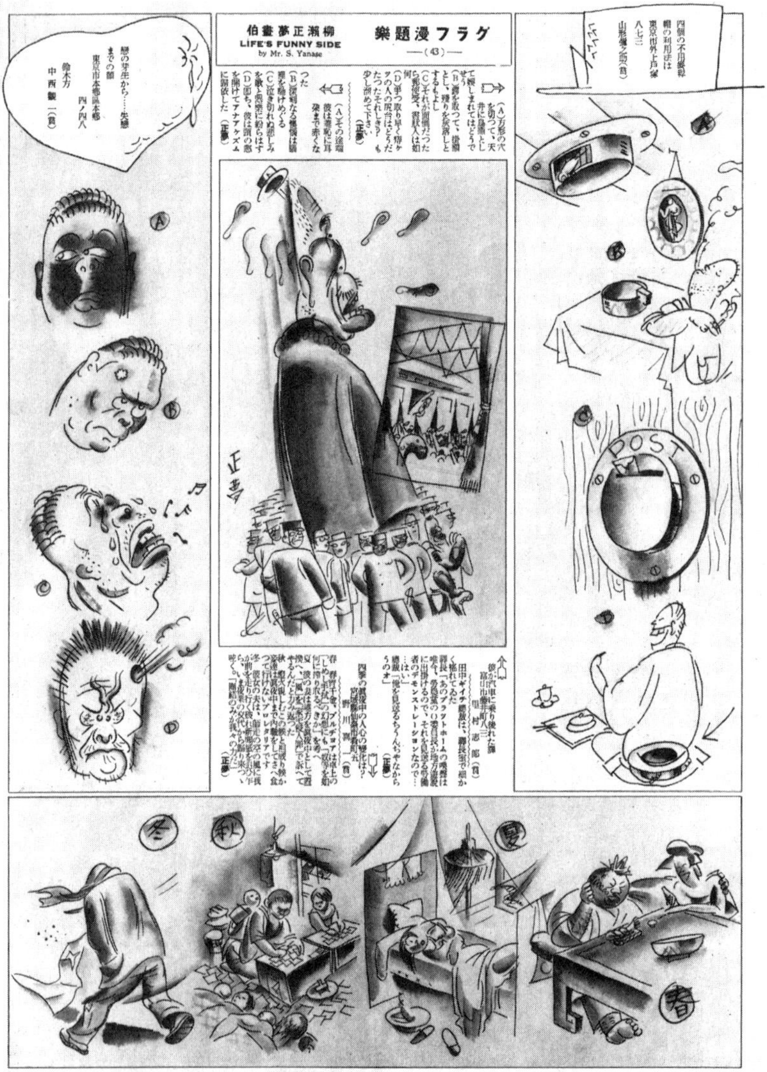

「グラフ漫題楽（43）」　全図　『アサヒグラフ』11巻16号、1928.10.17

〔題〕四個の不用麦稈帽の利用法は

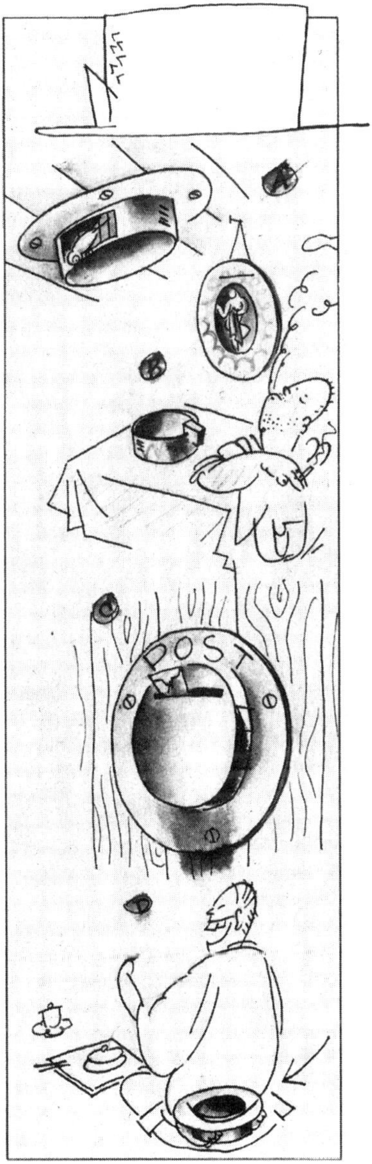

（A）方形の穴を切つて、天井に鳥籠として娯しまれてはどうでせう
（B）鍔を取つて、掛額とし、残りを灰落しとするもよし
（C）それが面倒だつたら郵便受、書状入は如何
（D）手つ取り早く痔ケツの人の尻台はどうだ、たつたそれしき？　も少し溜めて下さい

〔**無題**〕『アサヒグラフ』11巻16号、1928.10.17
＊「グラフ漫題楽（43）」部分①

〔題〕彼が汽車に乗り後れた訳

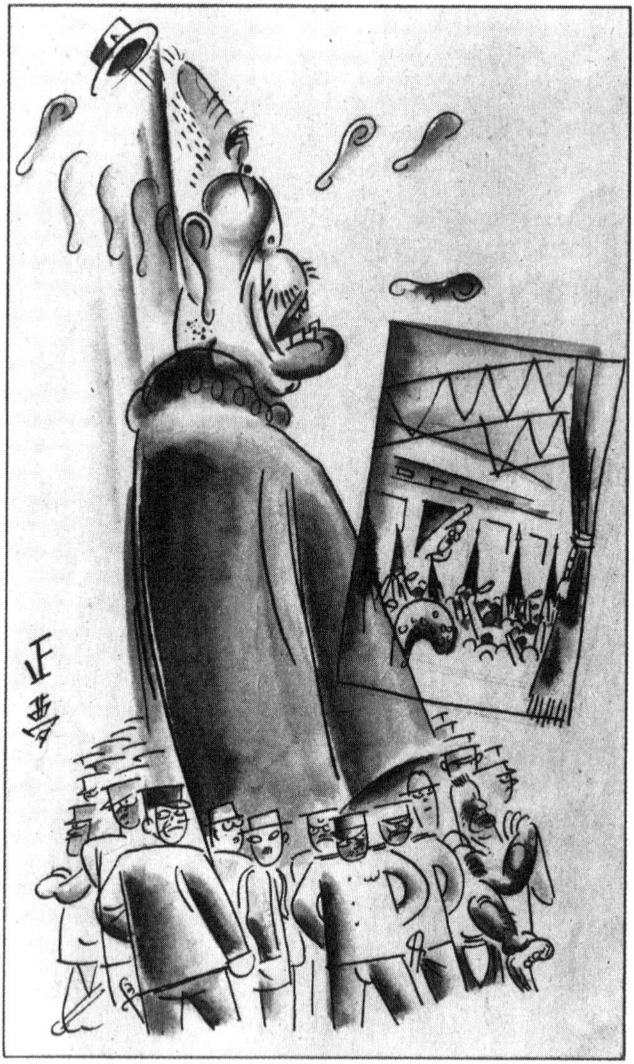

田中ギイチ総裁は、駅長室で細かく揺れてゐた
駅長「あのプラットホームの喚声は唯今、労農党のO委員長が地方遊説に出掛けるので、それを見送る労働者のデモンストレーションなので……はい」
総裁「俺を見送るちうんぢやなからうのオ」

〔無題〕『アサヒグラフ』11巻16号、1928.10.17
＊「グラフ漫題楽（43）」部分②

〔題〕恋の芽生から……失恋までの顔

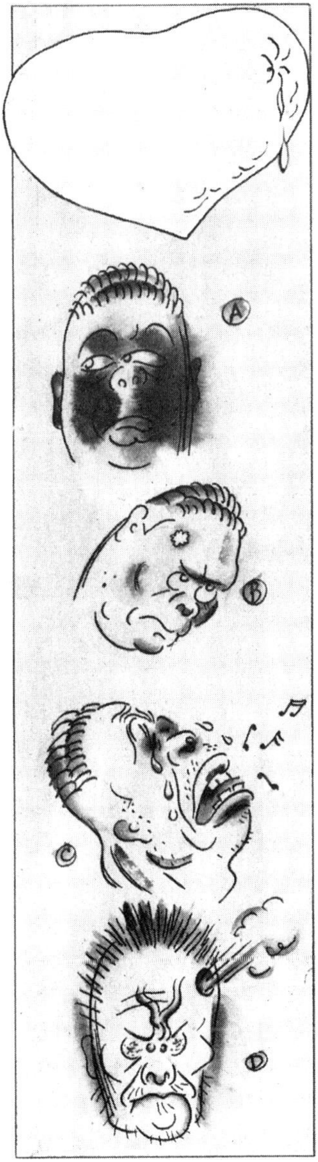

（A）その途端彼は羞恥に耳朶まで赤くなつた
（B）深刻なる懊悩は脳裡を馳けめぐる
（C）泣き切れぬ悲しみを歌と器楽に紛らはす
（D）即ち、彼は頭の窓を開けてアナアケズムに帰依した

〔**無題**〕『アサヒグラフ』11巻16号、1928.10.17
＊「グラフ漫題楽（43）」部分③

〔題〕四季の真夜中の人心の変化は？

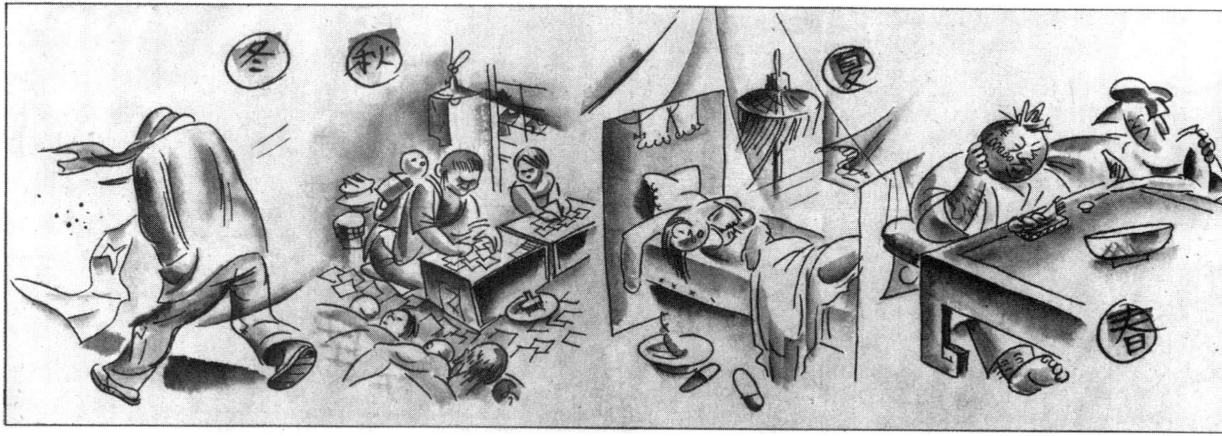

春　春宵千金、ブルヂョアは卓上の「しめし手拭」の幻想にも「奴等を如何に搾り取るべきか」を考へ
夏　彼の妻は暁方を真夜中として置換へ、「風」を「家宅侵入罪」で訴へてやるんだと力み返つた
秋　燈火親しむこの候と相成り候か、妾達は真夜中まで内職をしてさへ食つて行けないプロレタリアです
冬　彼女の夫は、師走の空の風に我が前を走り行く破れ新聞紙を追ひ乍ら、いま夜業の交代から帰り来つゝ呟く。
「団結のみが我々の力だ」

〔無題〕『アサヒグラフ』11巻16号、1928.10.17
＊「グラフ漫題楽（43）」部分④

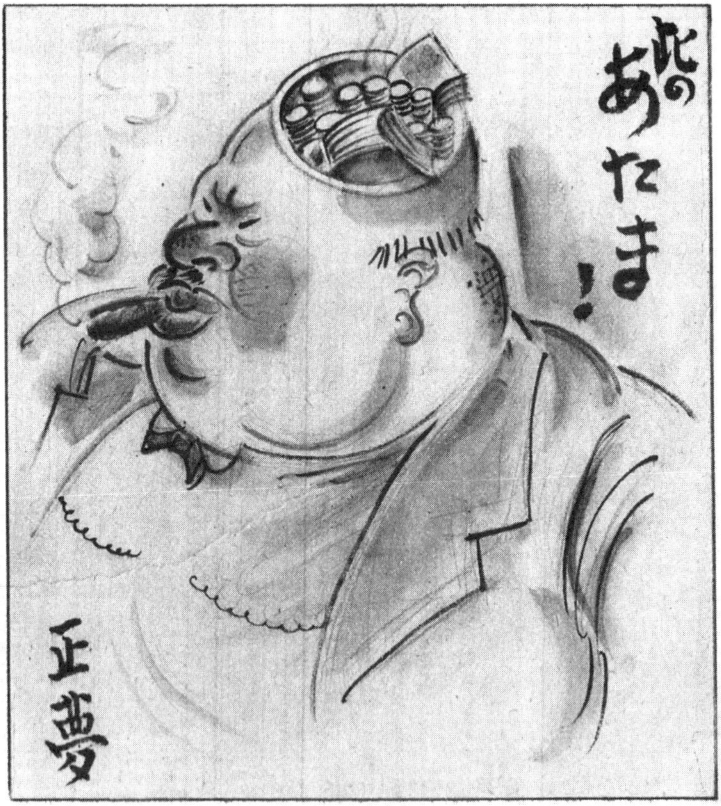

此のあたま！　『アサヒグラフ』11巻26号、1928.12.26

＊「グラフ漫題楽（大団円）」のひとつ。

漫画リレー（1）

いよ〳〵出発の火蓋が切られた！　五十万の読者が湧くやうな声援、満天下の人気を集めて今や出発！　新進気鋭の柳瀬選手が、うなぎのバトンを提げて、どういふコースをとるか諸君と共に片唾をのんで見物しよう

【A】よおい！

『よおい！』
スタートを切らうとするのである。
スタート・ラインには誰の姿もないではないか。
『スタートは誰だ々々』
『スタートは柳瀬だ』『僕か』
『早く前へ出て、スタイル。よおい！』
『一寸待つて呉れ』
リレーの持物を忘れました。廻れ右、すたこら……

【B】楽屋溜り

私は楽屋へとつて返したのです。

昨年一杯グラフ亭の舞台で御ひいきに預りました漫題楽の合綜団「まんが連」一行九名が、一夜昭和四年の出し物を凝議した結果、

『漫画リレー異議なし』『持物はうなぎ』『巳年に因んで蛇はどうだ』

『蛇は恐い』

『同情週間に因んでどぜうのなみだ』

『涙は余計だ。泥鰌はいゝかも知れん』

『兎に角ぬらくら動くもの』

『鰻意議なし』

『意味あり』

『意味なし』

そこでぬらくらと決つたもの、とみえたり。

【C】鰻画家

『おい、お前変なもの出すなよ』

正面に対座してゐる一平の掛声で私は自分に返つた。筋向ひの鈞さんの言葉

『君は赤うなぎを出すつもりだらう、判つてらあ、テヘヽヽ……』

と横にゐる青起が

『赤い鰻を出したつていゝよ、僕の番には洗ひ落して白うなぎにしてやるから』とその意識化ぶりをほのめかす。

とその隣りから千帆の声

『めめめんど臭くなつたら焼いて食つてしまへよ、かまあんよ』

するとグラフ部長星野さんのあはて気味

『食つちやつちやリレーになりません』

左行《ししど》の声がそこへ挟まる

『そこはお手のもの技術本位さ、また尻から出しちやうのさ』

永一治のドラ声

『どうでもええよ！』

久夫の声聞取れず、遙か彼方でしげをの声

『えへら〳〵やんや〳〵』

『なる程鰻だ！』

私の眼には一座の動きが鰻の集ひとして写つてきた。そう言へば鰻と漫画の漫と言ふ字体は魚と水によつて何と似通つてゐることよ。所詮は漫画で鰻を描いてゐるのではなくつて鰻が漫画を描いてゐるのだと言つた方がより適切であらう。

それにしても、この面々は、人の世の河を露路裏の溝中まで泳ぎ抜けて来た鰻であらうか、それとも、単に人生のアマ皮をのたくるに過ぎない鰻の姿であらうか？

そんなことはどうでもいゝ。泥鰌もゐれば蛇もゐやう。あなごが混れ込んでゐるかも知れない。だが一平の姿だけは、或意味で「人生の大なまづだナ」と私がつく〲睨め返したのである。

【D】鰻と議会政治

机にへ張り付いて画ペンは考へる。

鰻一匹が描かれて、そこに、永い時間が経つたのである。いゝプランがたゝない。……

鰻の頭部と首相田中の雁首をすげ変へてみたらどうだらうか？　民政党主濱口は？　床次は？　どれもこれも程よく似合ふぞ。鰻と政治家、其処に何等か関係があるのではなからうか。議会そのものが鰻の溜りではなからうか。

『為政の要はうなぎのやうに』と要路の誰かゞ言つたやうに覚えてゐる。けれ共これ等群鰻は問題の焦点ではない。政治機関の中枢を地底から揺り動かしてゐる大鯰、即ち「資本」を見極めることが肝心である。おつと鰻は何処へ行くことやら……

【E】鰻への信仰

所で、今、私は恰好の一存在を想ひ出した。

私の家の裏隣りに私の家の大家が蟠居してゐる。そこの主人が大の鰻信心な事を忘れてゐたのである。

彼が裏の池に鰻を飼つてゐるといふことは知つてゐたが、彼の病身と結びつけて、私はそれを別に気にも止めてゐなかつたのだが、今、妻によつて、その由来を初耳したのである。

それによると、何でも拾幾円かの給仕君からたゝき上げて百二十円の月給と、現在の身代を築き上げるに至つた立志伝中の、いやその過程（彼は今年未だ三十二歳である）にあるサラリーマンなのださうである。

合せて彼の生活信条が、

「世渡りの秘訣は
一にうなぎのきも
二にうなぎの歩み」

と口癖に宣言してゐることをも知り得た。

つまり、「精力的に、執拗で、のらりくらり」といふことなのだらう。ルンペン・サラリーマンの意識でうなぎ昇りといふことが信仰化したものであらう。

【F】スタートを切る

『用意、ペン！』

さて、これからが画ペンによつて創作されるストーリー。

此の男の名を仮にウナ木君としてもいゝ。

『若し〳〵ウナ木さん持物が違つてゐますワ』

だがスタートは既に切られたのである。

成程ウナ木君が、昭和四年正月元旦の年始廻りに持出したものは鰻ではありません。ウナ木といふステツキ用の木があるかも知れません。いや〳〵それは正に山の芋ではありませんか。

ともかくもそう考へたのは私の妻であつて私は己の筆拙しといへども鰻を描いたつもりなのだ。

妻はやつぎ早に

『あんたの、何時もの判り憎い洒落ですか』

『何が？』

『だつて、雀海中に入りて蛤となり鰻化して山の芋となるつていふことがあるぢやありませんか』

『なる程。そんなら序でのこと山芋らしく化けさしておかう』……

漫画リレー（1）『アサヒグラフ』12巻1号、1929.1.1

漫画リレー　カフヱの神秘（8・完）

都会は魔酔薬にかけられてゐる

×

「東来軒」灯のともつた看板——
和製フォックストロットを刻んでゐる

雑多な足——
口、口、口、口、口、口
シウマイを踊らし込む番さんの口
まのびのした口のうへの広場が、フォックストロットに伸縮する。
一様にこちらを向いて、せつかちな呼吸をする鼻のサンプル……
鼻、鼻、鼻、気色ばんで接近してくる。
トホホホ、ダアッ！——
番さんの胸に吸ひついてゐる女給さん六人——
デットボールの接戦のかたち、つまだちの女給軍
手から手へからかひ渡るコンパクト、粉は砕けて散乱する——

×

破けてすねたくの字、東来軒の煙突。
白粉の粉末が糸になつて濃い夜空に流れ出て行く
白粉の糸をつけて、月に煙つた都会の景色は移動する

×

セット裏のかけらに眼をはめこんでゐるチヤア州の憂欝な顔——相憎チヤア州は出前にきてこゝで油を売つてゐた——
フツトライトに切り出されてゐる田虫

の花ちやん、腰
ちやずり、ゆすぶれる腰の一列
一角が時々くずれる。田虫をかいてゐ
る花ちやん、シルエット
バリカンの歯のごとく交叉する大根
足。靴は心よく板に接吻《くちづけ》する
――レンズは下向して行く――ナラク

金槌片手にナタマメ煙管をくわへてゐ
る楽しまぬお釈迦の松、側で板を望遠鏡
にしてゐる動かぬやもり胸野髭夫

×

月に濡れた劇場のバルコン
ガルソンヌに刈りあげた女のえりすぢ
を愛撫する月

男の長いもみあげを、気まぐれにくす
ぐつて行く微風
丸手相乃子と丸手出来内の二人
妥協を欲するチューインガムが、各々
二人の口から二本の指につまゝれて、の
ばされてはたくり込まれる。
コツク的に噛む口、口

×

夜空を流れて行く白粉の糸一すぢ劇場
の屋根から文字が広がり出る。

あのコンパクトさへあれば

×

白粉会社技師長鼻賀博士の寝室
明放しの窓から投入れた月光と、薄絹
の深いシエードの縞《しま》と、学者として勤続
三十年を語る皺との交叉で、博士の顔は
醜怪な動物的面貌に彫り出されてゐる。
真中に大きな鼻ブタの鼻、怪しくうごめ
くとみるとクルッと一廻転、寝言

あのコンパクトさへあれば

×

月光をせはしく吸つてゐる犬の鼻

×

夜空を流れて行く白粉の糸一すぢ

林立する煙突の街。

まつはりついた一本の煙突の腹には、白く浮出て「シボル白粉工場」と文字が目をこすつてゐる。

何故大福屋の婆さんは鼻がきかないか?

此処の街の人間は皆鼻がきかないんだ!

コンパクトの妖術をあばけ

此の一廓に問題のカギがかくされてゐる――

工場街、屋根、貧民長屋、オシメのフラフ

月を乗せた水溜り、取散した露路

標札「味戸《あぢと》プロ吉」

五燭光の電燈、蜜柑箱の上のパンと、開けた書物の中に吸込まれて、アンダーラインを入れて行く少年工――これが此の家の主人公、シボル白粉工場に労働を売つてゐる勇敢なる労働組合の闘士、側にもみくしやに寝込んでゐる大福屋の婆さんから言へば忘れ片身の孫、花ちやんの尊敬する弟にでもしておこう――

カフエの神秘

――宍戸選手が此処まで入つてきて問題のカギに触れず「白粉のいゝ匂ひを変へて刺激を新しくしやうと準備研究する学者」を岡本選手の口吻に輪をかけて掩ひかくそうとしたことはこれこそ「カフエの神秘」ではなからうか?

兎にも角にも以上で一応必要な登場人物を並べ終へた。残るはコンパクトの内在的矛盾、本質を暴露すればいゝ。問題のカギは味戸プロ吉の指先に添つて、ア

ンダーラインをたどることにより、自づと究明され、ゴールへと飛込めるといふ作者のづるい考へ——

×

月夜の原つぱ、夢のやうに浮んでゐる軽気球ふうわり、その腹を廻つて財嚢のやうな数字が刻まれてある。その下にコンパクトを型どつた場席がある。料理を中に、車座にうずくまつてゐるのはリレーの各選手らしい。双眼鏡を手にして立つたのは千帆選手だらう。

待ちくたびれた七つのあくび。——柳瀬のゴール入りを待つて慰労の宴を張らうつてんだらうに。柳瀬は東来軒の煙突から流れ出た白粉の粉末の糸を追つて行つた切りだ。

バトンを取り違へるなんて頓馬だナ

際限がないからゴールに入つたことにしてあつさりテープを切らう

シヤ　シヤ　シヤンシヤン……
手打の音

×

コンパクトの昇天

コンパクト此の世に止めずつて駄洒落かい、ナーンだ

暁方に傾いた月、上昇する軽気球、尻つぽのテープがもぶれついては巻上る。

×

原つぱを見下し、漸く馳けつけた豆粒大の柳瀬、財嚢の辺りを銃口でねらつてゐる柳瀬、怒つた肩、それをがつしと摑んだ頑丈な手

プロ吉の口からタイトルが出る。

折角テープを切つたのだ地上へ帰すのはよせよ！　アウフフエーベンつてあれの事さ！　文字通りの揚棄さ！

柳瀬の口からタイトルが出る。

バトンがなくちやゴールに入れんぞ、コンパクトは何処へ行つたんだ？

×

暁方の地平線を突き破つて、放射される太い数本の光。赤々とかゞやき出た頑丈なプロ吉の横顔。職場へ歩きながら、ふし張つた手に、パンと開けられてる辞書。謎が解けた。

我等のコムパクトは日輪だ！

朝日の逆光線に浮いて、健康な微笑。昇天したコムパクト。地上万物に恵みを垂れる日輪のコムパクト。

漫画リレー　カフエの神秘（第八回・完）

『アサヒグラフ』12巻17号、1929.4.24

漫画リレー　お喋りな九官鳥（8）なつかしのトーキー

……△だたいすと　ペットの気焔▽……

お喋りな九官鳥ですつて？
お洒落な九官鳥ですつて？
私はダタイスト・ペットです。
ダタイストなるが故に私は××署の留置場に拘禁されました。だつて私鳥覚に入つてくるものは全部出さずには居られないのです。一体口にはタガが嵌《は》められたとしても、耳や眼に入つてくるものをどうしますか。私はいつものやうにかまはず喋り続けたのです。そしたらどうでせう。
『留置場の神聖を穢《けが》す太いあまだ　刑務所廻しッ!!』
拷問と盥廻しの付かないだけがトリエです。
私は護送の途中で脱送しました。
岡本さんが、稲毛の浜の艄当の場で、さすがに手なれた宙返り「裏の裏の裏」を描いてみせ乍ら、着陸すれば中身の操縦者は行衛不明だッ、てな訳もその故です。
唖然としてタガを外したのは、あながち読者だけではありません。
腕を扼して待ち詫びてゐた正夢に洒落の間髪を入れさしめず『いつぺい食はしやがつたな』の歎声を漏らさしめたことによつてもそれと知れます。
だが御自身の地の実感のくせに『九官のソプラノを次ぎ〳〵につづけ合さる、なら』など、『破壊的な、闘争的な、物騒極まるもの、連続』エロテイックを剝き出してみせた前川さんはふとどき千帆です。
あ、あの私の言葉を封じたダイヤの指輪の行衛の方ですか？
暗示だけに止めませう。
それも、私の近況を書いて貰ひ乍ら尻ッ尾に結びつけるといふことに致します。
私はいま、やゝ、意識化してきました

が『守護神を利己心に換へて放逐した』顔野芳子さんへだけは復讐と感謝の心交々の現在です。
なほ私の近影の合間々々には久夫さんの書いて置きの景色『羽ばたきの下の一幅の鳥瞰図』を挿入して行つて下さいナ。
では……

……△耳に手をあて
えおいッ！▽……

湿つぽく卵色に煙つた初夏の戸山つ原。
鞘豌豆の図案が動いてゐる。
美術学生の軍事教練だ。
『頭《かしら》ッ右！』
其処には雑木林がある。
梢の緑に溶け込んで姿は見えねど我等のペットが居て歌が流れ出る。
『広い東京恋故せまい
いきな浅草忍び逢ひ………』
豌豆は鞘から弾《はじ》け出る。哄笑の爆発、ジヤズの中からやけに唄ふ美術学生のコーラスは
『あなた地下鉄私はバスよ恋の』
教官はあわてる
『ストップ！ 手を耳に当てえ当てッ！ 馬鹿!! 聴くためぢやないかッ！ もとへもといッ！ 実弾充填！ 狙へ筒ッ………』………
煙幕の向ふへペットは逃げた。

……△ペットだけ
のデモ▽……

夜の銀座通りをその露路へ！
黒い津浪の流れ去つた数時間も後のこと、白い泡沫がそれにもました勢で流れこんできた。
ペットが今習ひたての言葉をつぎはぎに此の露路の影で歌つてゐる。

『△△△△△△！

ダラ幹を葬れ！

静かに更け行く京洛の地は
忽ち変る剣戟の巻
チヤカチヤンチヤン……』
夏服姿のお巡りさんのデモが眼を皿にして漸く彼女をみつける。
『こんちきしやう黒い鳥奴!!』

……△飛んだ
アンコール▽……

声楽家顔野芳子嬢の独唱音楽会々場。甘酢つぱく脂粉に噎返つた空気を揺がす拍手のさゞ波に迎へられて脚光の中へ！？　だが芳子嬢の口よりも先に忍び込んでたペットが唄つた
『せめてあの娘《こ》の思ひ出に
直接行動、いけませんいけませんデモあるのみ
○○○○○○○！』……

アンコール更にアンコール
ペットの嘴つぶし思ひ知るべし

……△なつかしの
蒲田トーキー▽……

我がなつかしのカマタトーキー映画が「見さし野館」で封切になつた。パントマイムの愁歎場で息づまるやうなクライマツクスまで来ると
『豆腐イツ！　ププププ！……』
見物は深刻な喜劇ものと解釈して此の監督をほめちぎる。
撮影所で写音機に雑音を流し込んだペツトの悪戯と知れ。

……△俺がの大将▽……

民政党本部の大会議室の中央に口をあけてゐる超拡声器、ダイアルを捻る必要もなく、愛宕山の電波が流れだす。田中政友総裁の当夜の放送題目「△△△△△△の釈明」に就いてを拝聴に及ばうと腕によりかけ待構へてゐる幹事会後の一

弁ありげな面々が、沈澱した紫煙の底に浮いてゐる。だが海千山千の曲者揃ひの彼等にしてからがわあッと驚いた。電波の混乱か？！　非ずペットの悪戯

『……ＡＫ……今夕不肖我輩は……え、その……オハヤウオハヤウ

　昔恋しい銀座の柳

　仇な年増を誰が知ろ

　閣下お気をッ……

　切れ〳〵切つたスキツチ、スキツチヤア狡いや〳〵斬つたのに死まないんだもん！……中々死むもんかいあたい大将だぞ！　さあ参れ！　ガガガガ……パチン』

……△地主の狡兵衛▽……

　地主狡兵衛、村の通り名ガンモドキの狡兵衛は、小間使彼の「脂肪の塊」のことで頭が一杯だつた。

　同じとき……

　小作人組合の代表が、決心をこぶしに堅めて掛合に表戸の処迄やつて来てゐた。

　ねり塀の上で月光に濡れたペットの姿が動いて、外と内とへ交互に声をふり撒いた。

『ニヤニヤがきた

　いやな狡兵衛さん、ガンモドキ

　狡兵衛さんおよしなさいよ

　狡兵衛さんいやだわよ助平〳〵

　助平めか一たもとが切れてよッ

　アレー……誰か来て……

　飛出した狡兵衛と飛込んだ小作人との鉢合せ！……

……△此の時陪審

公判廷を参観して

ゐた第六官▽……

　事件はスヂ書の通り、ダイヤの指輪に絡んでゐる。ブルヂョアの恋の神秘の焦点は其処のみにある。恋のしがらみの消

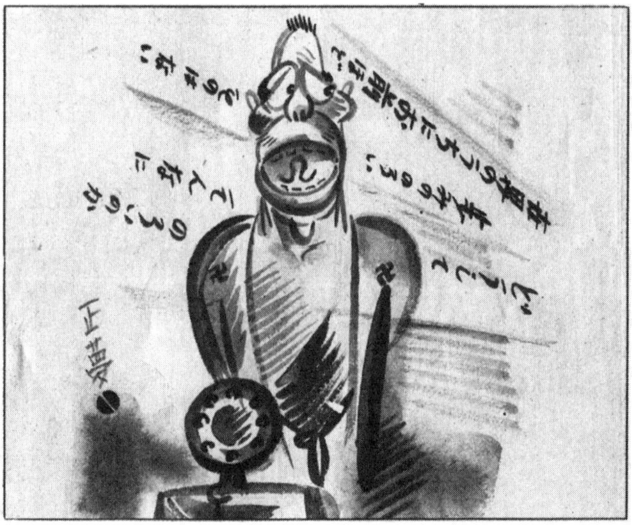

え失せれば、光子嬢の上に、岡垣先生のうへに、鼻野探偵のうへに、女中菊やのうへに、はた須藤公平のうへに何の『ナ

イトの悪魔退治のやうな』かつての反撥する意地があり得やう。しげをさんの洒落を借りれば「四線」、四線を越えて坦々たる流れに最早尽して審理すべきものがなくなつた。裁判長が証拠蒐集のため公判の延期をつぐる一瞬前、此の陪審公判廷をヒソかに参観してゐたペットのお喋りが初つた。

『岡垣先生、先生先生公平なんか
恋の丸ビルあの窓あたり
泣いて文かく人もある
お嬢さあんネネネネネい、でせう
まあうれしいお嬢さん
あら先生誰か居ましたよ
ラツシユアワーに拾つたバラを
お嬢さんに言ひつけてあげるから
豆腐屋さん
亀よ、亀さんよ！
お静かになさい！』

何よりも、誰よりも驚いたのは、此の時傍聴席に居た第十世説教強盗の豆腐屋の亀さんである。

青くなつて飛上つた。

――おあとは九巻の受持へ――

漫画リレー　お喋りな九官鳥（八）　なつかしのトーキー

『アサヒグラフ』12巻25号、1929.6.19

神よ頭に宿らせ給へ！——だが……—霊薬三分間毛生—

『アサヒグラフ』13巻1号、1929.7.3

＊「漫画レヴュー（第一景）発明」のひとつ。

『天気晴朗たる日』——ブルジヨアは午睡に遊ぶ

『アサヒグラフ』13巻2号、1929.7.10

＊「漫画レヴュー（第二景）夏のナンセンス」のひとつ。

左側通行——かくも行届いた管理 『アサヒグラフ』13巻3号、1929.7.17

＊「漫画レヴュー（第三景）アルプス銀ブラ」のひとつ。

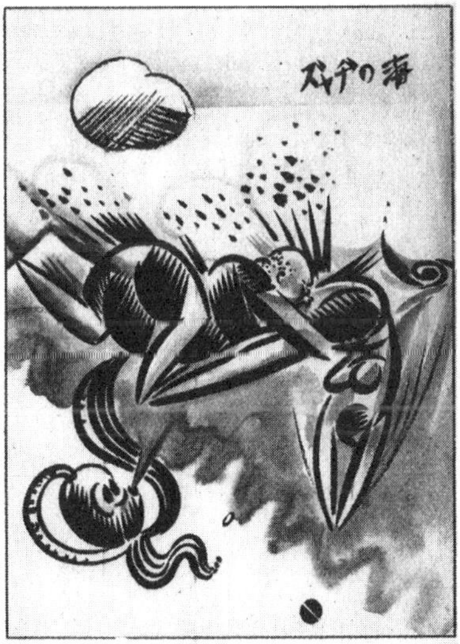

海のヂャズ——題して足「四本の構成」資本の攻勢 よくもいゝだこ

『アサヒグラフ』13巻4号、1929.7.24

＊「漫画レヴュー（第四景）海のジヤズ」のひとつ。

『フさんよー、見張つておくんなはれ』『たいがいで切りあげんかい』

海浜のにほひ 『アサヒグラフ』13巻5号、1929.7.31
＊「漫画レヴュー（第五景）納涼カクテイル」のひとつ。

理想の慾槽《ゆぶね》　彼のオフイス 『アサヒグラフ』13巻6号、1929.8.7
＊「漫画レヴュー（第六景）肉体美」のひとつ。

『僕の方が多いんだぞ！』
『ううん俺んが多いやい！』
『あたいのが沢山ですようだ！』
『まあまあお行儀の悪い！　皆んな同じ数ぢやありませんか』

不公平なオヤツ　『アサヒグラフ』13巻7号、1929.8.14

＊「漫画レヴュー（第七景）小さい不戦条約」のひとつ。

愛の極致は同時的に最少限の空間を埋め合ふことである
積極政策ちうのが即ち愛の緊縮なんぢやがのオ

積極即緊縮　『アサヒグラフ』13巻8号、1929.8.21

＊「漫画レヴュー（第八景）愛の緊縮」のひとつ。

トホ、仕事仕事!!　『アサヒグラフ』13巻9号、1929.8.28
＊「漫画レヴュー（第九景）台風来」のひとつ。

マアー素的ネ　『アサヒグラフ』13巻10号、1929.9.4
＊「漫画レヴュー（第十景）モダーン月見」のひとつ。

明暗どちらも十二時に一分間前です
アト一分間の監視です
重役さんは
時節がら
セツヤクを重んじてゐるのであります

アト一分間の監視——ブルジヨアの頭はシユール・レアリズムである

『アサヒグラフ』13巻22号、1929.11.27

＊「漫画レヴユー（第二十二景）明暗十二時」のひとつ。

スベリ落ちた？
ケガは心のユルミからサ！

工場視察——ブルヂヨアの頭はシユールレアリズムである

『アサヒグラフ』13巻23号、1929.12.4

＊「漫画レヴユー（第二十三景）だから・云はないこつちやない」のひとつ。

はつと
ハツト
風の吹きだまり
同じことを考へてゐるあたまと
あたま
「ことしは暖けえぞ」

どうもありがたうぞんじます 『アサヒグラフ』13巻24号、1929.12.11

＊「漫画レヴュー（第二十四景）木枯のはて」のひとつ。

角《かど》のたつた年末 『アサヒグラフ』13巻25号、1929.12.18

＊「漫画レヴュー（第二十五景）切ったりついたり」のひとつ。

ありつたけのノオミソをしぼつてみても、名案浮び出ず、
答はゼロ………
よつて「大ミソのギリ〳〵の作者の自画像」とか何とか、
かとか、かこつけてこれに代へる
——だがこの原稿よ、ギリ〳〵でも間に合つておくれ——

これでも白紙に非ず 『アサヒグラフ』13巻26号、1929.12.25

＊「漫画レヴュー（第二十六景）ギリギリ決着」のひとつ。

ハル・スプリング——変態銀座 『アサヒグラフ』14巻17号、1930.4.23

＊「紙上漫画祭」のひとつ。

自画像〔漫画四重奏予告〕、『アサヒグラフ』15巻1号、1930.7.2

漫画四重奏（1）　夕立受難　『アサヒグラフ』15巻2号、1930.7.9

＊宍戸左行、堤寒三、麻生豊との合作。

漫画四重奏（2） 山を見ず 『アサヒグラフ』15巻3号、1930.7.16

＊宍戸左行、堤寒三、麻生豊との合作。

漫画四重奏（3） エロカニ合戦 『アサヒグラフ』15巻4号、1930.7.23

＊宍戸左行、堤寒三、麻生豊との合作。

漫画四重奏（4） キヤンピング 『アサヒグラフ』15巻5号、1930.7.30

＊宍戸左行、堤寒三、麻生豊との合作。

漫画四重奏（5） うだります 『アサヒグラフ』15巻6号、1930.8.6

＊宍戸左行、堤寒三、麻生豊との合作。

漫画四重奏（6） 四ツ葉のクローバ 『アサヒグラフ』15巻7号、1930.8.13

＊宍戸左行、堤寒三、麻生豊との合作。

漫画四重奏（7） 飛んだスピード屋 『アサヒグラフ』15巻8号、1930.8.20

＊宍戸左行、堤寒三、麻生豊との合作。

漫画四重奏（8） 当つて砕けろ 『アサヒグラフ』15巻9号、1930.8.27

＊宍戸左行、堤寒三、麻生豊との合作。

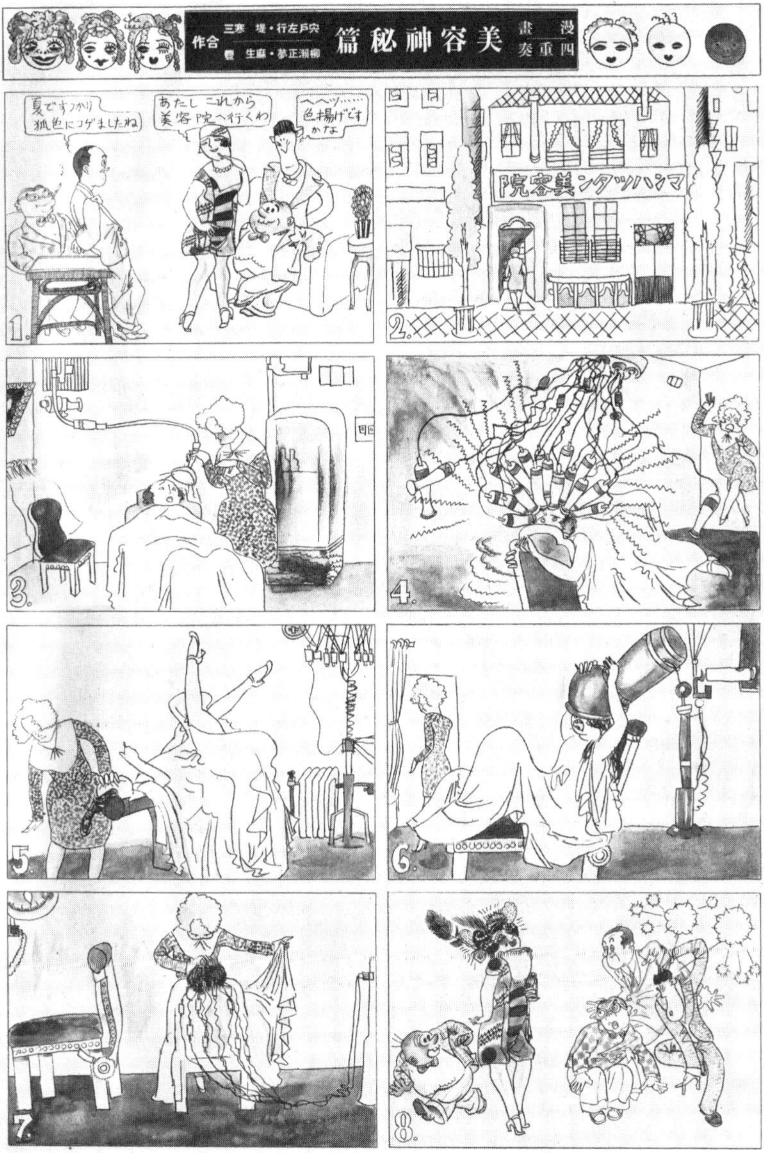

漫画四重奏（9）　美容神秘篇　『アサヒグラフ』15巻10号、1930.9.3

＊宍戸左行、堤寒三、麻生豊との合作。

漫画四重奏（10） 月光狂騒曲 『アサヒグラフ』15巻11号、1930.9.10

＊宍戸左行、堤寒三、麻生豊との合作。

漫画四重奏（11）　足の構成　『アサヒグラフ』15巻12号、1930.9.17

＊宍戸左行、堤寒三、麻生豊との合作。

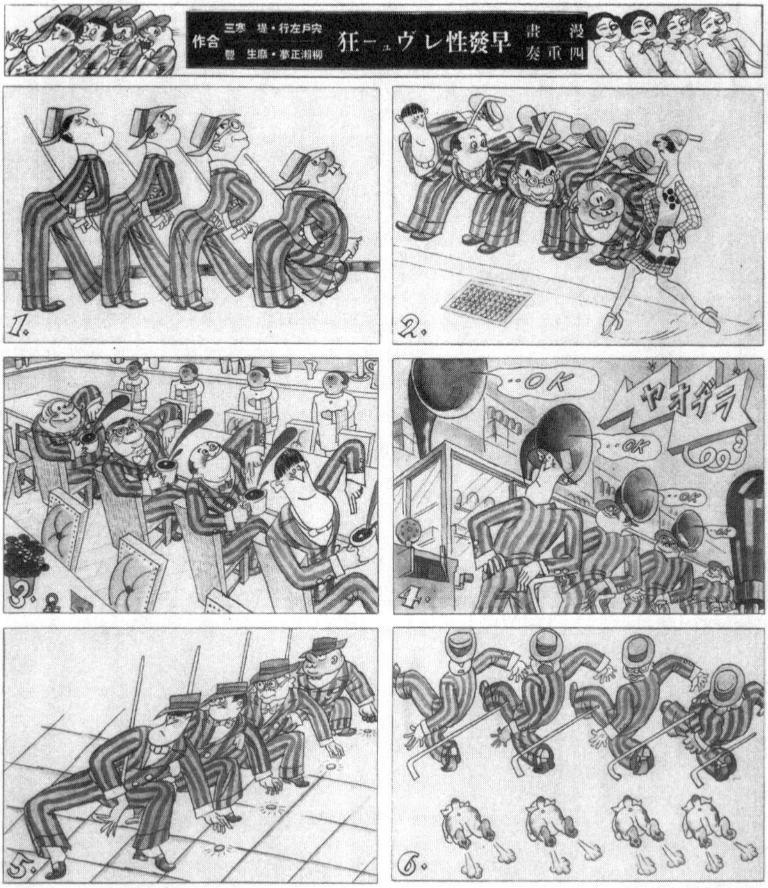

漫画四重奏（12） 早発性レヴュー狂

『アサヒグラフ』15巻13号、1930.9.24

＊宍戸左行、堤寒三、麻生豊との合作。

漫画四重奏（13） 紅燈親むべし 『アサヒグラフ』15巻14号、1930.10.1

＊宍戸左行、堤寒三、麻生豊との合作。

漫画四重奏（14） バッカスは夜踊る

『アサヒグラフ』15巻15号、1930.10.8

＊宍戸左行、堤寒三、麻生豊との合作。

漫画四重奏（15） 野球豪華篇 『アサヒグラフ』15巻16号、1930.10.15

＊宍戸左行、堤寒三、麻生豊との合作。

漫画四重奏（16） 円タク受難華——GO STOP

『アサヒグラフ』15巻17号、1930.10.22

＊宍戸左行、堤寒三、麻生豊との合作。

漫画四重奏（17） 軟派泉湯異状あり

『アサヒグラフ』15巻18号、1930.10.29

＊宍戸左行、堤寒三、麻生豊との合作。

漫画四重奏（18） 痛い風流 『アサヒグラフ』15巻19号、1930.11.5

＊宍戸左行、堤寒三、麻生豊との合作。

漫画四重奏（19） 求職・オン・パレード

『アサヒグラフ』15巻20号、1930.11.12

＊宍戸左行、堤寒三、麻生豊との合作。

漫画四重奏（20）　モンマル踊り　『アサヒグラフ』15巻21号、1930.11.19

＊宍戸左行、堤寒三、麻生豊との合作。

しゃべるとボロが出るので各国全権の演説を封じた会議の正体……

不戦条約会議の正体 『東京パック』17巻4号、1928.10.1

この図は田中大将ではありません　ファッショの親方ムッソリーニどんです。
抑へても抑へても抑へきれぬので、予定の王冠を引つぱり出しました。

黒シヤツ帝王　『東京パック』17巻5号、1928.11.1

智能犯強力犯の検挙を第二義にして思想犯罪を第一義にするそうだ。今に強盗、詐欺、白色テラー横行時代が来るであらう。これを抗阻するものはたゞ全無産階級の頑強な一本の手だ。

強盗詐欺横行時代　『東京パック』18巻7号、1929.7.1

こゝでも資本家は自らの内在的矛盾にのたうち廻りながら『国際信義のために』『愛国心の名において』投機に狂奔しつゝ民衆の幸福を食ひ物にしてゐるのだ…

露領漁区の問題　『東京パック』18巻8号、1929.8.1

支那軍閥の行動は見事である。だが暗闇に彼を指嗾してゐる列強帝国主義の群を見落してはならぬ。そして……彼の世界大戦から十五年目である。

東支鉄道の武力回収　『東京パック』18巻9号、1929.9.1

産業の合理化、金解禁、緊縮政策と忠実なる番頭濱口は大資本主義強化のために四十万の失業労働者をおし流してゐる。この怒濤の盛返しこそ彼等の矛盾を洗ひ清めるであらう。

産業の合理化　『東京パック』19巻5号、1930.5.1

国際経済戦に於ける資本鮹　『東京パック』19巻8号、1930.8.1

改悪暴圧諸法令《かいあくぼうあつしよはふれい》、
厖大《ぼうだい》なる軍事予算《ぐんじよさん》、
でつちあげの五十九議会《くわい》の前《まへ》に立《た》ちはだかつてゐる人民《じんみん》の監視《かんし》
人巨大《じんきよだい》な労働者《らうどうしや》のケツ下《した》に五ツのシャベルがめいめい違《ちが》つた五
ツの泥《どろ》アンコをねつてゐる。
曰《いは》く
労農党《らうのうたう》アン　大衆党《たいしうたう》アン　社会局《しやくわいきよく》アン等々《とう／＼》これみな資本家《しほんか》
地主《ぢぬし》の労働組合法《らうどうくみあひはふ》アン目的《もくてき》は一つ……
立《た》ちはだかつたこの邪魔《じやま》ものにせつせと土《つち》をかぶせるんだ
『くそつたれを地下《ちか》へうめこんじまへ！』

労働組合法案をねるコンタン　『東京パック』20巻5号、1931.5.1

「三十二銭五厘でやうやつと捕れたわが北洋の権益！」

北洋の権益　『東京パック』20 巻 6 号、1931.6.1

怒濤の襲来は不可避的のものだ。彼等の残虐も不可避的のものだ。来るべきものが来ただけのこと。

第三期の怒濤 『東京パック』20 巻 7 号、1931.7.1

学校経営の××主義化、資本主義化は、目前の風雲急なるためセッカチに反動予備軍を製造してゐる。「寄附金」「入学金」「反減俸」をキッカケとして近くは日大医科、高輪中学、上智大学、等々ゴッタ返しの中に優良学生、教師は××化し集団的斗争クンレンをしてゐる。

学園浄化　『東京パック』21巻12号、1932.12.1
＊筆名：夏川八郎

こゝには、いくつかメダマを持つた
ノゾキメガネが仕掛けてある
左がオトナで右が子供
サァいらつしやい、いらつしやあい
なれ合ひ夫婦のブルヂョア新聞が
聲をからしムチをたゝいて客を呼んでる
カラクリ選擧のうしろではブルヂョアが
票數をしらべてホクソ笑む

（一）エセ無産政党の選挙闘争　『中央公論』45巻3号、1930.3.1

＊「時事漫画」のひとつ。

軍縮會議とは何だ
お互の砲身をキャウに包みかくす
紙つ切レを作るところだ
軍備は前へのびる、
ぢりぢりぎりぎり
そこでみなが先端へ集つた
「ワシントンの紙でかくしきれなくなつたから
ロンドンの紙でかくし合はうぢやないか」つて
カンパイ、ブラボー
各砲口からはじれつたいユゲが出てゐる

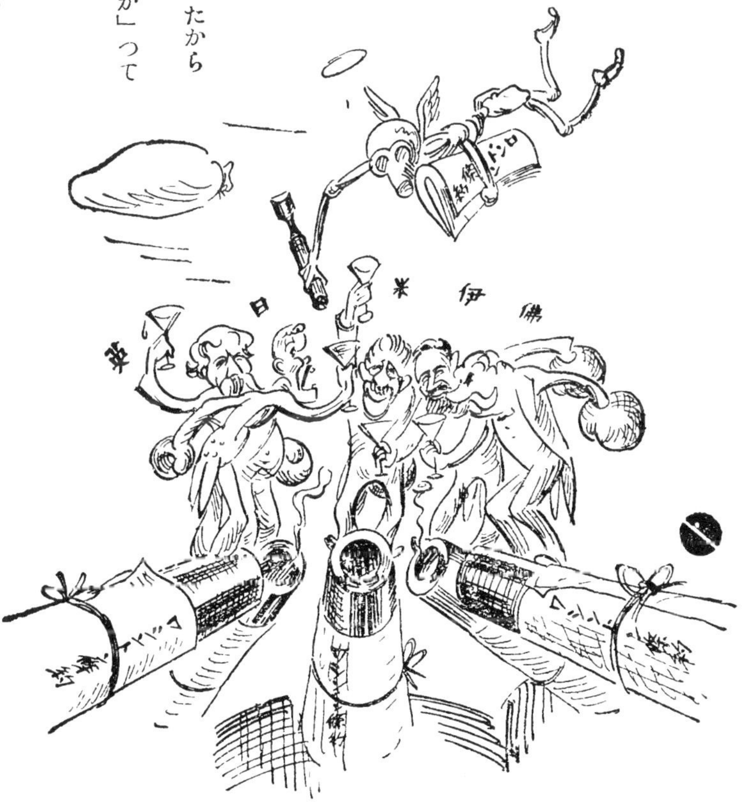

（二）**海軍々縮会議**　『中央公論』45巻3号、1930.3.1

＊「時事漫画」のひとつ。

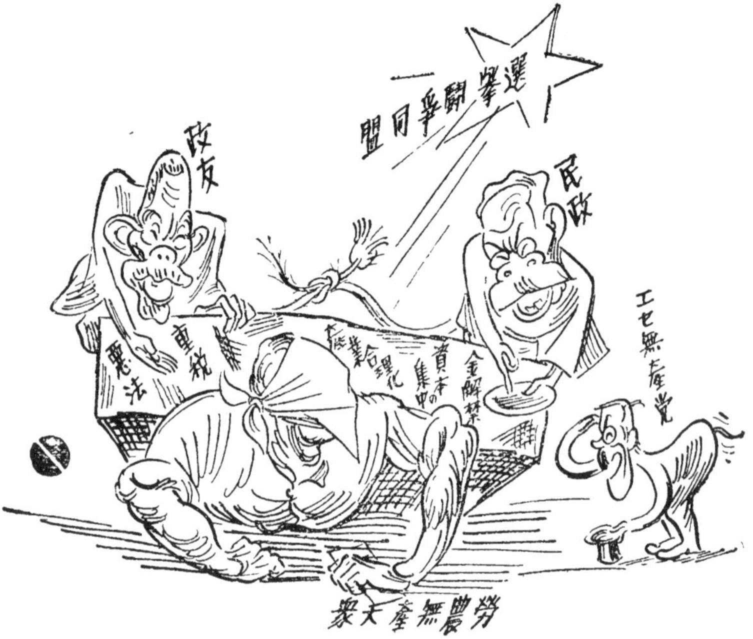

あらゆる自由をもぎとられてゐる
勞働者と農民のうえに
ギマン選擧の手をさしのべて
投票をかき集めてゐるブルヂョアの番頭をみよ!
奴等は日本大資本主義の强化に
骨身をくだいてゐる同じ穴のムヂナだ
「判つたか、ぢや早速やつつけろ!」
×き星のみがわれらの先方に
道をあけてくれる!
邪魔ものをはねつけろ!

(三) 選挙闘争同盟の出現 『中央公論』45 巻 3 号、1930.3.1

＊「時事漫画」のひとつ。

俺んちはこれこの通りだ骨と皮だ
もう吸ひつくしてしまつたんだから大概に乳口を
放して下され、放しておくれ、放しやあがれ！
國民會議、非協同、獨立運動
だが一體英帝國主義の搾取から奪還した乳口は
誰が吸ふといふのだ？　民族ブルヂョアではないか！
骨までしやぶられる勞働者に何の變りもない
ガンヂーのギマンをいまこそあばけ！
さあ××の底に
全印度勞働者を救ふ象標が浮出してきた。

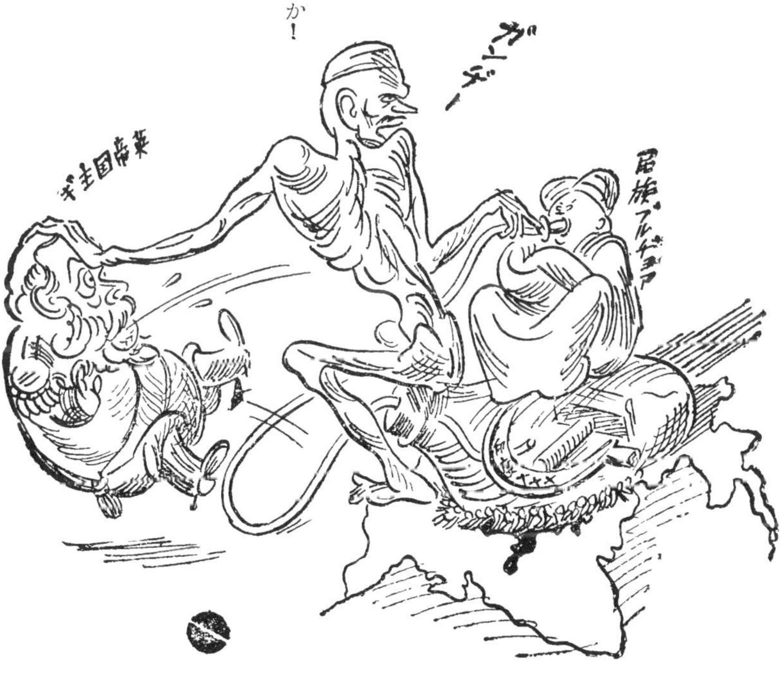

（四）印度独立運動　『中央公論』45 巻 3 号、1930.3.1
＊「時事漫画」のひとつ。

世界の浪打ちあひて
経済恐慌と失業の怒濤にな
やむ××船ありき、ガラに
なく積荷の重ければ、船ぞ
この缺穴《かけ》より潮のふき入り
て、あなあやふしとみえに
けり、舟長《ふなをさ》荷物には代へが
たしと、涙乍《なが》ら忠僕・漕手《こぎて》
の不用《いら》ぬ身を切りて海に投
げ、その首もて穴《あな》塞ぎけり、
されど船かいかろからず時化《しけ》や
まざりき。

×

(船長《ふなをさ》のふかきたくらみ
いよいよはじまる)

減俸案——高級官吏処は申訳のためこれからが眼のつけどころ

『中央公論』46巻7号、1931.7.1

＊「内外時事漫画」のひとつ。

首切り、賃下げ、失業、
嵐のおどむ街の底はいや
空へ、空へ、涯しなく朗かに六月を
のびよう
「平和の使節」として
「国際親善」のために
「太平洋横断」の旅に
「無着陸」の壮挙を
官民の意気天を衝き空を呑む
西の国へ、東の国へ………
紙切レに包んだ中味が何であらうと
いゝよ
胴体にモノサシのメモリがあらうと
いゝさ
尾翼が醜く地を這つてようと
それがルーラで、地ならしで、
「のつとれ、のつとれ」進まうと……
奴は殖民地を這ひ、北満を這ひ、
極東地域をソヴエート同盟へと這ひ
こんでゆくよ。
（陸海航空軍の軍事演習ではせは
しなく新記録が飛出してゐる。）

飛行気熱——「平和の施設」はいそぐ　『中央公論』46巻7号、1931.7.1

＊「内外時事漫画」のひとつ。

らんらんと光りふとりのぼりきた
――労働者・農民軍、××軍
ひろごるソヴエート××――×き星の
かがやき
暗に照り出される一握りの醜塊《しうくわい》
殺人強盗共の掠奪品の分け前会議
こつそり狙ひ覘いてゐる塀の両つ側
日英米がいがみあいつゝおこぼれを
拗てるも一匹の同類がおへつ笑ひだ
手代蔣親分は大音声にみえをきつてる

×

(「予は共産党を討伐し然る後下野する。共匪を平げ統一完成する迄決死の努力をなし軍人として護国の鬼たらん」)

――六月六日夜南京にて宣言――

中国革命進展――嗚呼護国の鬼蔣介石 『中央公論』46巻7号、1931.7.1

＊「内外時事漫画」のひとつ。

りやりやりやりやりや
これぢや旗標《マーク》の模様がちがふ
だいち敵の威《おど》にならぬ
早く「ヴエルサイユ」と「トリアノン」
で染め代へれ
×
借金取の手前気勢を揃へてよつこらせ
と向ふところ
景気のいゝ音、音、音、音、建前《たてまへ》の唄、
あゝ、じれつてえ、あゝいめ〳〵しい
ソヴエトロシア奴待つてけつかれ
これで一発食はしてやるゾ

独墺関税協定——やせほそるヨーロツパ、可愛いい旗手の狙ふところ

『中央公論』46巻7号、1931.7.1

＊「内外時事漫画」のひとつ。

デマのデモ 『批判』1巻1号、1930.5.1

声をそろへて吠えませう（三党合同）『批判』2巻1号、1931.1.1

中には焼けたぎる印度革命大衆
名コック二人
フライパンをもつたマクさん
鹽をふりかけてるガンさん。
英印協定の献立を前に英帝と御
客さん二人

第二円卓料理　『批判』2巻4号、1931.4.1

土豪劣紳の手先
蔣と王
強奪品をひろげて
くんづ……ほつれつ……

泥棒のワケ前 『批判』2巻4号、1931.4.1

幣原の軟弱外交
農林省の強行手段
北洋権益の死守
それッ食つたゾ
魚がつれたア海づらだア
めつかちな砲口はそれとは
別に彼方の空へ首をのばす
ソヴエートの国へ
三十二銭五厘の糸で
ようやく魚が
つれるにはつれたが……

北洋漁区を守れ――ブルジョア帝国の凝視するところ

『批判』2巻5号、1931.5.1

不景気ニッポン
ハゲカツラのチンドン屋が
金と太鼓をたゝいて
ふし面白くはやしたてる
「東――西、皆サーンこの処
笑ひのない世を明るくする超
ナンセンスは禿の大会」
ナンセンスとはよく見給へ
彼にはサーベルの骨があるゾ
足もあれば
尾もあるゾ

禿頭大会――ナンセンスとは？　『批判』2巻5号、1931.5.1

巨浪にもまれる
小舟の重荷
――
大事の積荷はへらされぬ
背に腹はかへられぬと
彼の忠僕漕手の首をはね
やれ／＼軽くなつたとひと安堵
――
ゆられ／＼波間に首をのぞけて
気紛れ者の蛸がほざいてゐる

恐慌の波にのりて――斬棄て御免の減俸案 『批判』2巻6号、1931.6.1

北から南へ燃えさかる
闘争激化の焔をうけて
ここでも大盗火焙にあふ
これさ気強よのムッソリーニどの
白テロ兇器口にして
湧きたぎる国内何としよ
我子いつまでさしあげらりよ

——

ファシスト権力の動揺崩壊はいまやファッショ支配に反対するもの、根絶をはかるため政治犯人死刑の規定を緊急法令にふくめて永久的国家法廷として七月より実施するまでに至つた。

さても豪気なフアツシヨどの――ムツソリーニの苦悶

『批判』2巻6号、1931.6.1

やれ〳〵これで一段落、
どれ一つもう一息、
頂上できわめるとしやうか。

××××××のねらふ所　『批判』2巻9号、1931.10.1

地球の外へ！ 『プロレタリア芸術』2 巻 1 号、1928.1.1

都会の怪獣　『新愛知』1928.1.3

＊「モダンガールの種々相」のひとつ。

労働者農民の国を守れ！ 『戦旗』1巻7号、1928.11.1
再録：「労働者と農民の国を××」（『画集』99）

労働者農民団結せよ!

『労農日記　1929』産業労働調査所編、希望閣、1928.11.15

再録:『労農日記　1930』(産業労働調査所編、希望閣、1930年)

『ドレドレあ、これですつかり典型的な人物になつた忠良なる国家の臣民よだ、……よしよし、さあ行つてしつかり働いてくれ』
全く耳てものは兔にだけ必要なのだからナ……
プロレタリアよ　君等は既に、昨々年は目をうしなひ、昨年は口をとられ、今また耳をチョン切られんとしてゐる。

プロレタリアの耳（卯年に因みてルンペンへの注進）
『東京毎夕新聞』1928 年頃

ナラ子《こ》の手《て》帖《てふ》
―お屁《なら》に就《つ》いて―

柳瀬正夢

お屁《なら》も、その昔《かみ》は餘程苦《よほどくる》しい隱忍生活《いんにんせいくわつ》してゐたものとみえます。德川時代《とくがはじだい》の川柳子《せんりうし》が「嫁《よめ》の屁《へ》は五臓《ざう》六腑《ぷ》を馳《か》けめぐり」などゝ當時《たうじ》の世相記錄《せさうきろく》を殘《のこ》してゐますもの。ですが、私達《わたしたち》は嫁《よめ》と姑《しうとめ》の關係《くわんけい》を犬《けん》猿《えん》の仲《なか》に譬《たと》へた古い時代を、一九二九年《ねん》の現在嘲笑《げんざいあざわら》ふことが出來《でき》るでせうか？

矢《や》つ張《ぱ》り我事ですワ。

いえ違《ちが》ひますワ。

それは、未《ま》だ封建的慣習《ほうけんてきくわんしふ》より脱《ぬ》け切《き》らぬ階級層《かいきふそう》への諷刺《ひやかし》にこそなれ、もう當世一般《たうせいぱん》の婦人《ふじん》へとは當嵌《あてはま》りますまい。殊《こと》に私《わたし》の家庭《うち》に於《おい》て最《もつと》も然《しか》りですワ。

一度《ひとたび》、奴隷的家庭《どれいてきかてい》の婦人《ふじん》が、明《あか》るい街頭《がいとう》に出《で》るに及《およ》んで、嫁御の屁そのものも、漸《やうや》く光《ひかり》の中《うち》にのびのびと遊弋《いうよく》し、朗《ほが》らかに唄《うた》ひ昇天《しやうてん》する生活《せいくわつ》が、展《なら》け得《え》た譯《わけ》なのではないでせうか。

つまり女の眼醒め共《とも》に、お屁《なら》がお屁本來《ならほんらい》の、名實共《めいじつとも》に「屁《へ》は黃《き》色《いろ》」と呼《よ》ばれて嘘《うそ》でない時《とき》が、到來《たうらい》し掛《か》けたのだと思《おも》ひますワ……。

× × × × ×

母《はゝ》（是《これ》が私《わたし》の姑《しうと》さまよ！）が歸《かへ》つて來《き》た。

「ナラちやんたゞいま！」

母《はゝ》の海老腰《えびごし》は、半分格子戸《はんぶんかうしど》の外《そと》にはみ出《で》てゐる。

ブブウ……「おやお歸《かへ》んなさい。自働車《じどうしや》ですか?」

「えゝテクシーで。兎《と》に角《かく》これは家《うち》の空氣《くうき》を濁《にご》さないといふ心配《しんぱい》よ……それはさうとしてナラちやん、家《うち》の中《なか》もガソリン臭《くさ》くなくつて?」

「アラ母《かあ》さんの鼻《はな》、早《はや》いワね。今私《いまわたし》、裏《うら》のドブ掃除《さうぢ》を終《をは》つた所《ところ》よ」

「お井戸《ゐど》?」「やだワ母《かあ》さん」ブブウ……

「あら今度《こんど》は私《わたし》、御免《ごめん》なさい、さつきおさつを頂《いたゞ》き過《す》ぎたので……瓦斯《がす》の出《だ》しつ放《ぱな》しだワ」

「メートルが上《あが》りますよ」

一事《じ》が萬事《ばんじ》からしたならはし、私《わたし》の家《うち》には心《こゝろ》の瓦斯《がす》も溜《たま》つたためしがない。母《はゝ》はこれを「貧乏《びんはう》の聲高《こはだか》」とも言《い》つて誇《ほこ》つてゐる。私《わたし》の家《うち》の標語《スローガン》に「お屁《なら》よ街頭《がいとう》に出《で》よ!」

とあります。とかく私《わたし》の家庭《かてい》はさばさば明《あか》るい。

× × × × ×

今日《けふ》も今日《けふ》とて、母《はゝ》と私《わたし》と三人《にん》して炬燵に足《あし》を入《い》れ、話《はなし》の實《み》を咲《さ》かせてゐるまつ最中《さいちう》、櫓《やぐら》の下邊《したあた》りから、京濱電車《けいひんでんしや》の自動開閉扉《じどうかいへいひ》のスキツチを切つたやうな音《おと》が、ピーピーピスツと微《かす》かに遠慮勝《ゑんりよが》ちな音《おと》を立《た》てるではありませんか。耳敏《みゝさと》い母《はゝ》が何でそれを聞逃《きゝのが》しませう。その時素《ときす》早《はや》く私《わたし》は母《はゝ》に眼《め》でもつて「片石《かたいし》のおばさんのよ!默《だま》つてゝね」と暗號《あんがう》したのです。いつもお屁《なら》については一言《ごん》なかるべからさる母《はゝ》が、何《なに》も申《まを》さず唯《たゞ》にやにやと笑《わら》つてみせました。間《ま》もなく蒲團《ふとん》の中にまどろむでゐたタマが欠《あくび》をしいしい出《で》て來《き》たものです。それをよいきつかけに、片石《かたいし》のおばさんの言《い》ひ方《かた》が振《ふ》つてゐる。

「お宅《たく》はタマちやんまでが遠慮《ゑんりよ》がなくていゝですね」

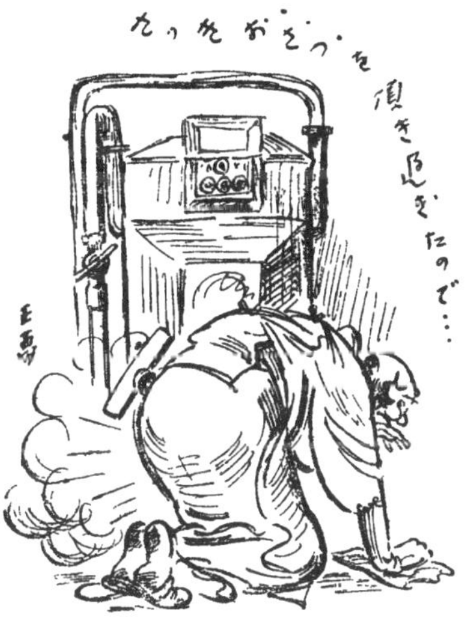

ナラ子の手帖——お屁に就いて 『婦人世界』24 巻 1 号、1929.1.1

＊「特輯・家庭和楽漫画のページ」のひとつ。

數字の機械サラリーマン、來る日も來る日も單調な無希望の生活、心のうさは思ひ切り一杯のビールへ飛び込む、歡樂は總て厚い一枚のガラスを隔てゝゐる。沈澱し切れない所に彼の悩みがあらう。カバンの中にはアルミニユームの辨當箱、一本の生計《くらし》の綱を頼つて、脊負ひ切れない家族の重みが感じられやう。「泡でこの世を過ごしてよとや」知るや、識らずや……

泡とサラリーマン 『週刊朝日』15巻9号、1929.2.24

＊「漫画『春』」のひとつ。

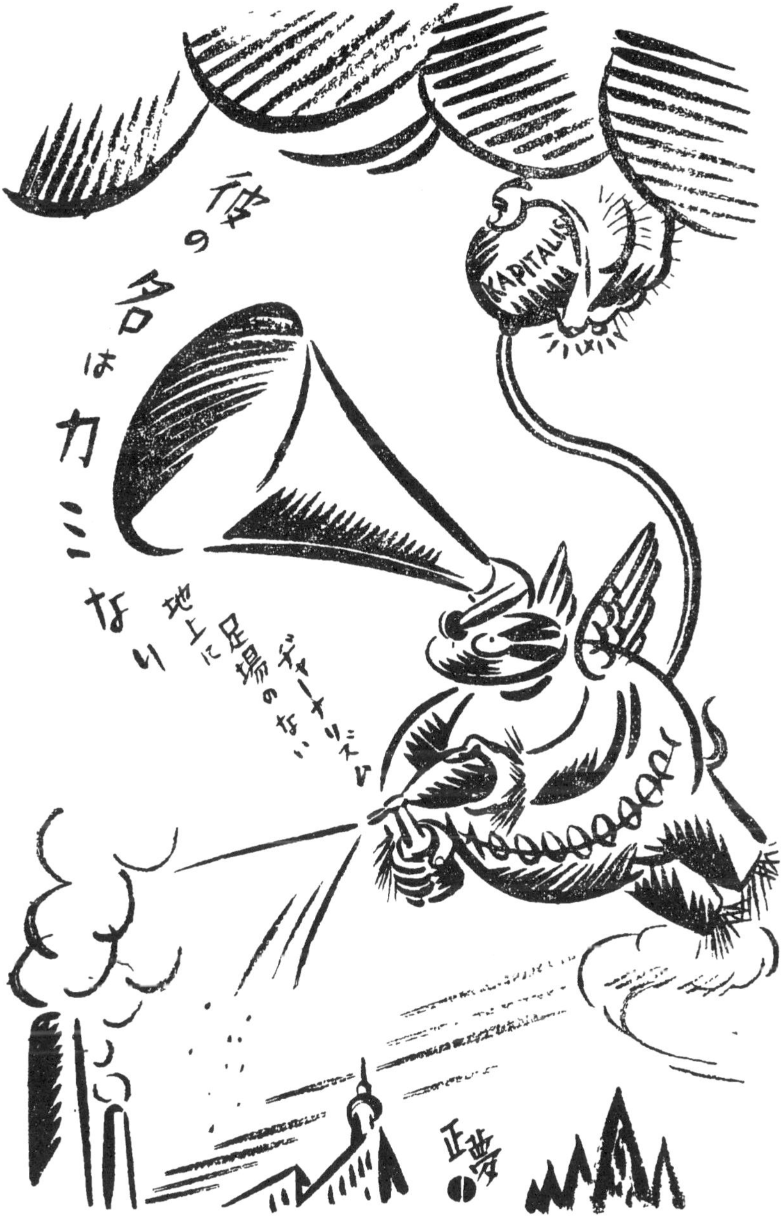

KAMIよ何処へ？　『新聞及新聞記者』10年5号、新聞研究所、1929.5.1

エロティックの必要——何故ムギダサネバならないか
『新聞及新聞記者』10 年 6 号、新聞研究所、1929.6.1

先端をゆくもの　小生夢坊『尖端をゆくもの』塩川書房、1930.3.5

一般用カット　日本プロレタリア美術家同盟編
『闘争ニュース用プロレタリアカット漫画集』戦旗社、1930.5.22

元気な中国のピオニール 『ショーネン・センキ』2巻9号、1930.9.5

それ見《み》たことか、ブルジョアの指揮棒《きぼう》につれて、新聞も、出版《はん》も、映画《えいぐわ》も、芝居《しば》も、
何もかも一せいにはやし立てる音楽は何？　おれたち労働《らうどう》者や貧農《ひんのう》のくらしが此の上
尚《なほ》たまらなくなるのもかまはず、戦《たゝか》へ！戦《たゝか》へ！の合奏《そう》だ！

歌へやはやせや　『文学新聞』4号、1931.12.5

青年処女を誑らかす希望社の正体！
『文学新聞』1号、1931.10.10

国のために！　外《そと》には××の靴　内《うち》にはファッショの靴《くつ》　お待遠《まちとほ》さまサアお履きになつて

ヘイヘイ　××的《てき》な大方の労農大衆《のうたいしう》は　我党《わがとう》のアミによつてちやあんとつなぎとめてあります

新靴進上（労大党大会終る）『美術新聞』2号、1931.12.15

言論出版集会の自由を獲得せよ　『柳瀬正夢画集』叢文閣、1930.2.12
＊初出掲載誌紙不詳。1927年頃のものか。

新普選議会を解散しろ 『柳瀬正夢画集』叢文閣、1930.2.12

＊初出掲載誌紙不詳。1928 年頃のものか。

街のスケッチ　『批判』3巻11号、1932.11.1

畑打つ老農夫 『批判』3 巻 12 号、1932.12.1

葉山嘉樹「追跡」 日本電報通信社編『現代挿画芸術展図録』非売品、1928.9.1

＊現代新聞雑誌挿画芸術展（同年7月12-18日、東京三越）出品作品。

＊同展には、夏川八郎名で霧島譲次「銀蛇は踊る」の挿画も出品。

新島栄治「詩　女」『東京毎夕新聞』1928 年頃

熊岳城の砂場　(戸川秋骨「満州意外の記」より)『満州日報』1929.9.3

撫順支那工人　(加藤武雄「満州一瞥」より)『満州日報』1929.9.8

堀江かど江「連作小説　恋を喰ふ」

羽太鋭治『うきよ診断——愚談・漫談・珍談・猥談』三洋社、1929.10.5

＊複数の作家・画家による連作（全55回）。第37回を担当。

金子洋文「笑劇　孫悟空」『カクテール』1年1号、1930.1.1

金子洋文「笑劇　孫悟空（序篇四場）第二場」
『漫画漫文カクテール』1 年 2 号、1930.3.1

慶助おやぢ　（江馬修「山寺」より）
『現代長篇小説全集 第 24 巻　島田清次郎・江馬修篇』
新潮社、1930.2.15

少女　（江馬修「山寺」より）
『現代長篇小説全集 第 24 巻　島田清次郎・江馬修篇』
新潮社、1930.2.15

十一谷義三郎「あめりか男爵のひと花――をんな持ちステッキ・ガール」
『朝日』2巻5号、1930.5.1

林房雄「鉄窓の花」 林房雄『鉄窓の花』先進社、1930.6.28
＊本書装幀は阿部金剛による。

一九三〇年の顔　エロ・ナン・グロ・テロ
（大宅壮一「一九三〇年の顔」より）
『中央公論』45 巻 12 号、1930.12.1

〔無題〕
（大宅壮一「一九三〇年の顔」より）
『中央公論』45 巻 12 号、1930.12.1

ブルヂョア新聞の破れ目から
その一端が現れる
（大宅壮一「一九三〇年の顔」より）
『中央公論』45 巻 12 号、1930.12.1

〔無題〕
（大宅壮一「一九三〇年の顔」より）
『中央公論』45 巻 12 号、1930.12.1

神のおつげ‥
（大宅壮一「一九三〇年の顔」より）
『中央公論』45 巻 12 号、1930.12.1

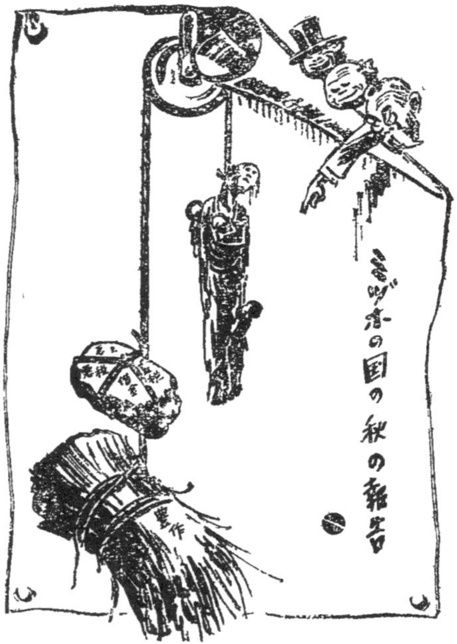

ミヅホの国の秋の報告
（大宅壮一「一九三〇年の顔」より）
『中央公論』45 巻 12 号、1930.12.1

一九三〇年プロレタリア大衆の姿
（大宅壮一「一九三〇年の顔」より）
『中央公論』45 巻 12 号、1930.12.1

ジャン・トウスール、秋田雨雀訳
「小さいブランシュの死——貧乏人の一代記（1）」
『婦人之友』26 巻 5 号、1932.5.1

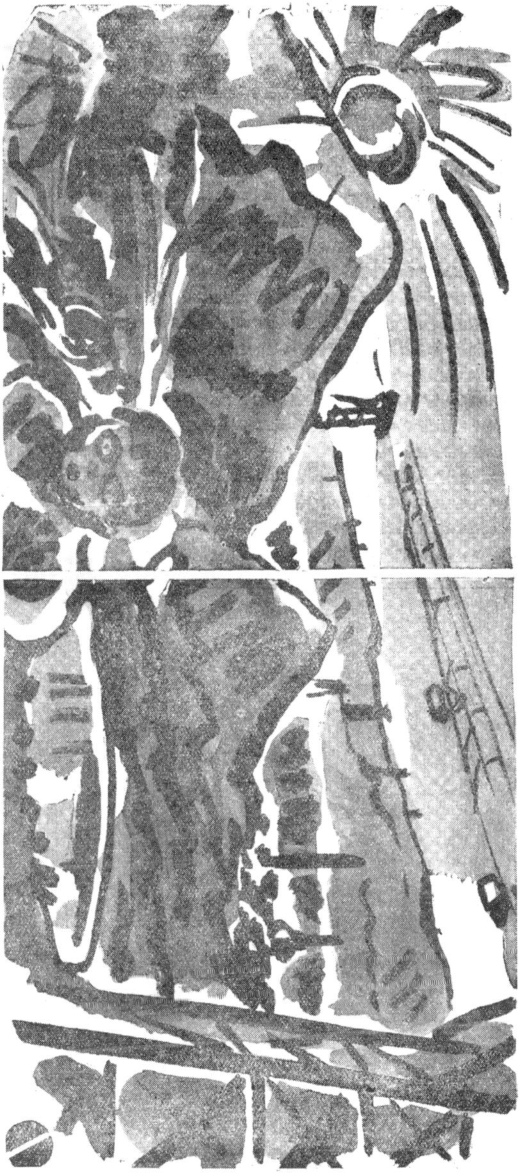

ジャン・トウスール、秋田雨雀訳
「小さいブランシュの死――貧乏人の一代記（2）」
『婦人之友』26巻6号、1932.6.1

ジャン・トウスール、秋田雨雀訳
「小さいブランシュの死——貧乏人の一代記（3）」
『婦人之友』26 巻 7 号、1932.7.1

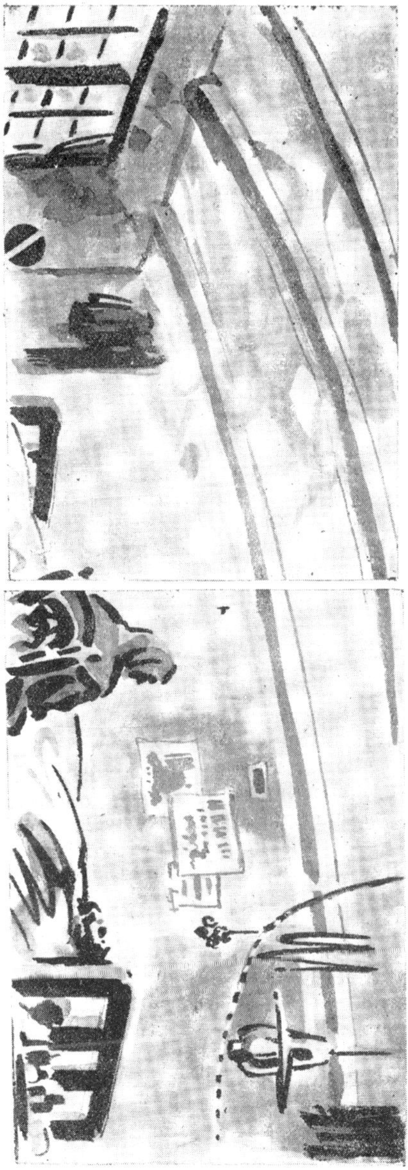

ジャン・トウスール、秋田雨雀訳
「小さいブランシュの死——貧乏人の一代記（4）」
『婦人之友』26巻8号、1932.8.1

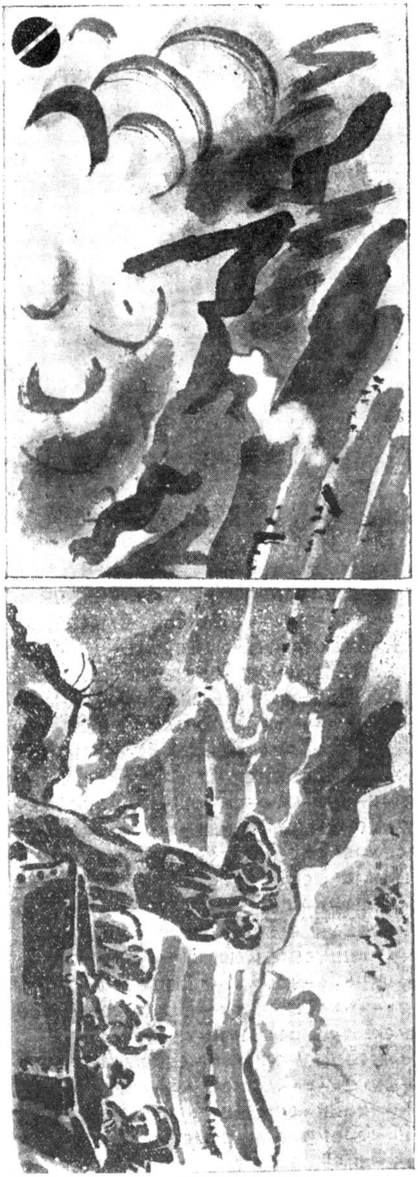

ジャン・トウスール、秋田雨雀訳
「小さいブランシュの死――貧乏人の一代記（5）」
『婦人之友』26巻9号、1932.9.1

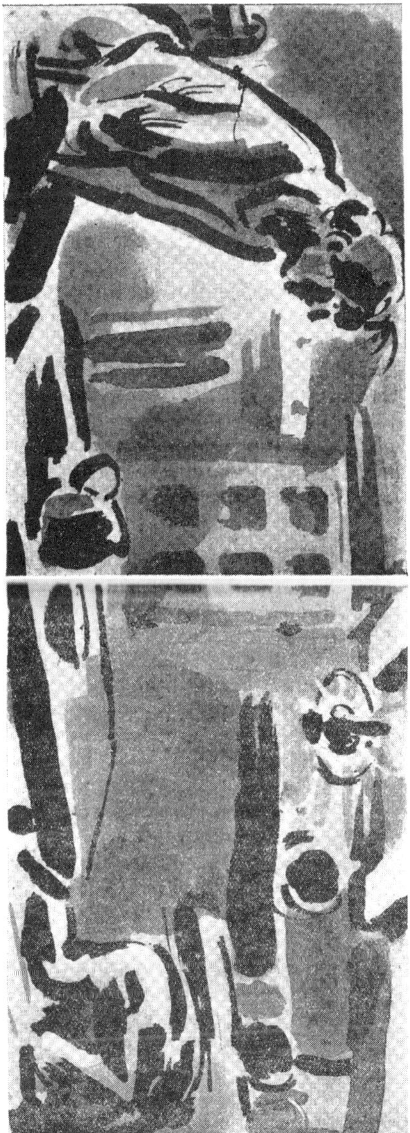

ジャン・トウスール、秋田雨雀訳
「小さいブランシュの死――貧乏人の一代記（6）」
『婦人之友』26巻10号、1932.10.1

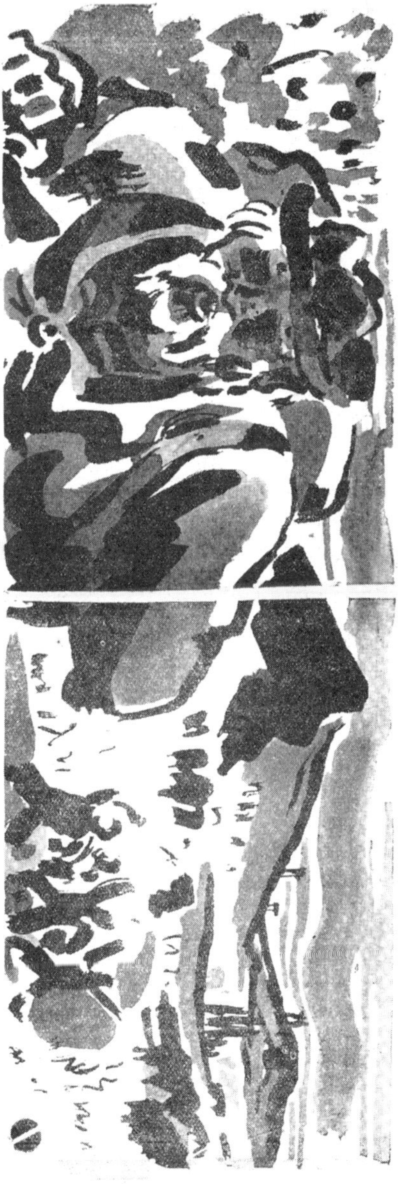

ポール・ヴァイヤン・クウチュリエ、羽仁説子編
「パンなしジャン——すべての子供のためのおはなし」
『婦人之友』26巻11号、1932.11.1

ポール・ヴァイヤン・クウチュリエ、羽仁説子編
「パンなしジャン——すべての子供のためのおはなし」
『婦人之友』26巻12号、1932.12.1

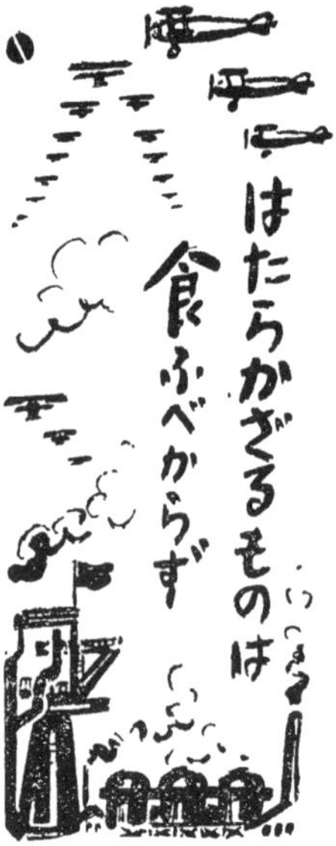
はたらかざるものは
食ふべからず

細田民樹「それを敢てした女」『婦人公論』17 巻 11 号、1932.11.

3

雑誌装幀

『新天地』7年4号　新天地社（大連）、1927.4.1
本号から7年12号（同年12月）まで同一装幀。

『新天地』8年2号　新天地社（大連）、1928.2.1
本号から8年12号（同年12月）、11巻1号（31年1月）が同一装幀。

『新天地』10 年 12 号 新天地社（大連）、1930.12.1

10 年 1 号（30 年 1 月）から本号まで同一装幀。

『新天地』11 年 7 号　新天地社（大連）、1931.7.1

11 年 2 号（31 年 2 月）から 12 年 5 号（32 年 5 月）まで同一装幀。

『東亜』1巻1号 東亜経済調査局、1928.5.1

本号から1巻3号（同年7月）まで同一装幀。

表紙画：中国婦人　『協和』3 巻 27 号、満鉄社員会、1929.10.1

表紙画：洮南の豚　『協和』3 巻 29 号、満鉄社員会、1929.11.1

表紙画：落日を惜む老農夫 『協和』4 巻 15 号、満鉄社員会、1930.8.1

表紙画：支那の少女　『協和』5巻15号、満鉄社員会、1931.8.1

『満洲短歌』2年8号（16輯） 満洲郷土芸術協会、1930.8.1
2年2号（1930年2月）から2年11号（同年11月）まで同一装幀確認。

『新台湾大衆時報』創刊号　台湾大衆時報社、1930.12.1

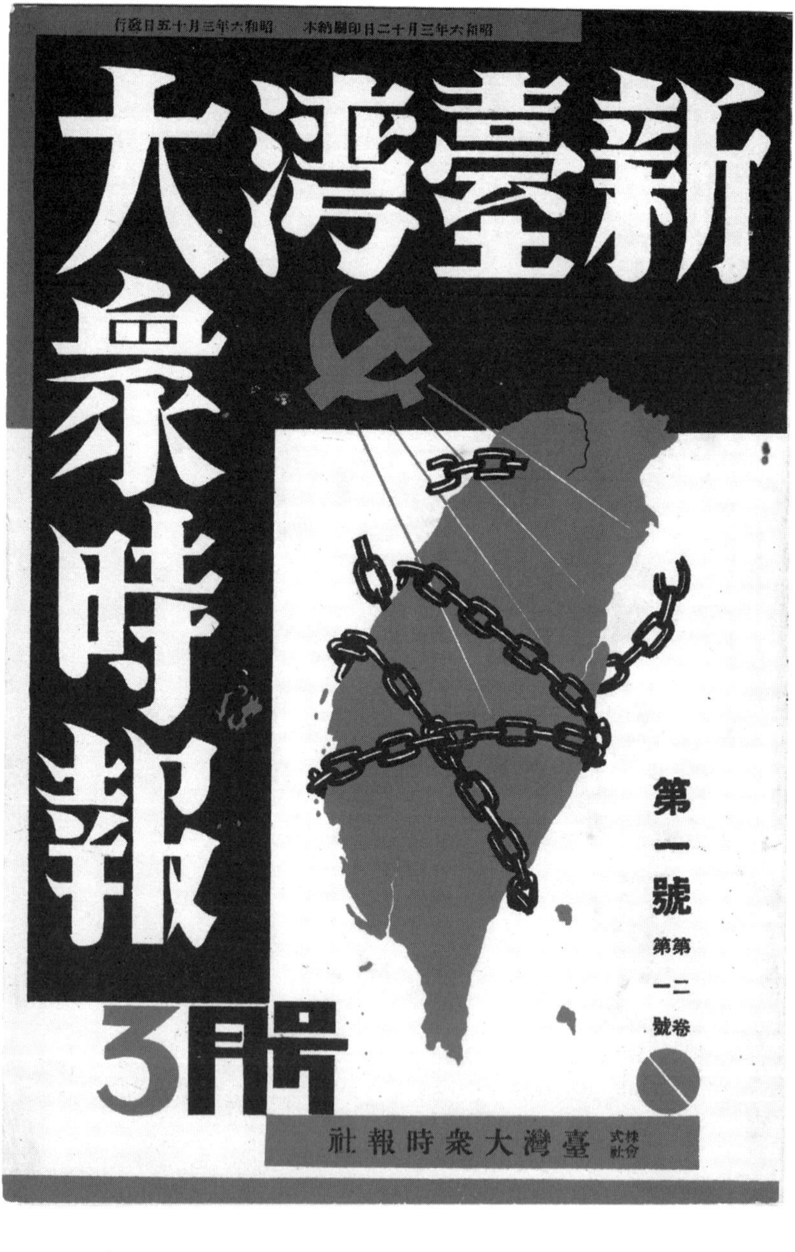

『新台湾大衆時報』２巻１号　台湾大衆時報社、1931.3.15

本号から２巻４号（同年７月）まで同一装幀。

扉絵　『新台湾大衆時報』2巻3号、台湾大衆時報社、1931.6.27
本号から2巻4号（同年7月）まで同絵。

『プロレタリア芸術』2巻3号　マルクス書房、1928.3.5
2巻1号（28年1月）から本号まで同一装幀。

『戦旗』1巻6号　全日本無産者芸術聯盟出版部、1928.10.1

表紙写真：無新を読む労働者

『戦旗』2 巻 1 号、全日本無産者芸術聯盟本部、1929.1.1

＊ 1928 年末、貴司山治とともに撮影したもの。

『戦旗』3巻1号　戦旗社、1930.1.1

『戦旗』3巻4号　戦旗社、1930.3.1

＊『無産者新聞』1926年6月12日掲載の写真「演壇に立つた新潟のお婆さん」を参考にしたと考えられる。

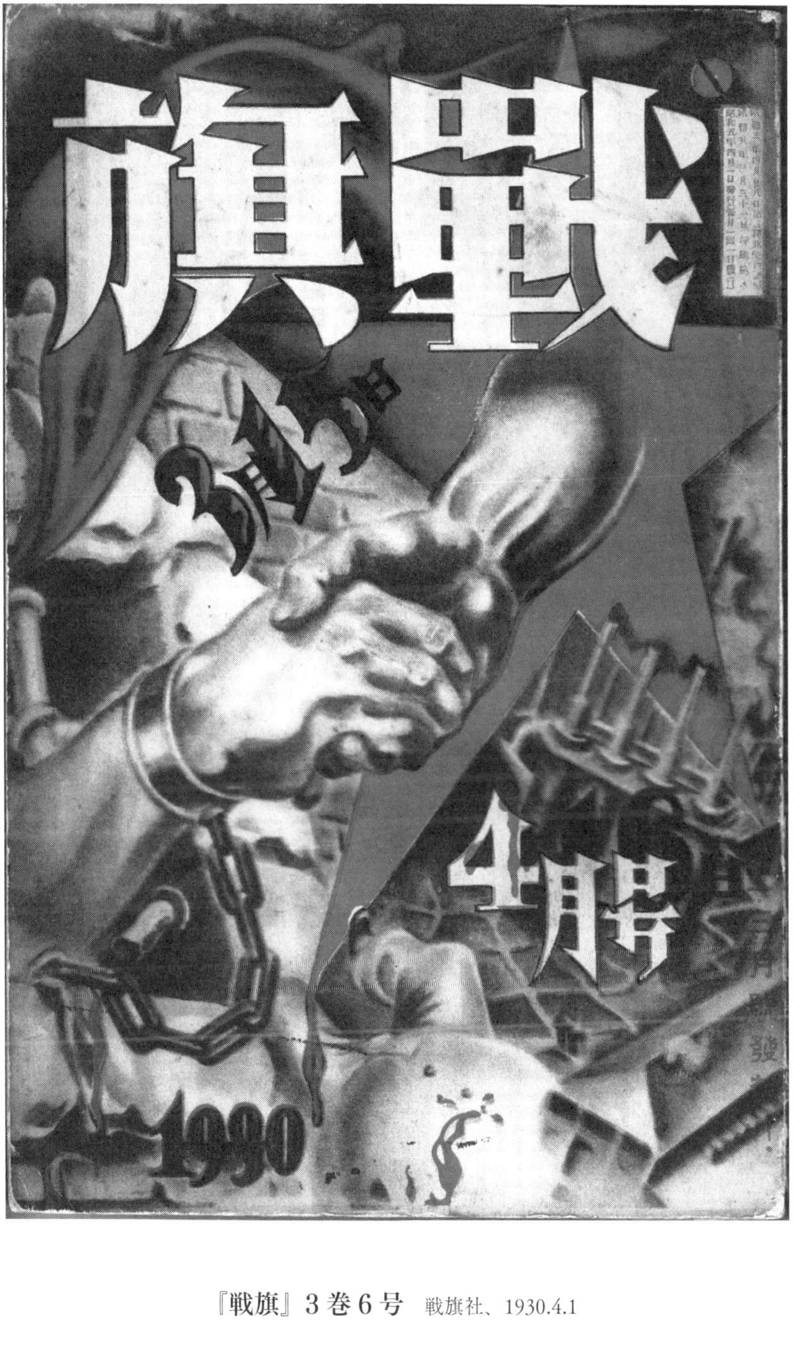

『戦旗』3巻6号　戦旗社、1930.4.1

『戦旗』3巻8号改訂版 戦旗社、1930.5.10
＊発禁になった3巻8号（5月1日発行）の改訂版。

『戦旗』3巻10号改訂版　戦旗社、1930.6.10

＊発禁になった3巻10号（6月1日発行）の改訂版。

『戦旗』3巻11号　戦旗社、1930.7.1

『戦旗』４巻１号　戦旗社、1931.1.10

『プロレタリア科学』２巻４号　プロレタリヤ科学研究所、1930.4.3
本号から２巻６号（同年６月）まで同一装幀。

『プロレタリア科学』2巻8号　プロレタリヤ科学研究所、1930.8.3
2巻7号（30年7月）から2巻12号（同年12月）まで同一装幀。

『プロレタリア演劇』１巻２号　新鋭社、1930.7.10

『プロレタリア演劇』１巻４号　新鋭社、1930.9.10

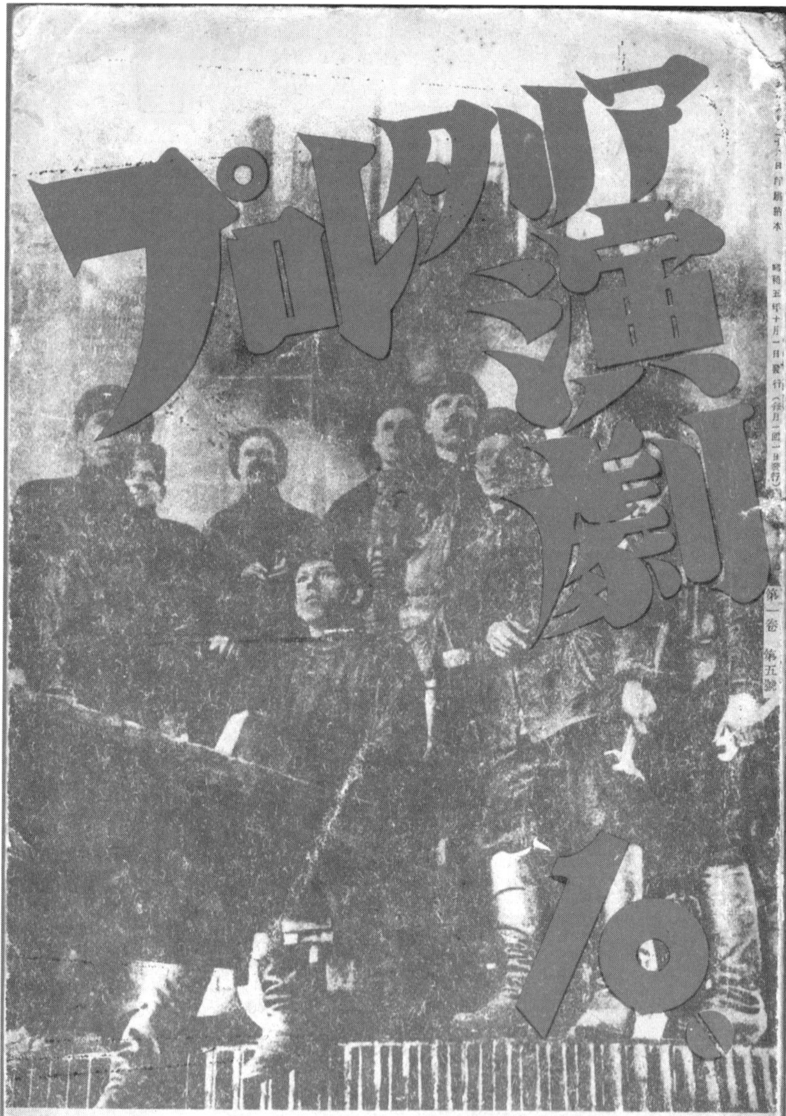

『プロレタリア演劇』１巻５号　新鋭社、1930.10.1

『カマラード』創刊号　日本プロレタリア・エスペランティスト同盟、1931.10.10

『カマラード』1年2号
日本プロレタリア・エスペランティスト同盟、1931.11.10

『カマラード』1年3号
日本プロレタリア・エスペランティスト同盟、1931.12.10

『カマラード』2年1号

日本プロレタリア・エスペランティスト同盟、1932.1.1

『カマラード』2年2号　日本プロレタリア・エスペランティスト同盟、1932.2.10

『カマラード』2年3号　日本プロレタリア・エスペランティスト同盟、1932.3.20

『カマラード』2年4号　日本プロレタリア・エスペランティスト同盟、1932.4.10

『プロレタリア文化』2巻1号　日本プロレタリア文化聯盟、1932.1.1

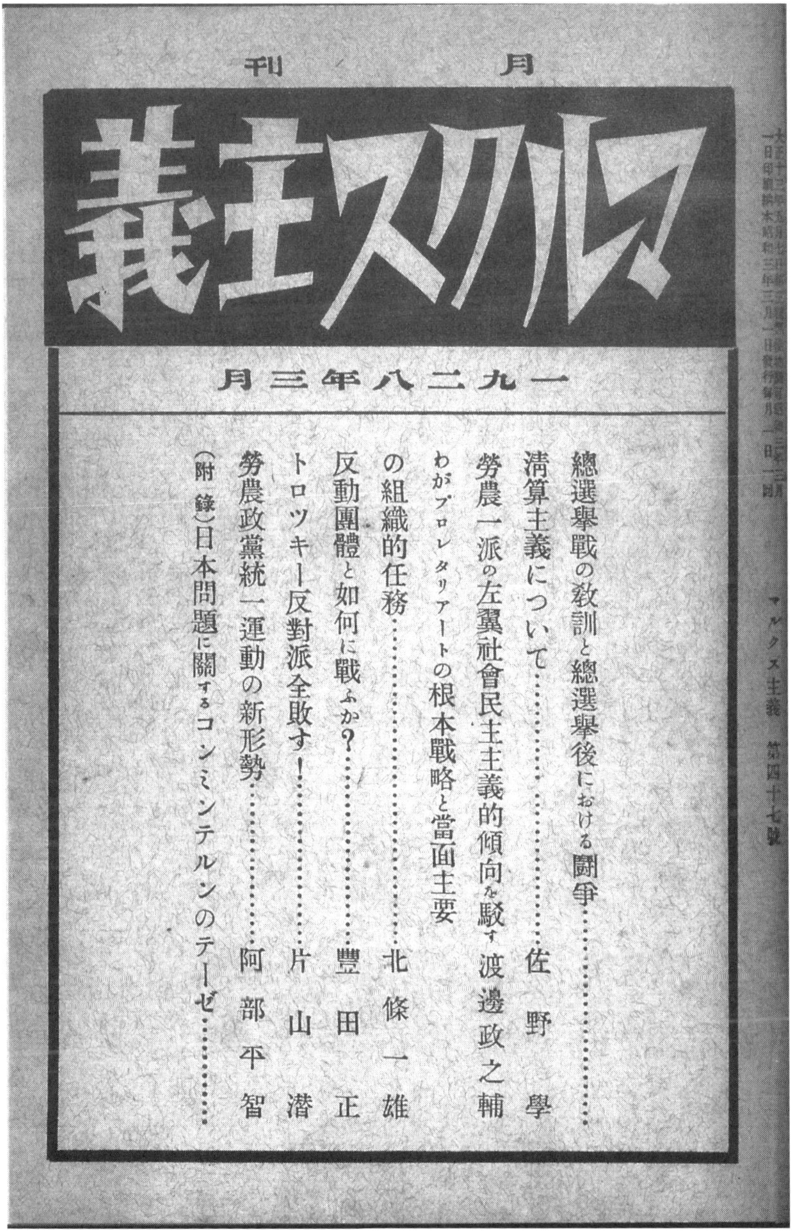

月刊

マルクス主義

一九二八年三月

總選擧戰の教訓と總選擧後における闘爭……

清算主義について……佐野學

勞農一派の左翼社會民主主義的傾向を駁す　渡邊政之輔

わがプロレタリアートの根本戰略と當面主要の組織的任務……北條一雄

反動團體と如何に戰ふか？……豐田正

トロツキー反對派全敗す！……片山潛

勞農政黨統一運動の新形勢……阿部平智

（附錄）日本問題に關するコンミンテルンのテーゼ……

マルクス主義　第四十七號

『マルクス主義』47号　希望閣、1928.3.1

46号（28年2月）から55号（29年3月）まで同一装幀。

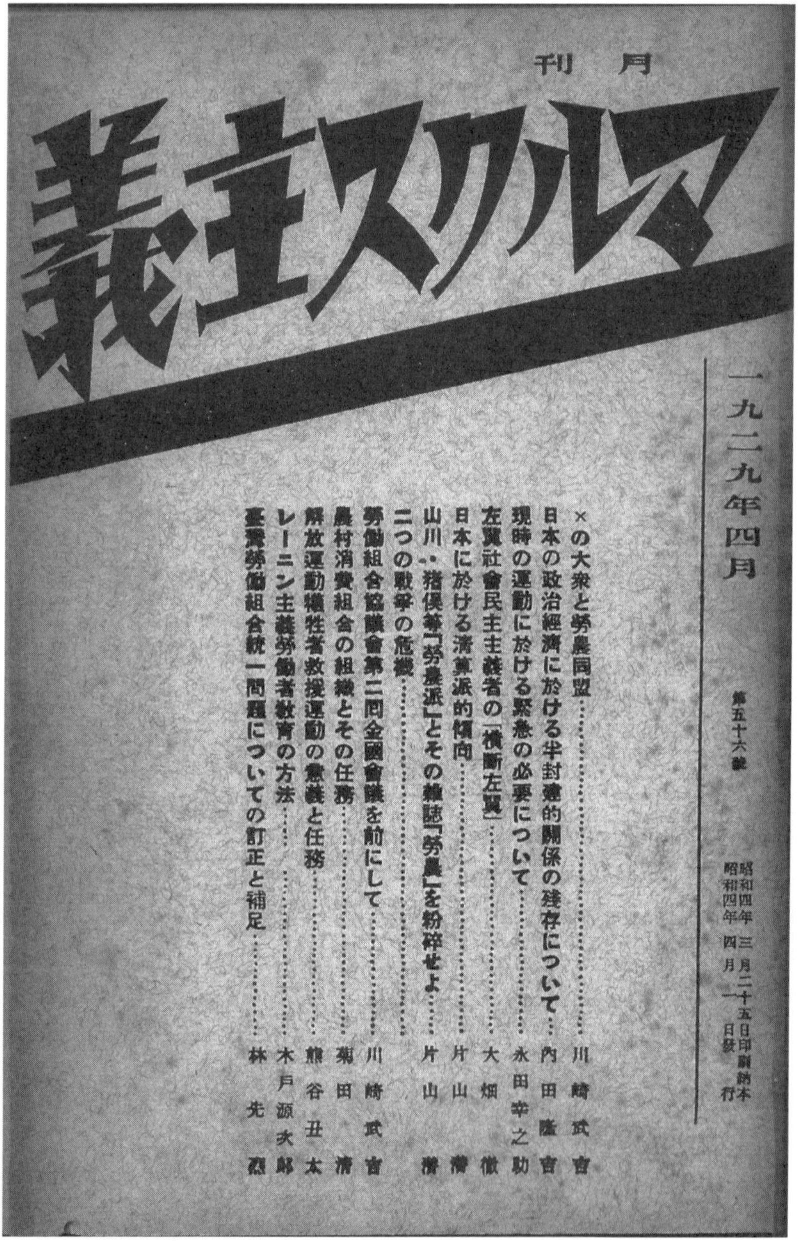
月刊
マルクス主義
一九二九年四月
第五十六號
昭和四年三月二十五日印刷納本
昭和四年四月一日發行

×の大衆と勞農同盟……川崎武吉
日本の政治經濟に於ける半封建的關係の殘存について……內田隆吉
現時の運動に於ける緊急の必要について……永田幸之助
左翼社會民主主義者の「横斷左翼」……大畑徹
日本に於ける淸算派的傾向……片山濤
山川・猪俣等「勞農派」とその雜誌「勞農」を粉碎せよ……片山濤
二つの戰爭の危機……
勞働組合協議會第二回全國會議を前にして……川崎武吉
農村消費組合の組織とその任務……菊田淸
解放運動犠牲者救援運動の意義と任務……熊谷丑太
レーニン主義勞働者教育の方法……木戸源次郎
臺灣勞働組合統一問題についての訂正と補足……林先烈

『マルクス主義』56号　希望閣、1929.4.1

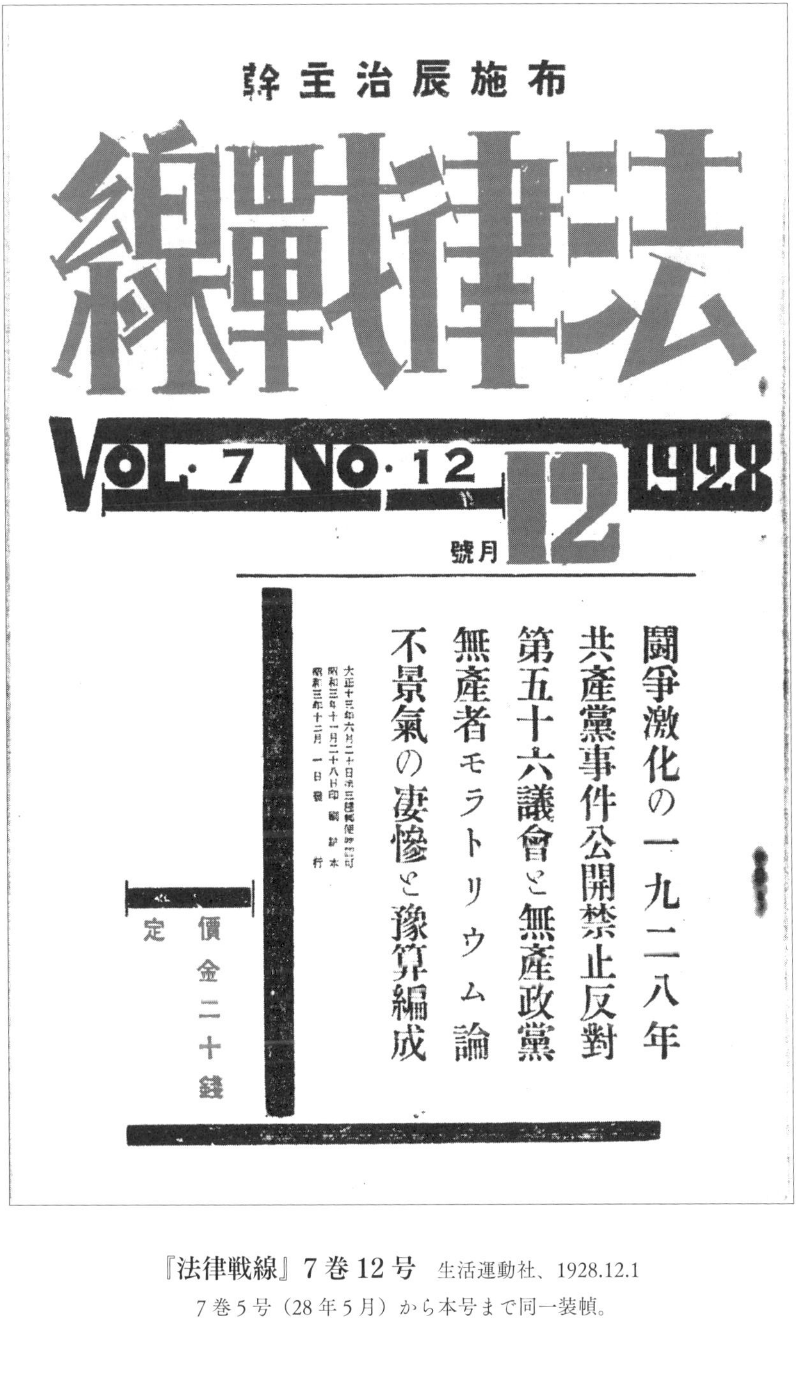
布施辰治主幹

法律戰線

VOL・7 NO・12 1928

12月號

鬪爭激化の一九二八年
共産黨事件公開禁止反對
第五十六議會と無産政黨
無産者モラトリウム論
不景氣の悽慘と豫算編成

大正十三年六月二十日第三種郵便物認可
昭和三年十一月二十八日印刷納本
昭和三年十二月一日發行

定價金二十錢

『法律戦線』7巻12号　生活運動社、1928.12.1

7巻5号（28年5月）から本号まで同一装幀。

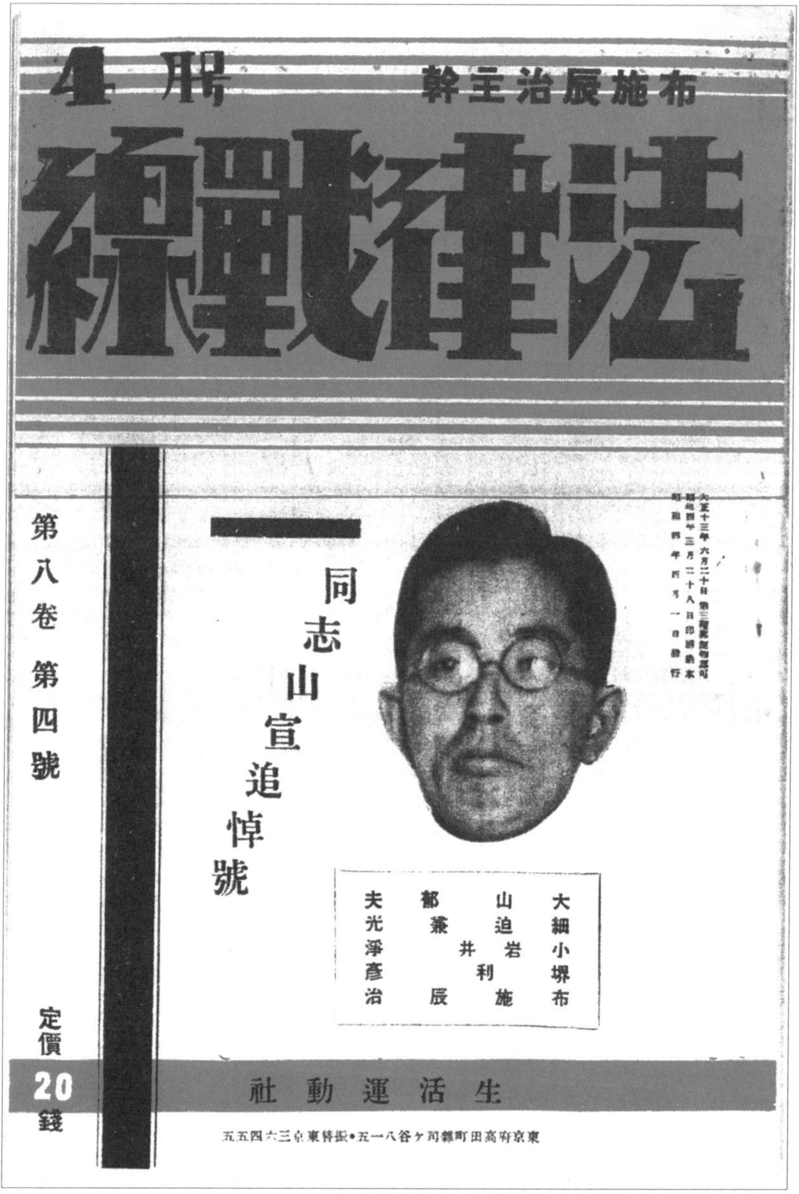

『法律戦線』8巻4号　生活運動社、1929.4.1
8巻1号（29年1月）から本号まで同一装幀。

法律戰線

第八卷・第六號

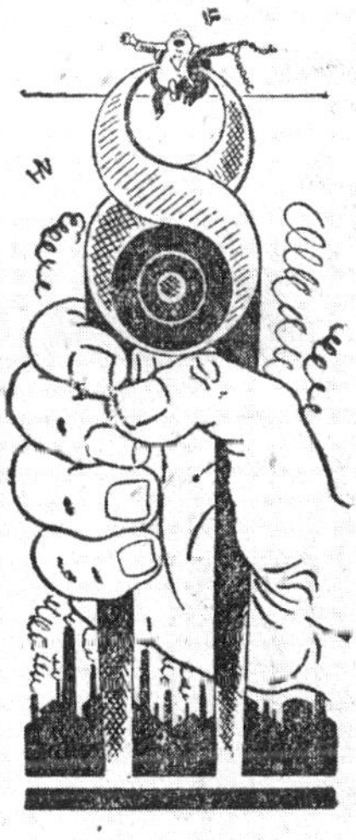

▼彼等の法律で彼等を縛れ！

▼我等を苦しめる暴壓法令を撤廢させろ！

▼獨斷の認定裁判と不法な××に抗爭しろ！

▼解放の武器――政治的自由を戰ひ取れ！

―1―

扉絵　『法律戦線』8巻6号、生活運動社、1929.6.1

8巻1号（29年1月）から9巻2号（30年2月）、
9巻4号（同年4月）から9巻7号（7月）まで同絵。

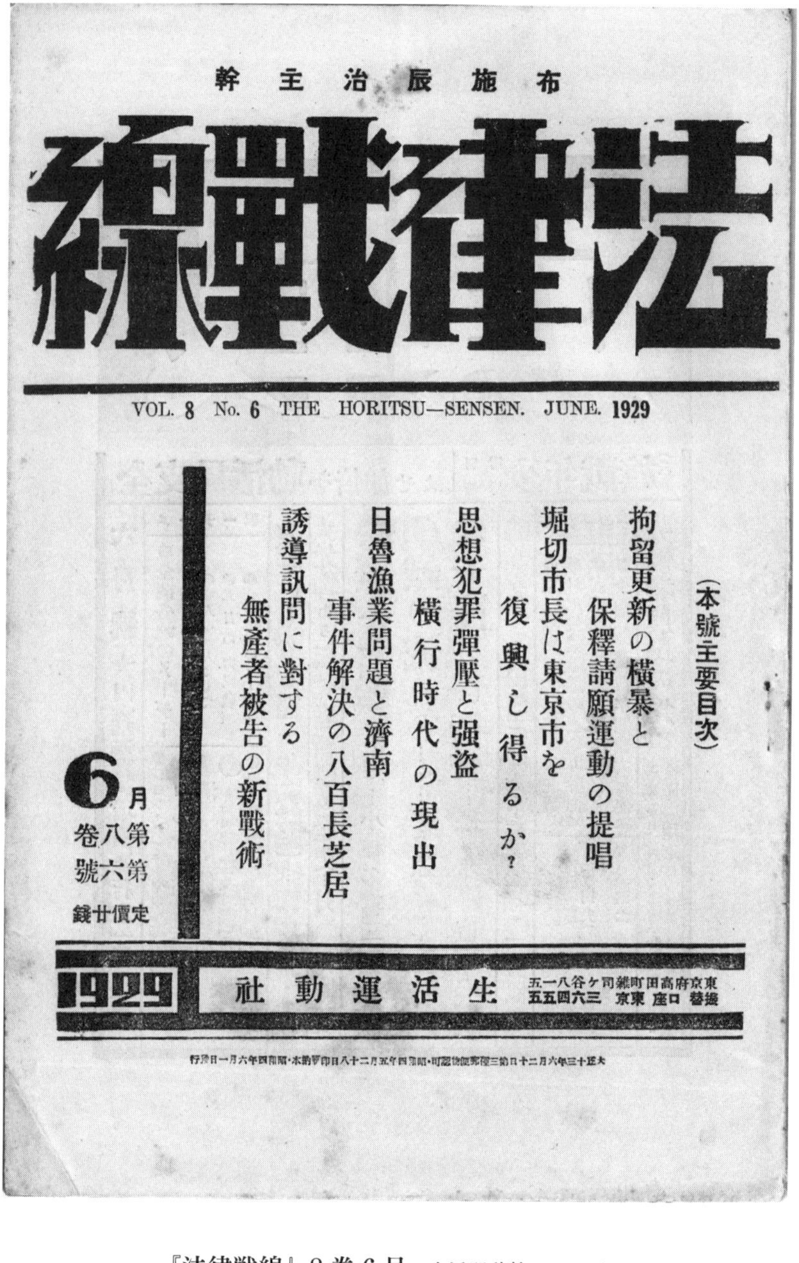
布施辰治主幹
法律戰線
VOL. 8 No. 6 THE HORITSU—SENSEN. JUNE. 1929
（本號主要目次）
拘留更新の横暴と保釋請願運動の提唱
堀切市長は東京市を復興し得るか？
思想犯罪彈壓と强盜横行時代の現出
日魯漁業問題と濟南事件解決の八百長芝居
誘導訊問に對する無産者被告の新戰術
6月
第八卷
第六號
定價廿錢
1929
生活運動社
東京府高田町雑司ヶ谷一八一五
振替口座東京三六四五五

『法律戦線』8巻6号 生活運動社、1929.6.1

8巻5号（29年5月）から本号まで同一装幀。

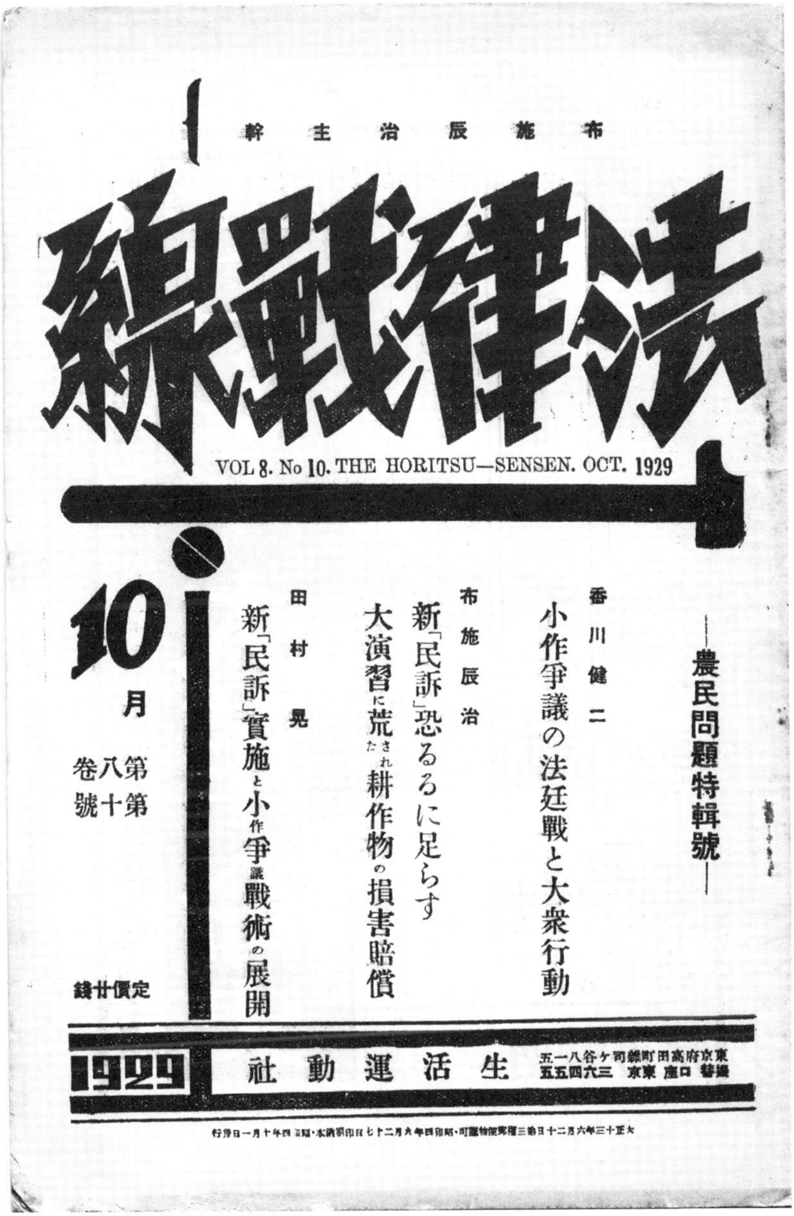

『法律戦線』8巻10号 生活運動社、1929.10.1

8巻7号（29年7月）から8巻11号（同年11月）まで同一装幀。

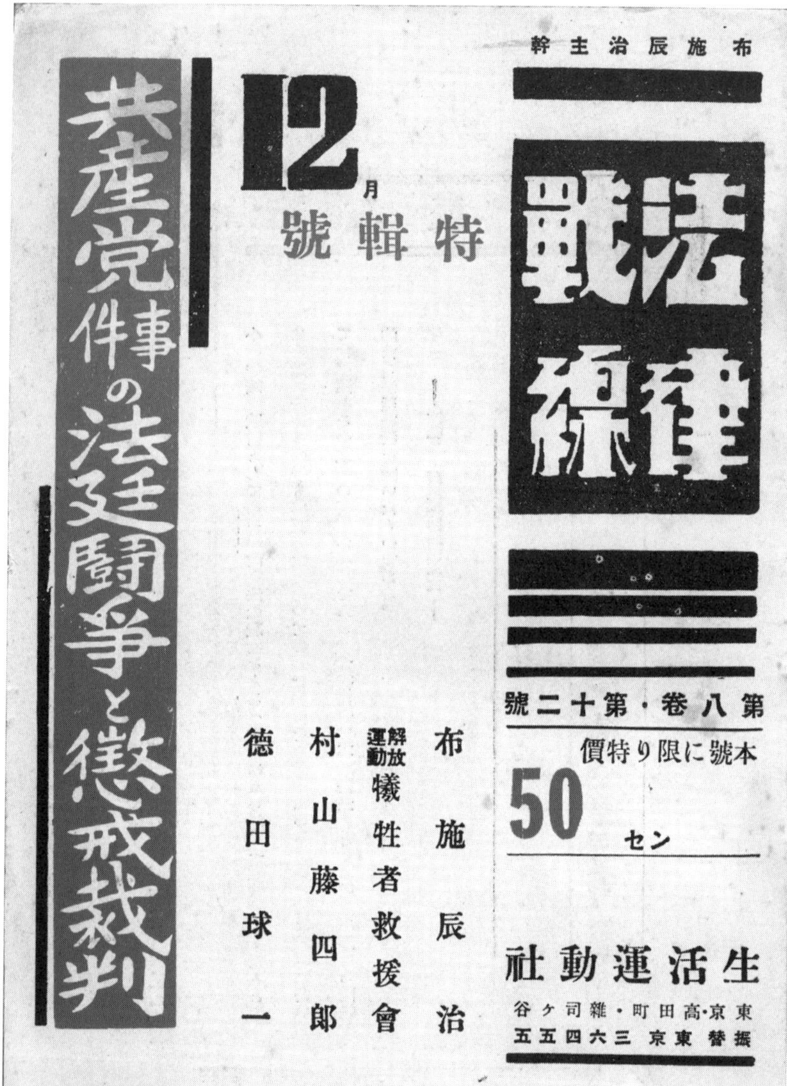

『法律戦線』8巻12号　生活運動社、1929.12.7

『法律戦線』9巻4号　生活運動社、1930.4.7

9巻1号（30年1月）から9巻9号（同年11月）まで同一装幀。

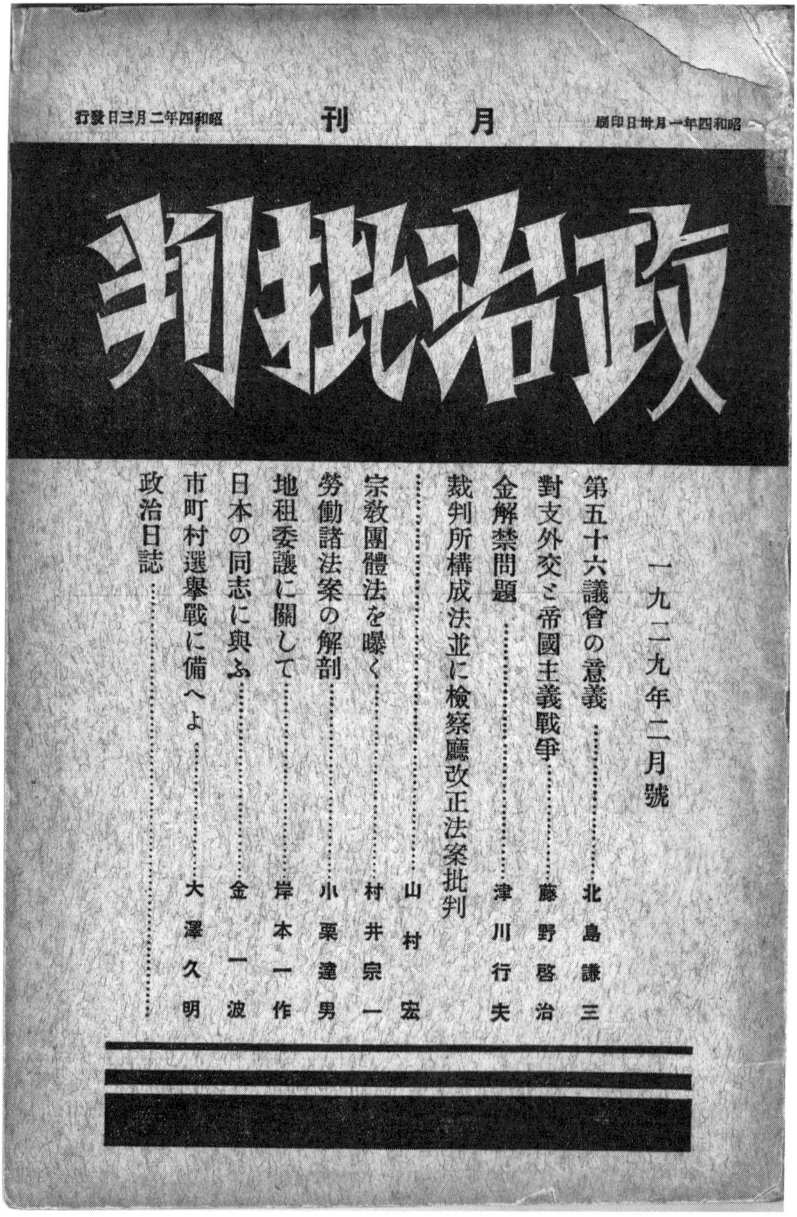

『政治批判』13号　政治批判社、1929.2.3

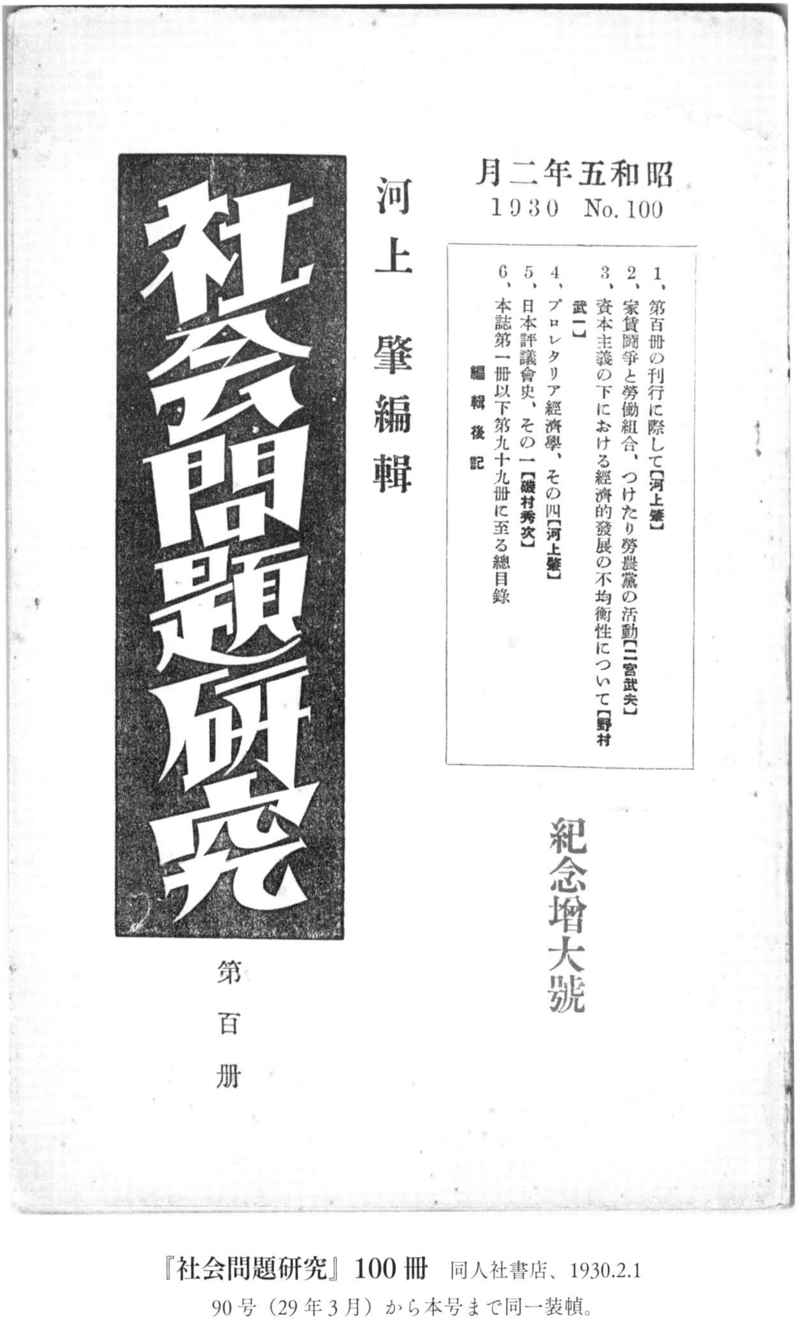
昭和五年二月
1930 No.100

1、第百冊の刊行に際して【河上肇】
2、家賃闘爭と勞働組合、つけたり勞農黨の活動【二宮武夫】
3、資本主義の下における經濟的發展の不均衡性について【野村武二】
4、プロレタリア經濟學、その四【河上肇】
5、日本評議會史、その一【磯村秀次】
6、本誌第一冊以下第九十九冊に至る總目錄
編輯後記

紀念增大號

河上肇編輯
社会問題研究
第百冊

『社会問題研究』100冊 同人社書店、1930.2.1
90号（29年3月）から本号まで同一装幀。

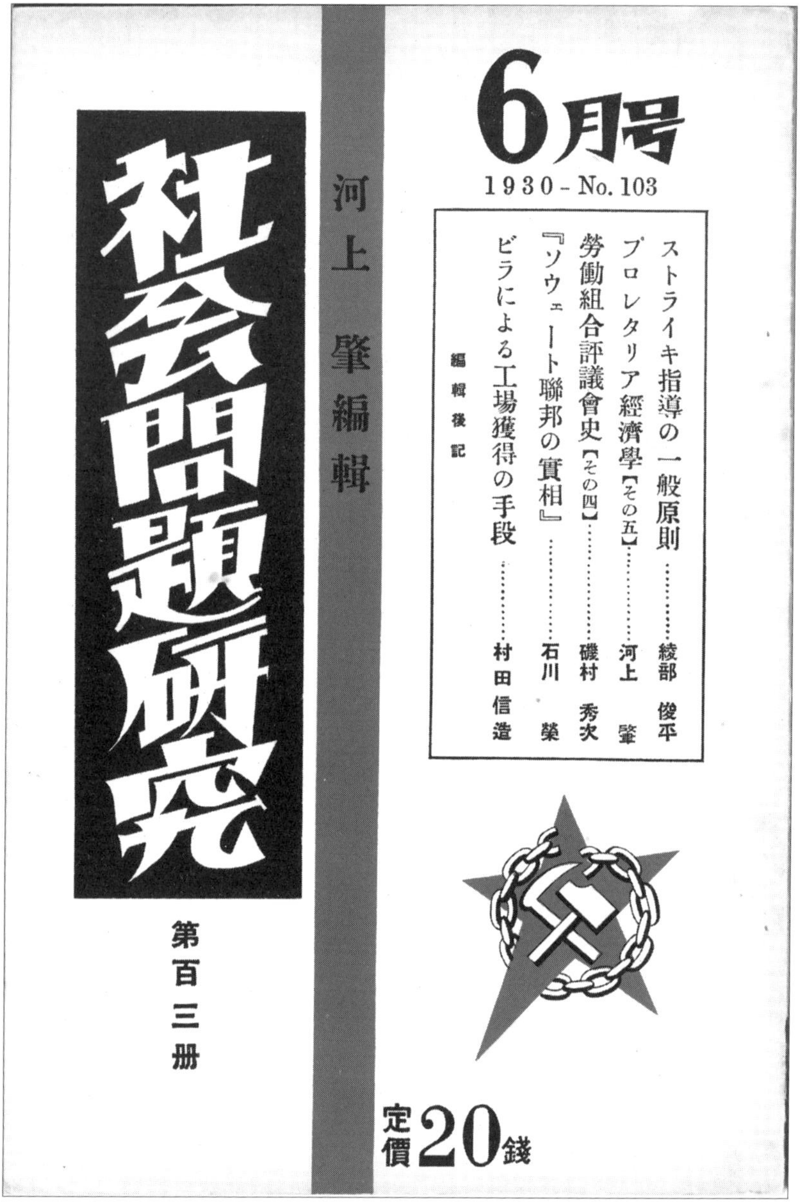

『社会問題研究』103冊　同人社書店、1930.6.10
101号（30年4月）から106号（同年10月）まで同一装幀。

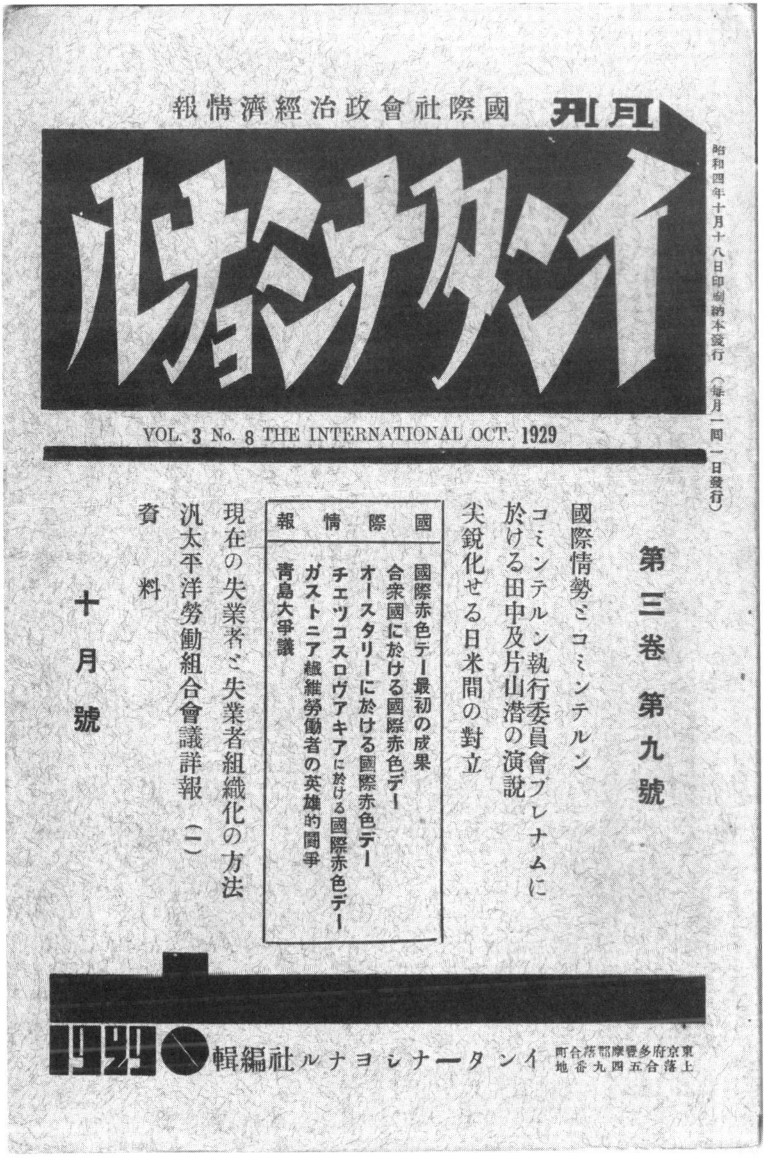

『インタナショナル』3巻9号

インタナショナル社編輯、希望閣発売、1929.10.18

3巻5号（29年6月）から7巻9号（33年8月）まで
同一装幀（4巻1号以降は年次表記なし）。

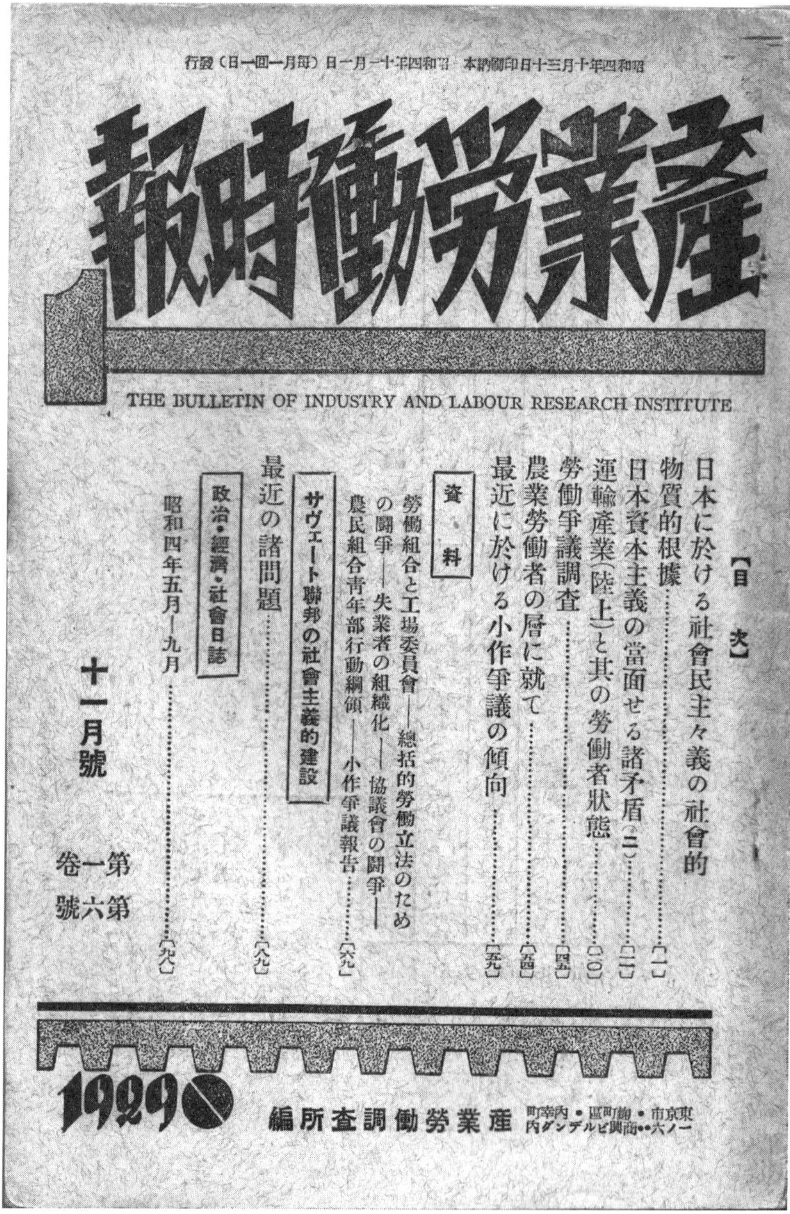
昭和四年十月三十日印刷納本　昭和四年十一月一日（毎月一回一日）發行

産業勞働時報

THE BULLETIN OF INDUSTRY AND LABOUR RESEARCH INSTITUTE

【目次】

十一月號

第一卷第六號

1929

産業勞働調査所編

東京市・麹町區・内幸町
一ノ六・・商興ビルデング内

『産業労働時報』1巻6号　産業労働調査所、1929.11.1

1巻2号（29年7月）から1巻7号（同年12月）まで同一装幀。

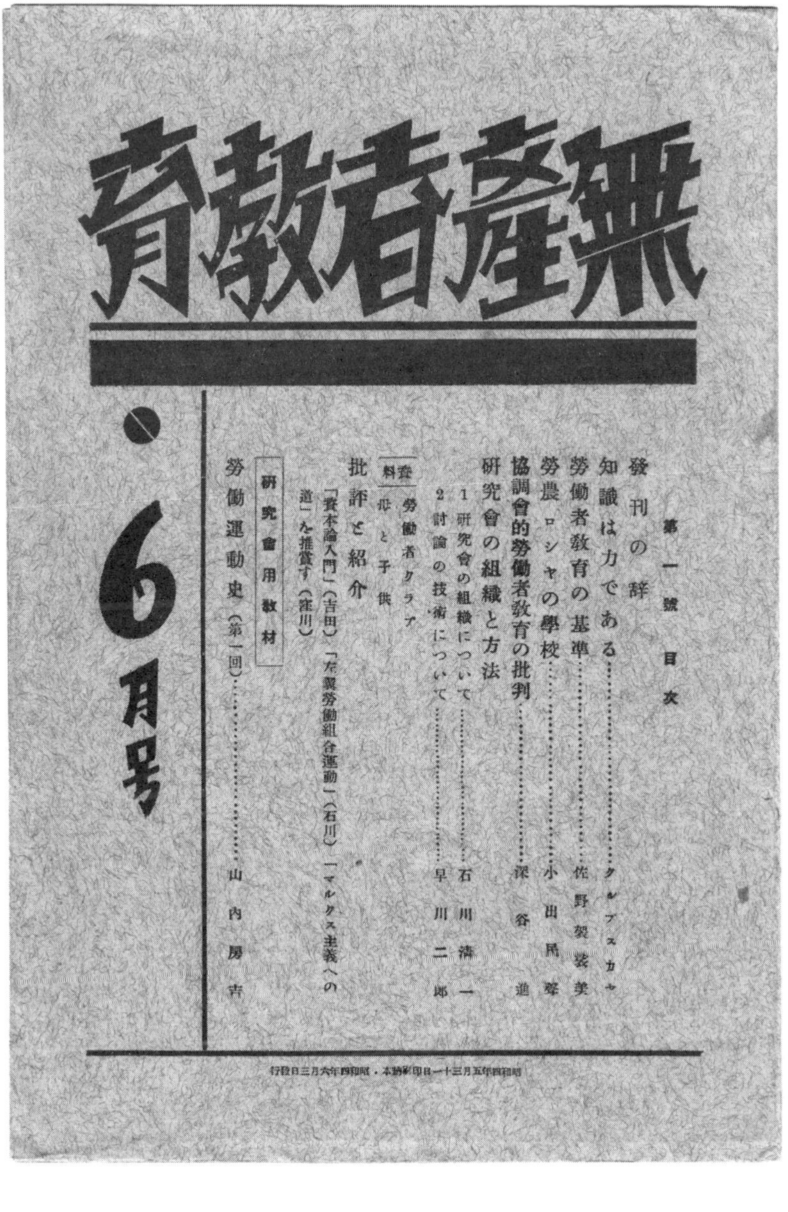
無產者教育

6月号

第一號目次

發刊の辭

知識は力である……クルプスカヤ

勞働者教育の基準……佐野袈裟美

勞農ロシヤの學校……小出昂聲

協調會的勞働者教育の批判……深谷進

研究會の組織と方法

1 研究會の組織について……石川濤一

2 討論の技術について……早川二郎

資料 勞働者クラブ 母と子供

批評と紹介

「資本論入門」（吉田）「左翼勞働組合運動」（石川）「マルクス主義への道」を推賞す（窪川）

研究會用教材

勞働運動史（第一回）……山内房吉

昭和四年五月三十一日印刷納本・昭和四年六月三日發行

『無産者教育』1号　国際思潮社、1929.6.3

本号から2巻1号（30年2月）まで同一装幀。

『大衆』1巻4号　大衆社、1929.7.1

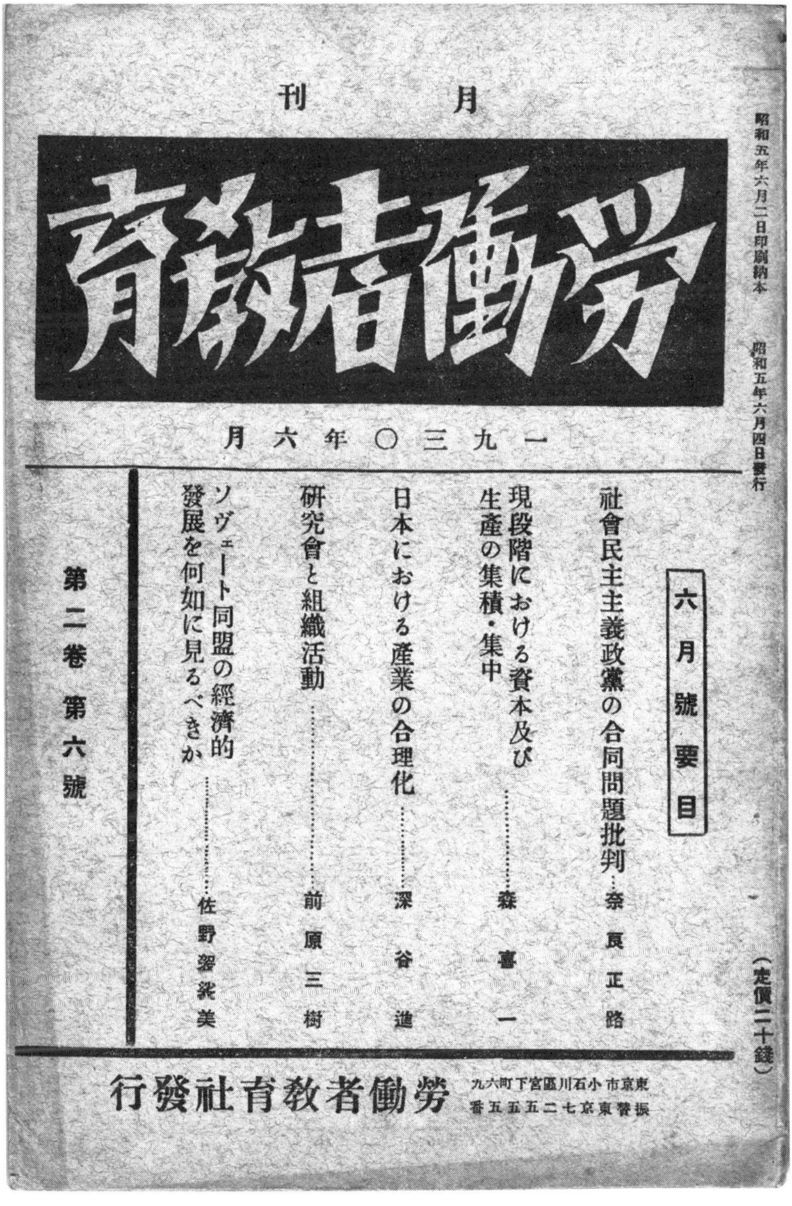

月刊

勞働者教育

一九三〇年六月

昭和五年六月二日印刷納本

昭和五年六月四日發行

六月號要目

第二巻第六號

（定價二十錢）

東京市小石川區宮下町六九

振替東京七二五五五番

勞働者教育社發行

『労働者教育』2巻6号 労働者教育社、1930.6.4

1巻1号（29年11月）から2巻7・8合併号（30年7月）まで同一装幀。

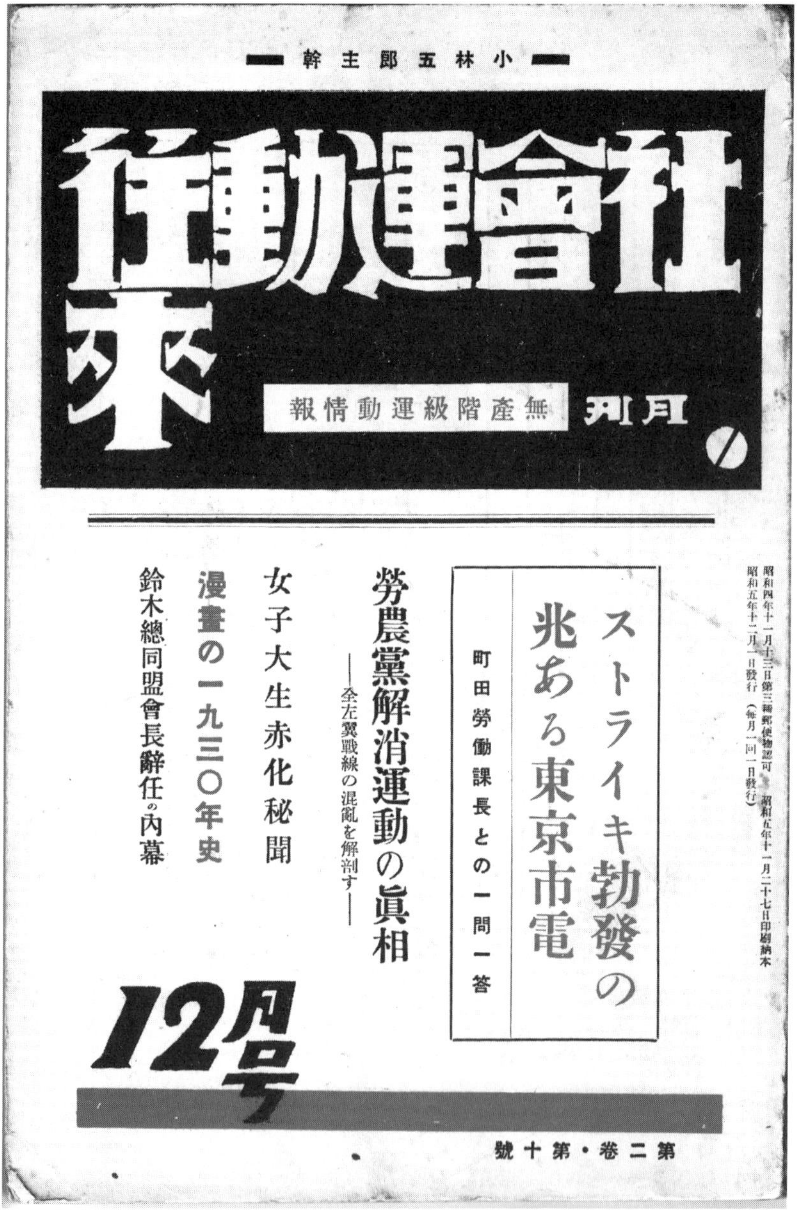

『社会運動往来』2巻10号　社会運動往来社、1930.12.1
本号から4巻12号（32年12月）まで同一装幀。

『批判』1巻5号 我等社、1930.9.1

1巻1号（30年5月）から1巻8号（同年12月）まで同一装幀。

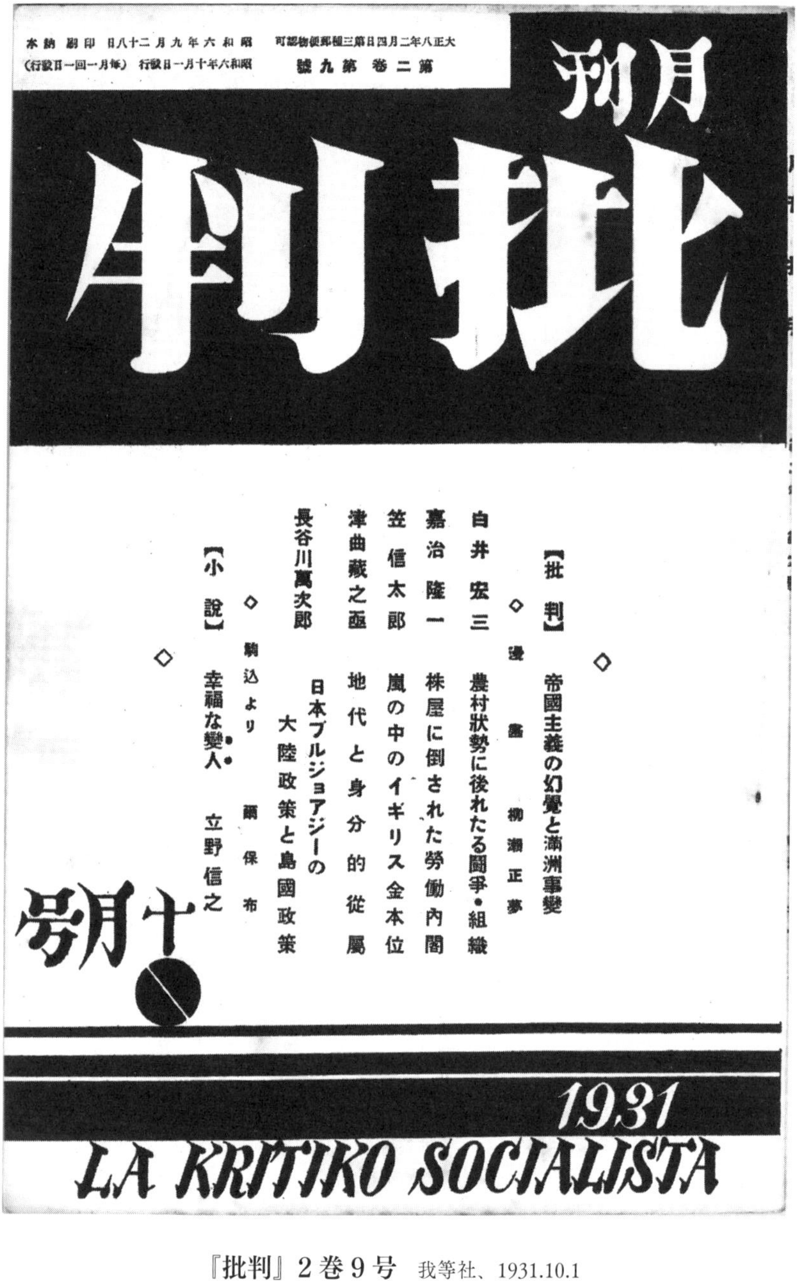

『批判』2巻9号 我等社、1931.10.1
2巻1号（31年1月）から2巻12号（同年12月）まで同一装幀。

『批判』3巻12号　我等社、1932.12.1

3巻1号（32年1月）から本号まで同一装幀。

『批判』4巻1号　我等社、1933.1.1
本号から5巻2号（34年2月）まで同一装幀。＊ソビエト・ロシアのポスターを使用。

『無産者法律』1巻2号 解放社、1931.6.1

創刊号（31年5月）から1巻3号（同年7月）まで同一装幀。

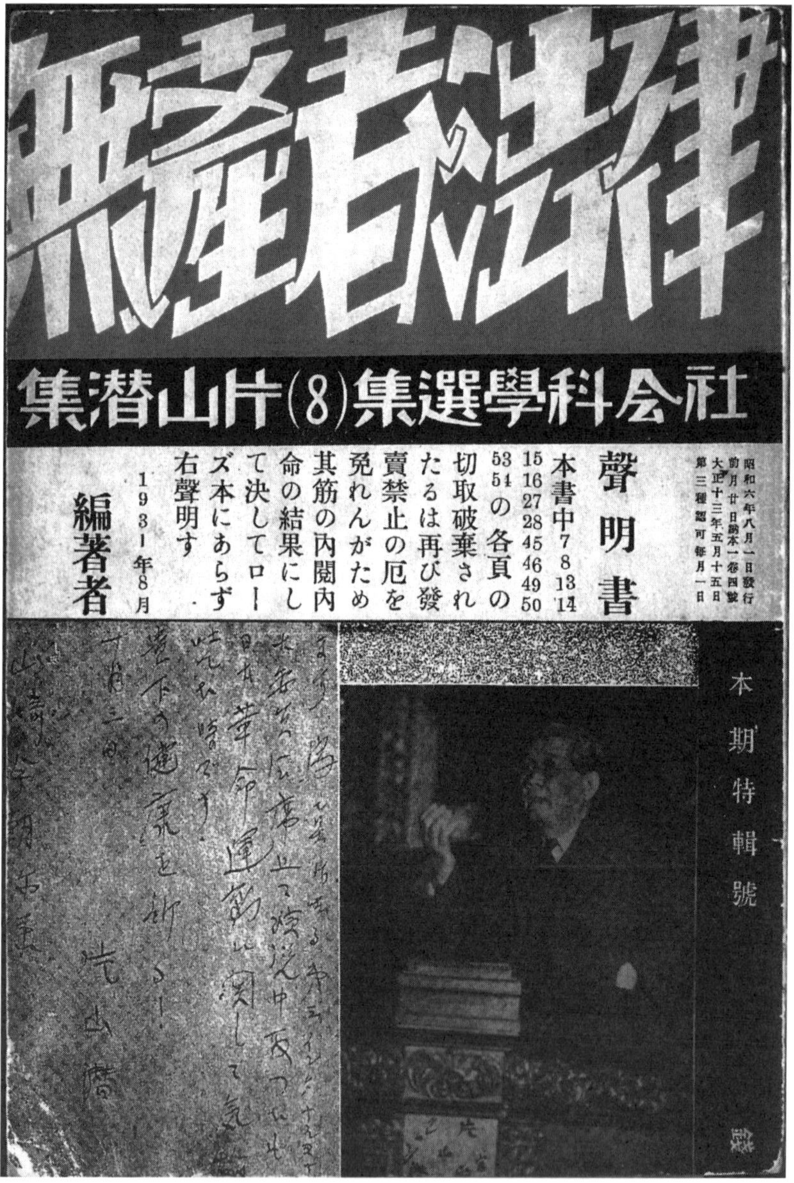

『無産者法律』1巻4号　解放社、1931.8.1

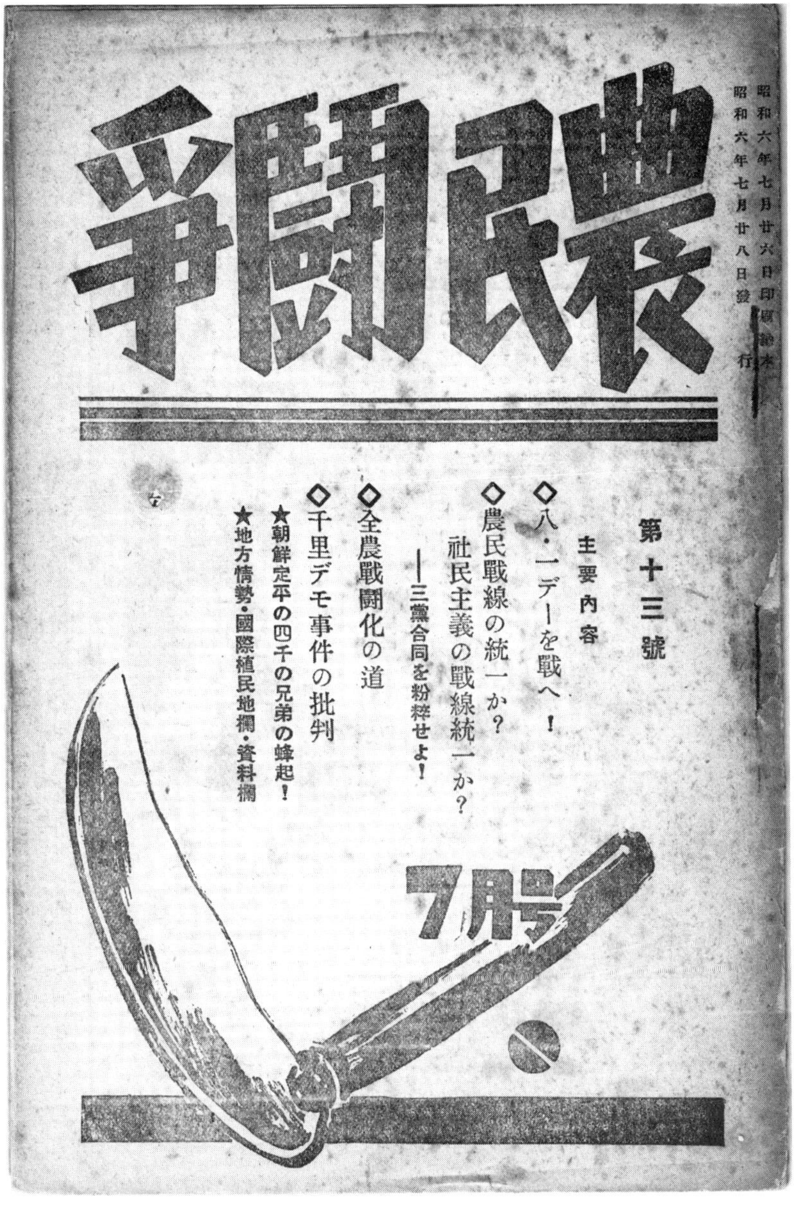

『農民闘争』13号　農民闘争社、1931.7.28

12号（31年6月）から本号まで同一装幀。

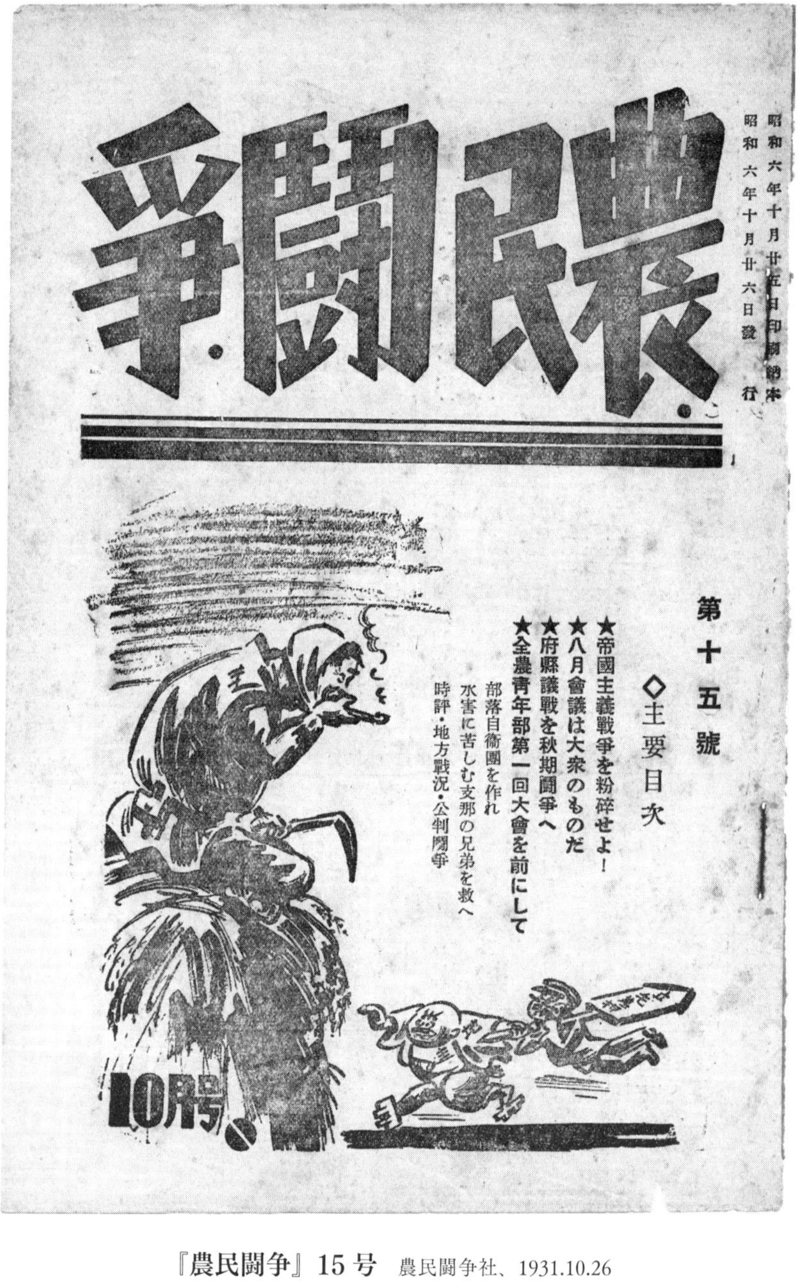

『農民闘争』15号　農民闘争社、1931.10.26

〔無題〕（『無産者新聞』1926年10月16日。『画集』再録時「あとの祭り」）と同構図。

『中央公論』付録〈現代大衆読本〉 中央公論社、1931.7.1

＊『中央公論』46巻7号の綴じ込み付録。

『労救ニュース』4号　日本労農救援会準備会、1932.2.1

『演劇』3巻3号 テアトロ社、1931.4.3

3巻1号（31年2月）から本号まで同一装幀。

『鉄塔』1巻2号　鉄塔書院、1932.11.1
＊次号以降も同題字使用。

4

単行本装幀

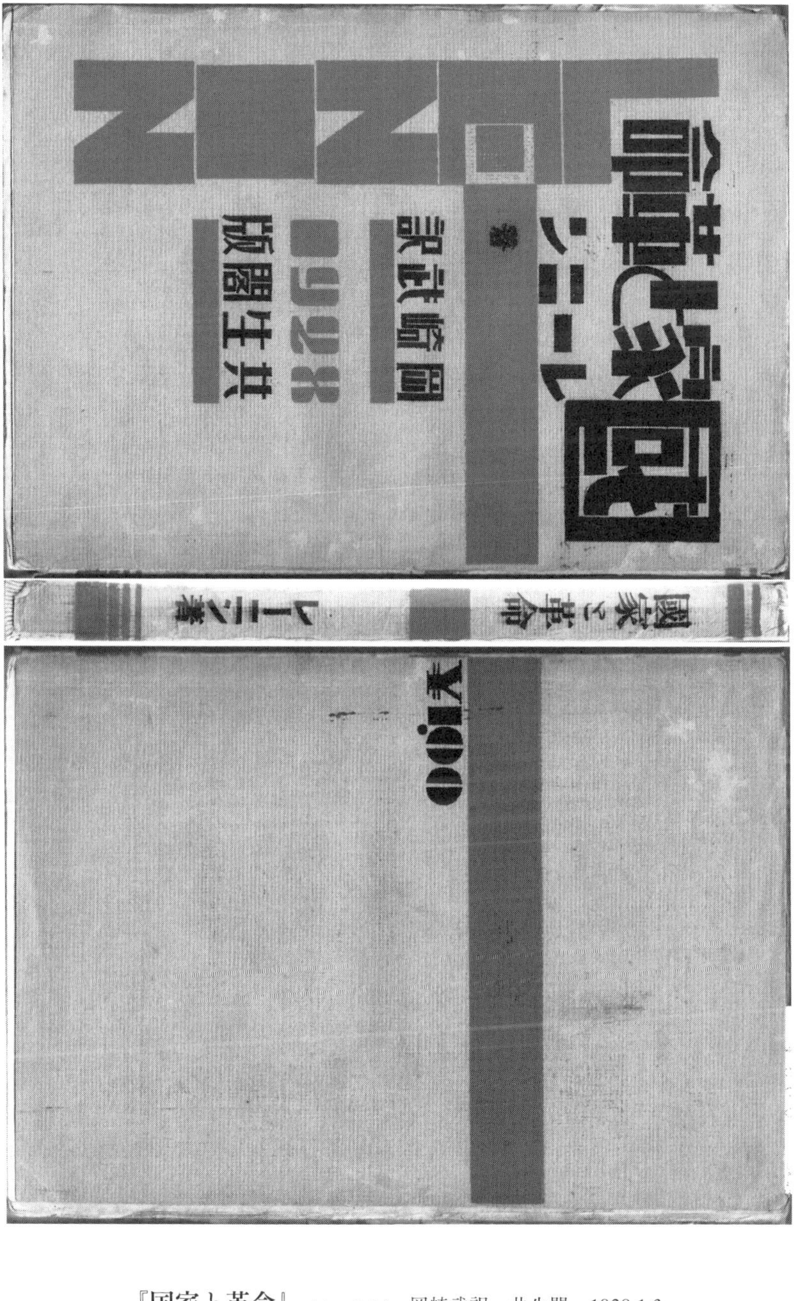

『国家と革命』　レーニン、岡崎武訳、共生閣、1928.1.3

『青年運動叢書２　戦争論 上』
レーニン、水島梁二訳、マルクス書房、1928.1.20

同一装幀：レーニン、小堀喜一訳『同叢書４　戦争論 下』
（マルクス書房、1928 年 10 月 18 日）。

青年運動叢書

戰爭論

レーニン著

水島柔二譯

マルクス書房版

『青年運動叢書2　戦争論 上』 扉

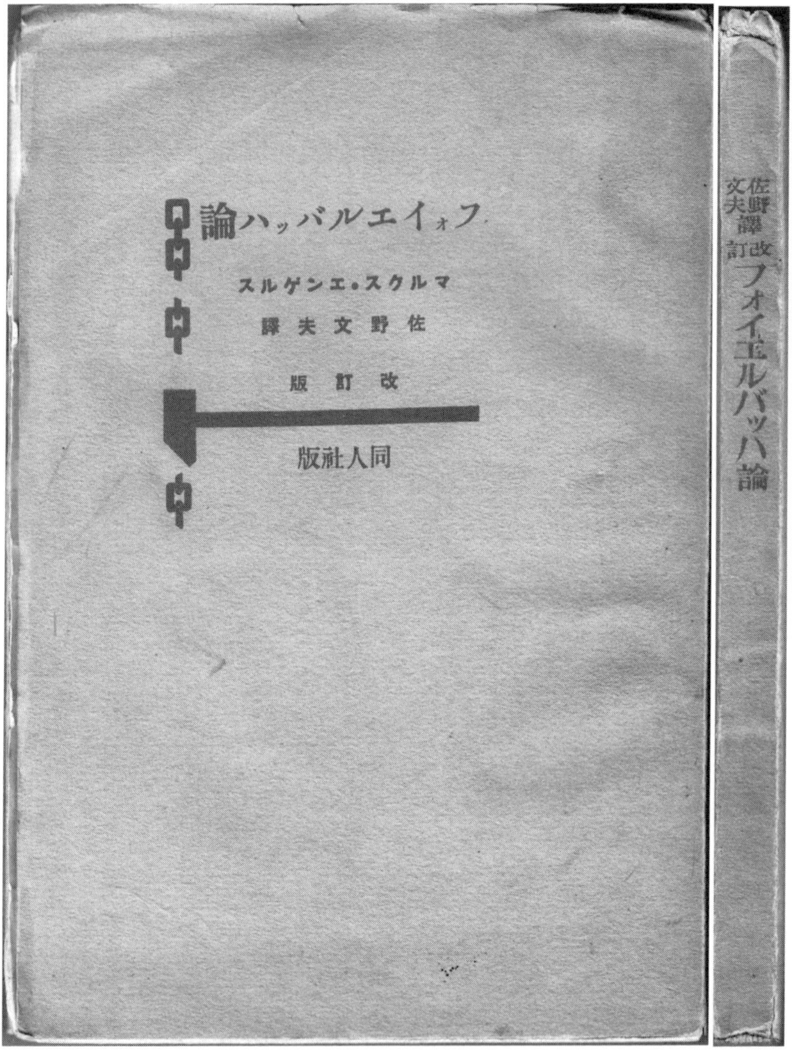

『フォイエルバッハ論〈改訂版〉』
エンゲルス、マルクス、佐野文夫訳、同人社、1928.3.31

『短篇集　汽笛』 今野賢三、鉄道生活社、1928.4.1

(短篇集)
汽笛
今野賢三著
鐵道生活社

『短篇集　汽笛』扉

『マルクス・エンゲルス全集　全20巻』　内容見本

連盟五社店：岩波書店・同人社・叢文閣・弘文堂・希望閣、1928.5

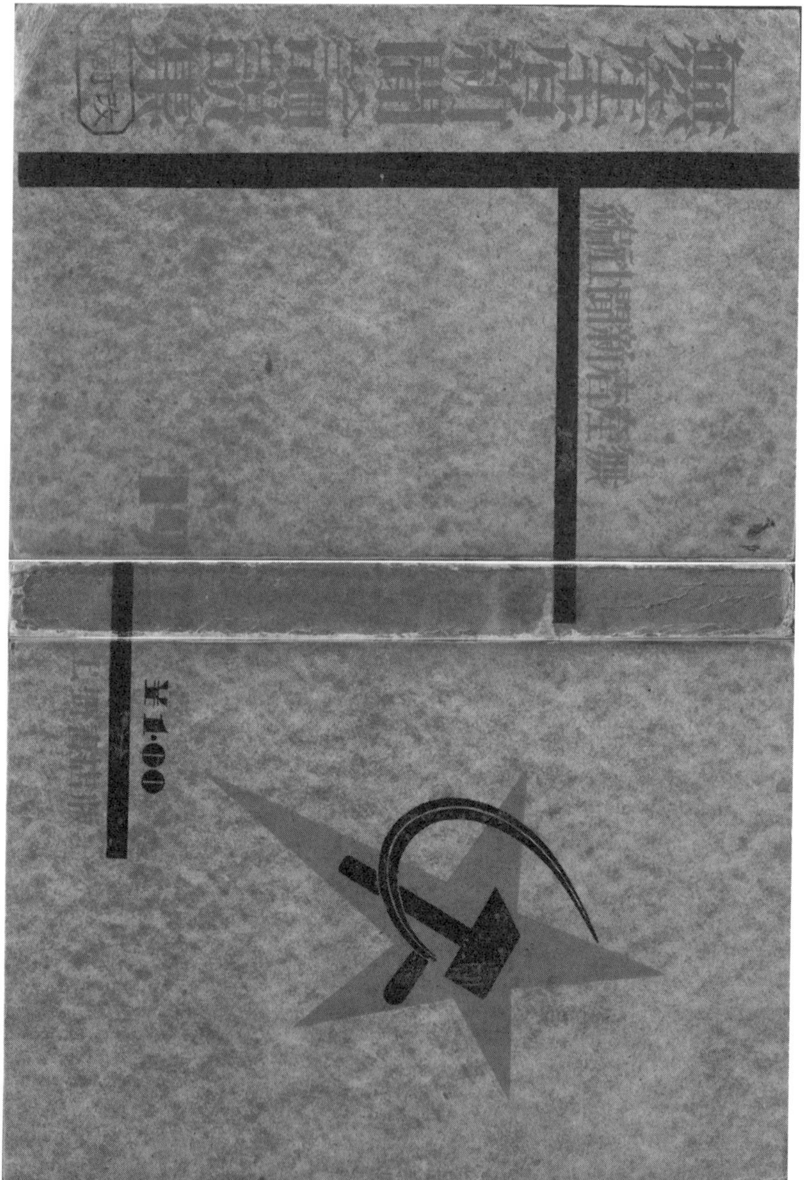

『無産者新聞論説集〈改訂版〉』 無産者新聞社編、上野書店、1928.7.5
初版：1928 年 7 月 1 日。

『無産者新聞論説集〈改訂版〉』　扉

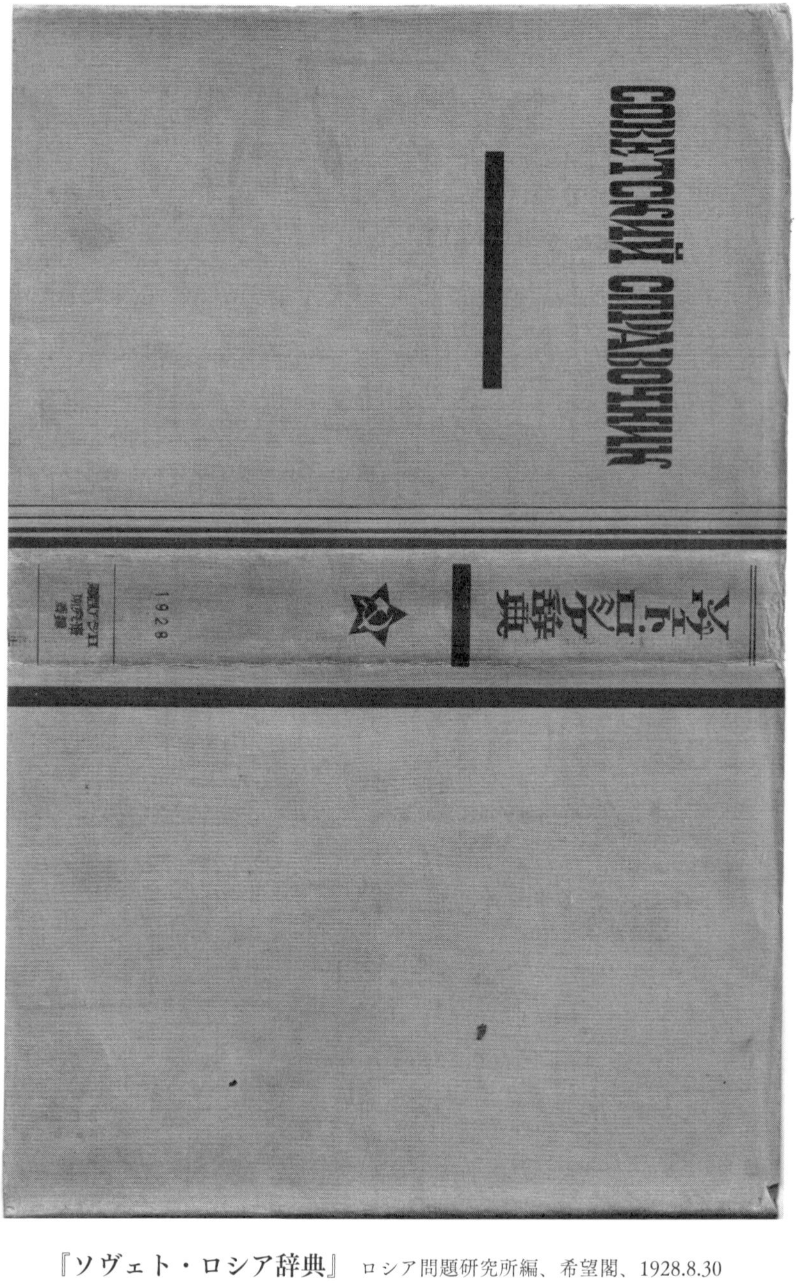

『ソヴェト・ロシア辞典』 ロシア問題研究所編、希望閣、1928.8.30
カバー装幀。

ソヴェト・ロシア辞典
ロシア問題研究所編著

『ソヴェト・ロシア辞典』 扉

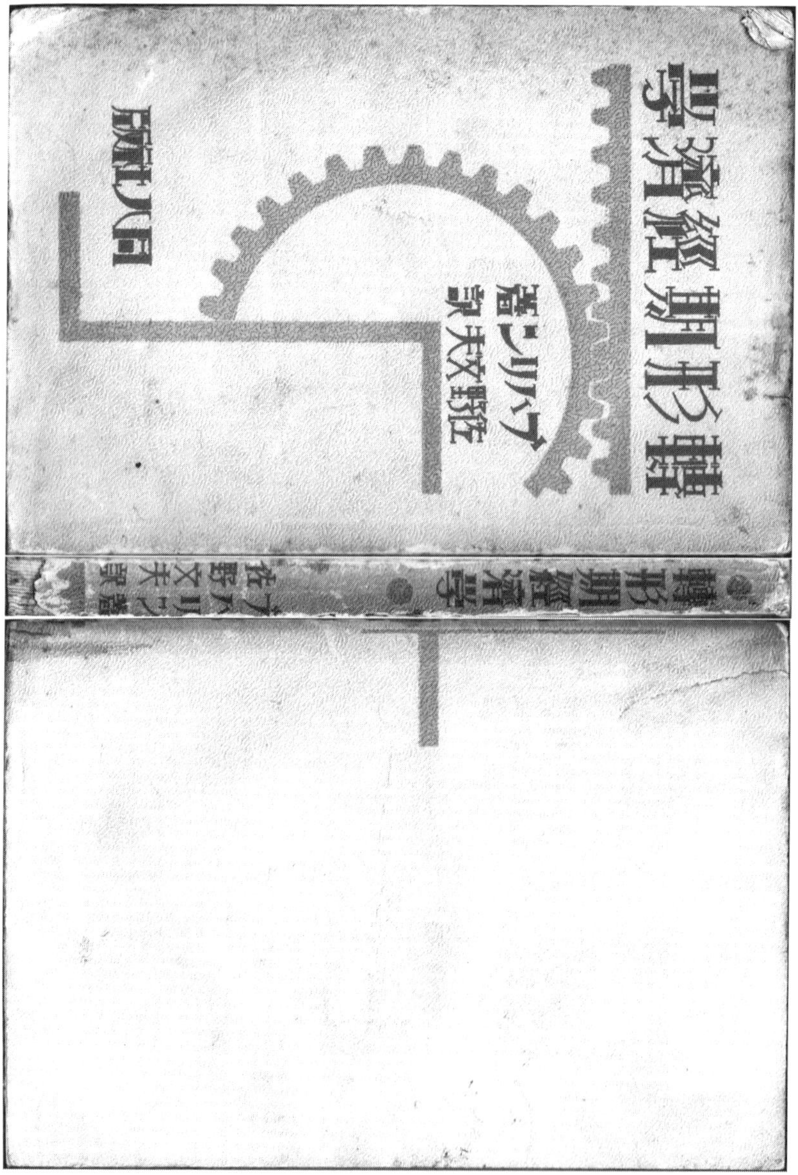

『転形期経済学』 ブハリン、佐野文夫訳、同人社書店、1928.9.13
同一装幀：ホブソン、内垣謙三訳『失業経済学』（同人社書店、1930年5月）
→次ページ参照。

『失業経済学』 ホブソン、内垣謙三訳、同人社書店、1930.5.15

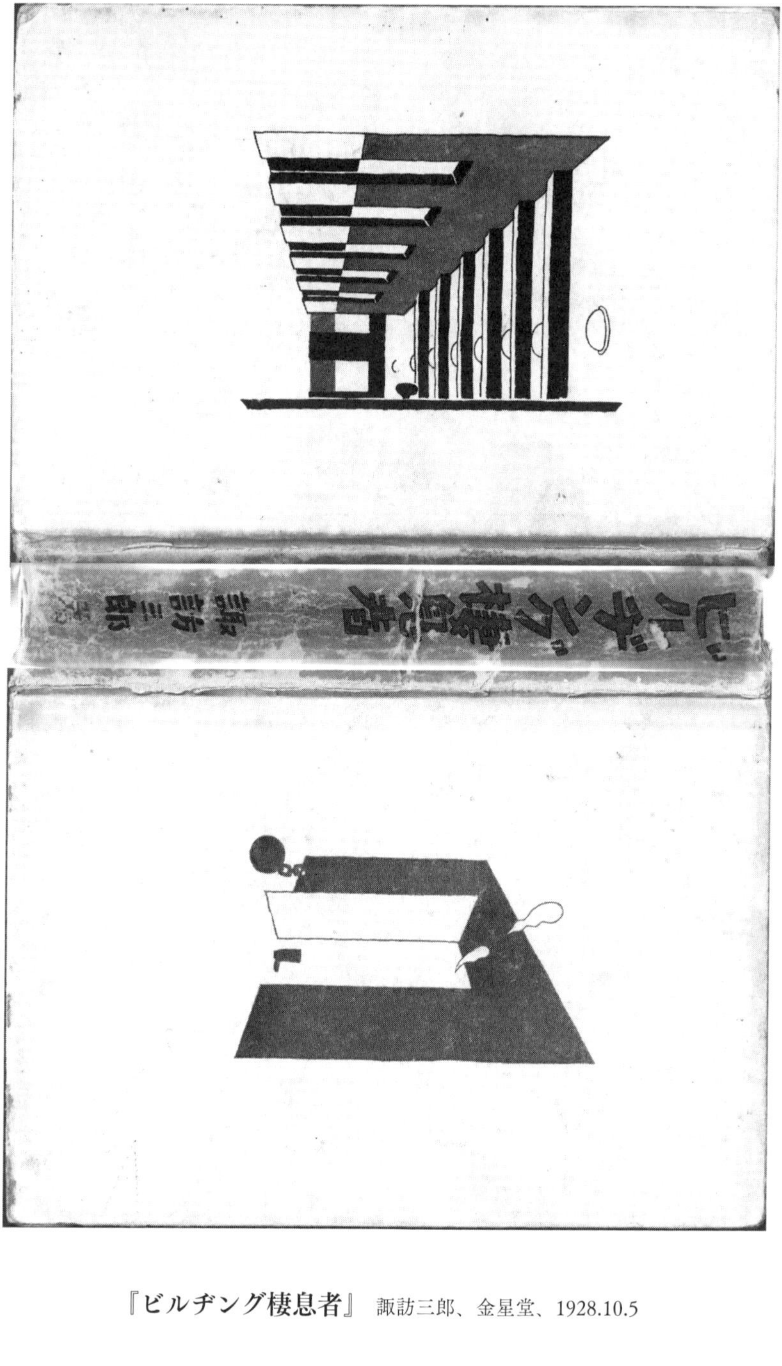

『ビルヂング棲息者』 諏訪三郎、金星堂、1928.10.5

『ビルヂング棲息者』　扉

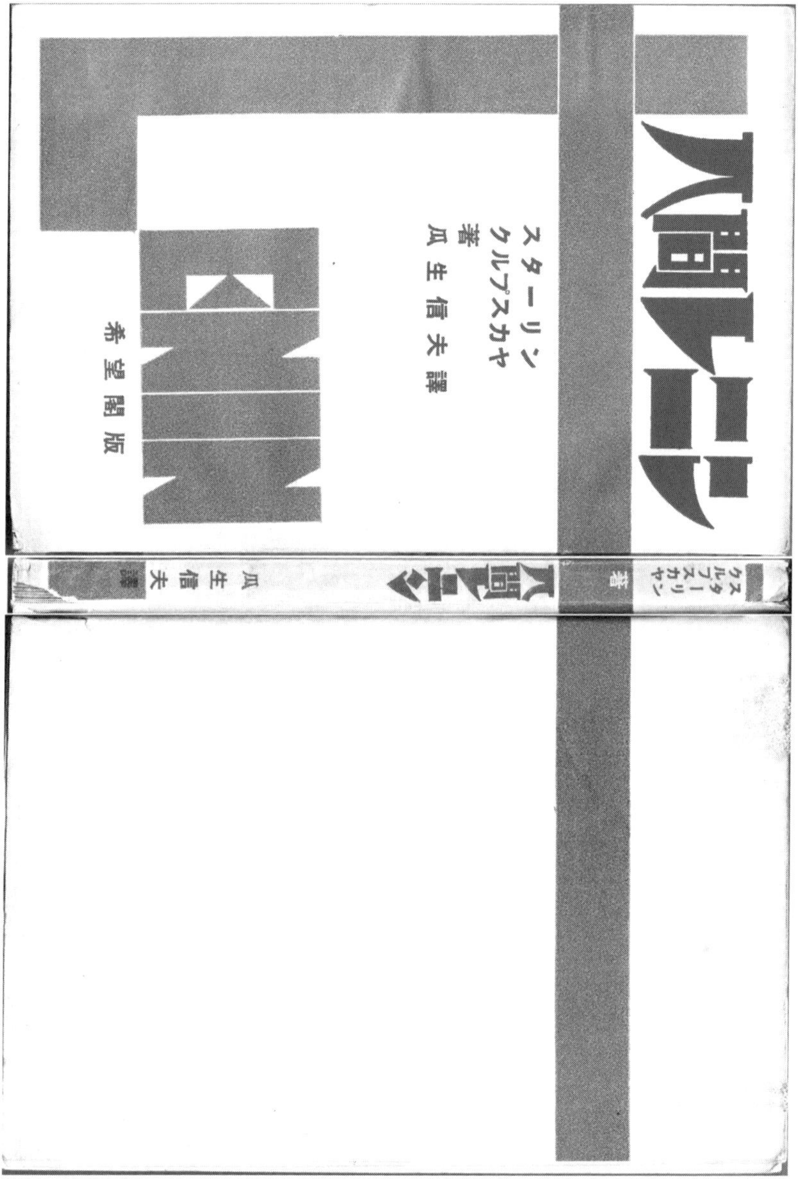

『人間レニン』 スターリン、クルプスカヤ、瓜生信夫訳、希望閣、1928.10.15

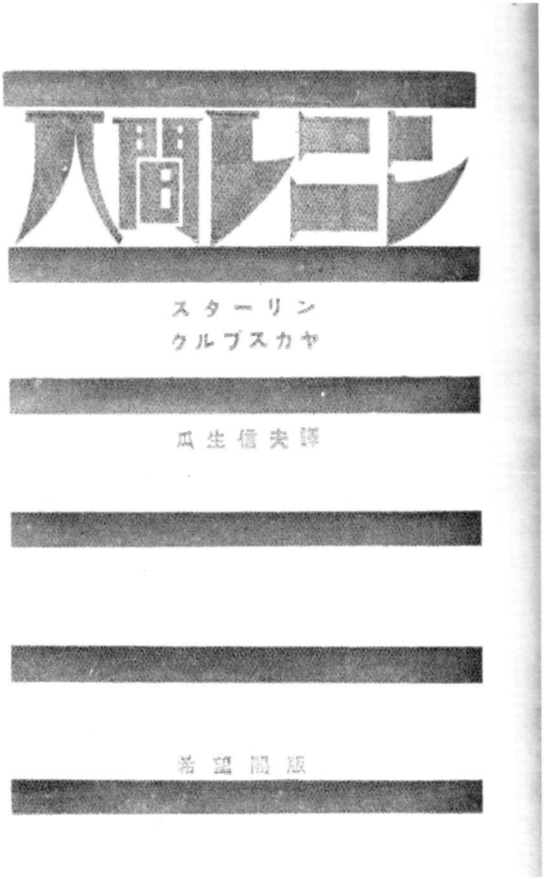
人間レニン

スターリン
クルプスカヤ

瓜生信夫譯

希望閣版

『人間レニン』 扉

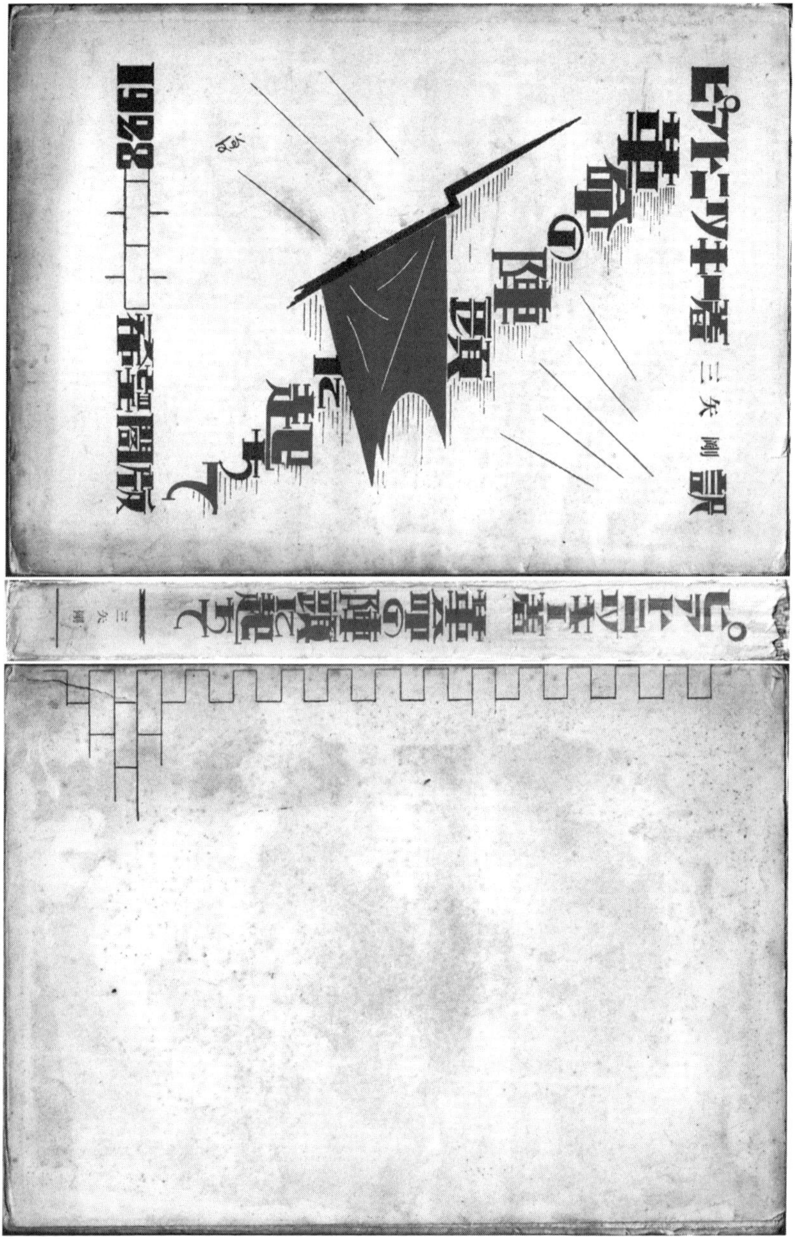

『革命の陣頭に起ちて』 ピアトニツキー、三矢剛訳、希望閣、1928.11.10

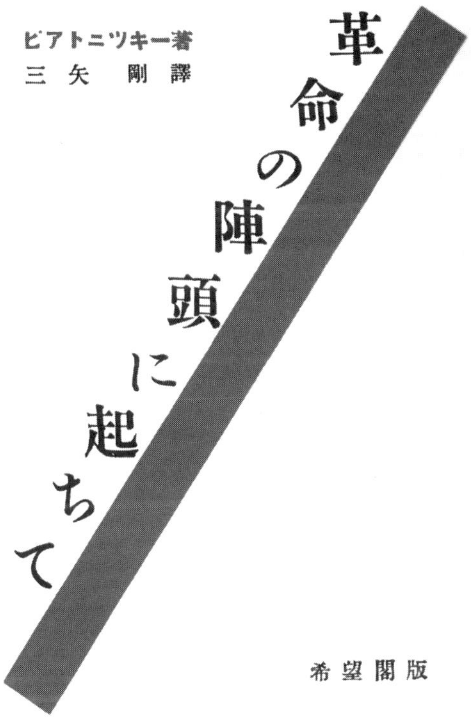
革命の陣頭に起ちて

ピアトニツキー著

三矢　剛譯

希望閣版

『革命の陣頭に起ちて』　扉

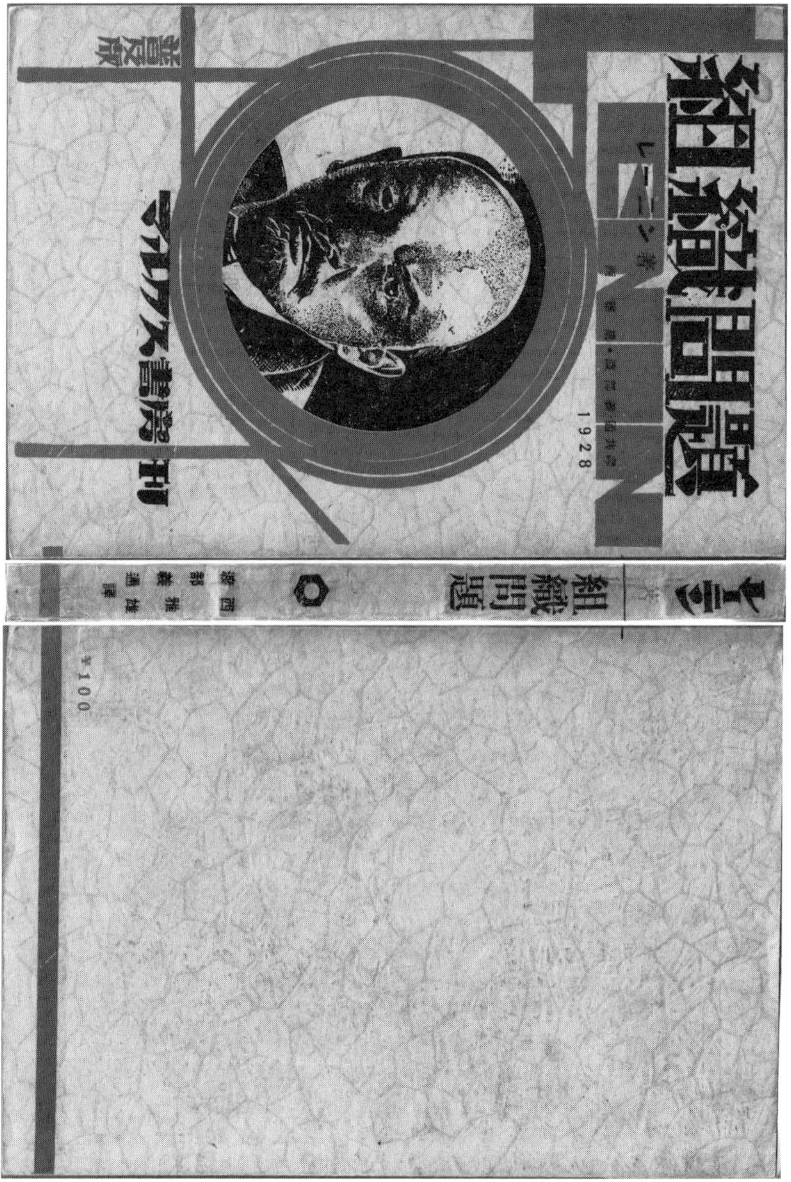

『組織問題　〈普及版〉』
レーニン、西雅雄・渡部義通共訳、マルクス書房、1928.11.15

『**野田大労働争議**』 松岡駒吉、改造社、1928.12.10

『野田大労働争議』 扉

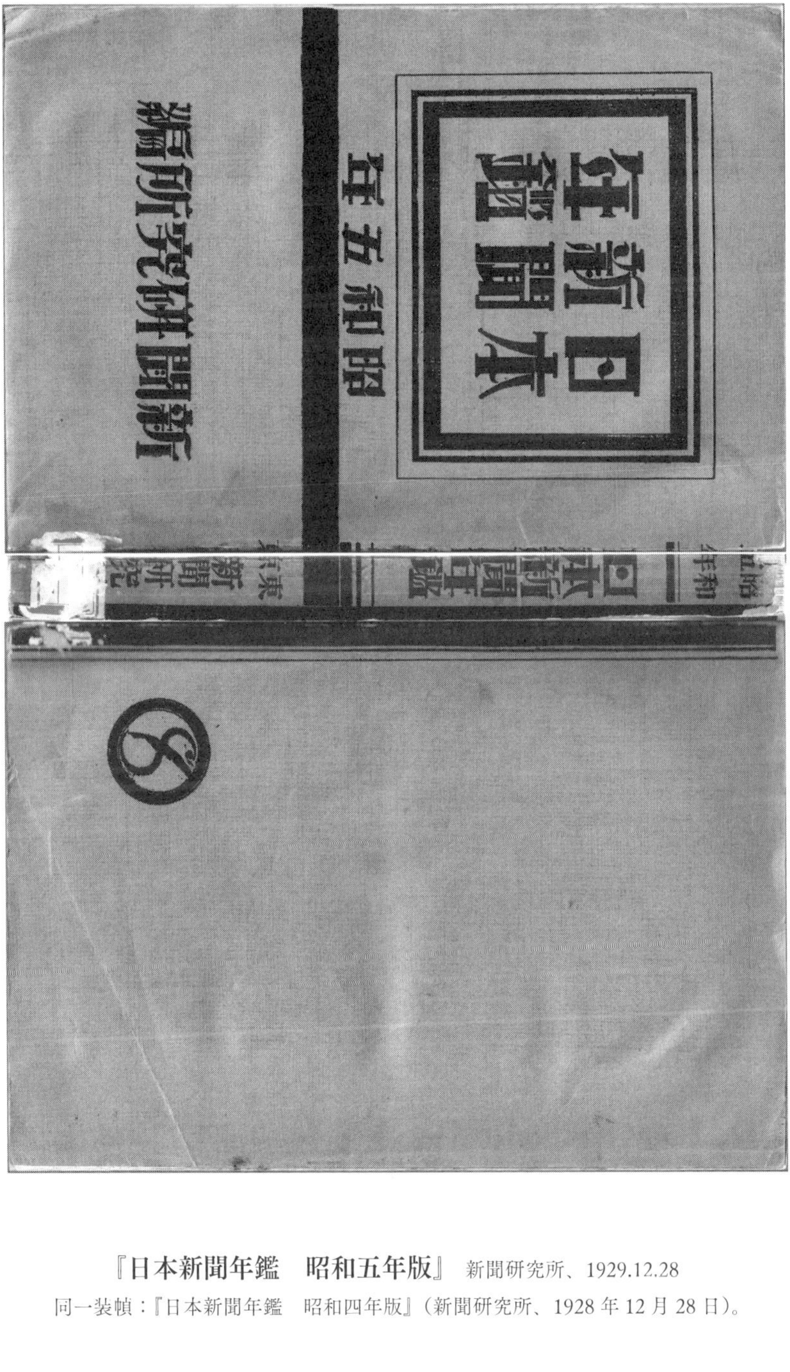

『日本新聞年鑑　昭和五年版』 新聞研究所、1929.12.28

同一装幀：『日本新聞年鑑　昭和四年版』（新聞研究所、1928 年 12 月 28 日）。

『母　第１部』 マクシム・ゴリキー、村田春海訳、マルクス書房、1929.1.21
同一装幀：マクシム・ゴリキー、村田春海訳『母　第２部』
（マルクス書房、1929年１月21日）。

『母　第1部』扉

『労働者のための労働法』 奈良正路、新興科学社、1929.4.5

同一装幀：田中康夫『健康保険法批判』（新興科学社、1929 年 7 月 1 日）、
奈良正路『座談会の研究』（新興科学社、1929 年 7 月 10 日）。

＊『座談会の研究』のみかき文字　→ 492 ページ参照。

労働者のための労働法

奈良正路著

新興科學社版

『労働者のための労働法』 扉

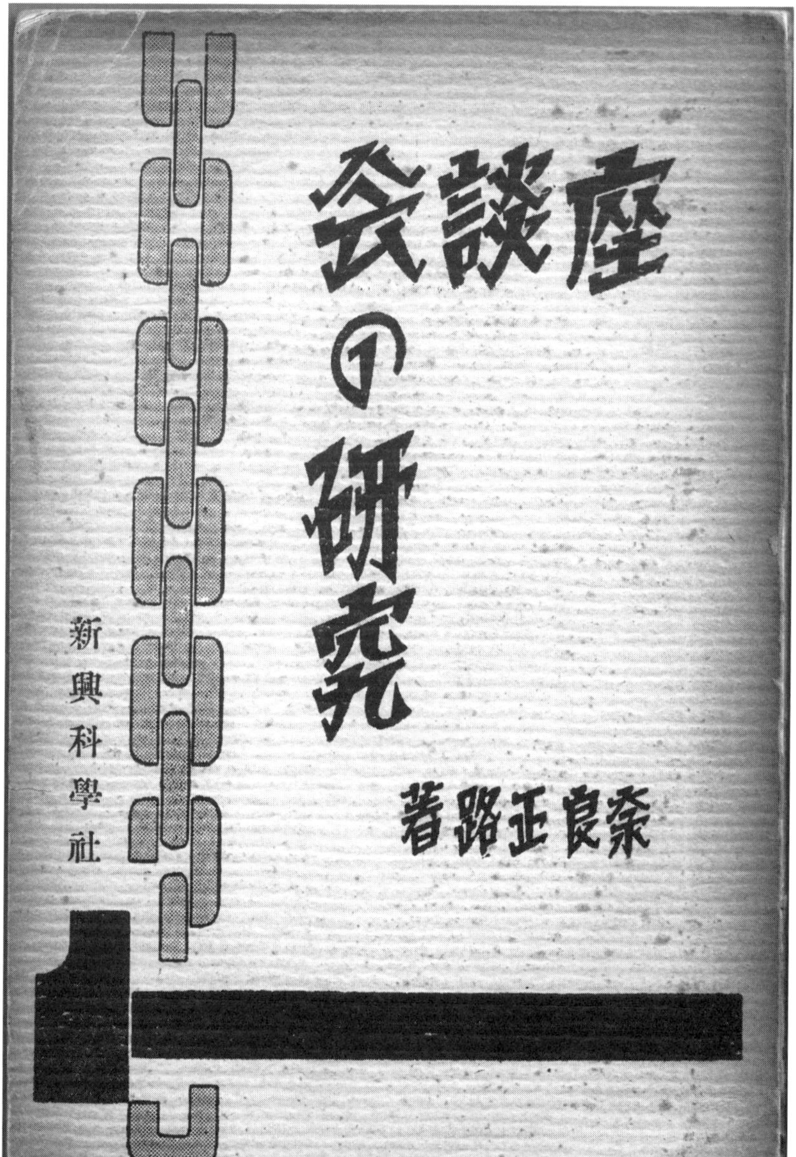

『**座談会の研究**』　奈良正路、新興科学社、1929.7.10

『労働者・農民の代議士山本宣治は議会に於て如何に闘争したか？』
政治的自由獲得労農同盟編、希望閣、1929.4.10

『労働者・農民の代議士山本宣治は議会に於て如何に闘争したか？』　扉

『マルクス主義と農民問題』
メチエリヤコフ、マルチノフ、山口信次・高山洋吉訳、希望閣、1929.4.15

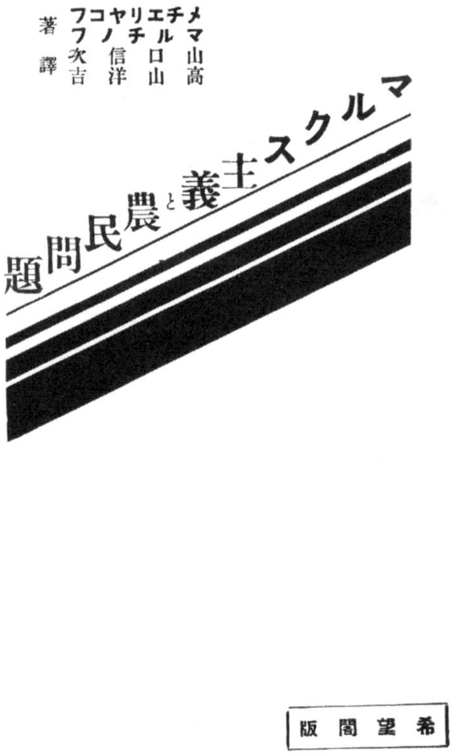
メチエリヤコフ
マルチノフ 著
山口信次
高山洋吉 譯

マルクス主義と農民問題

希望閣版

『マルクス主義と農民問題』 扉

『プレハーノフ選集　わが批判者の批判』 外村史郎訳、叢文閣、1929.5.28

同一装幀：蔵原惟人訳『プレハーノフ選集　チエルヌイシェフスキイ――その哲学・歴史及び文学観』（叢文閣、1929 年 6 月 13 日） →499 ページ参照。

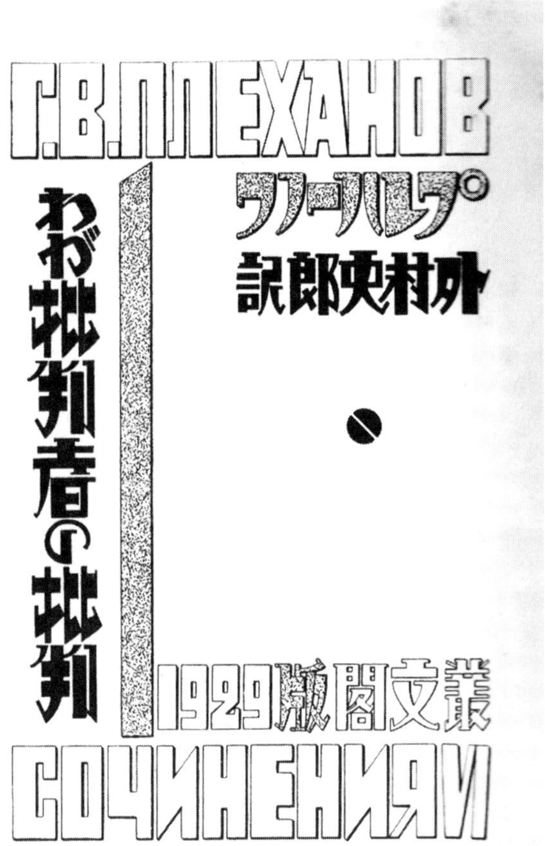

『プレハーノフ選集　わが批判者の批判』　扉

『プレハーノフ選集　チエルヌイシェフスキイ
——その哲学・歴史及び文学観』 蔵原惟人訳、叢文閣、1929.6.13
表紙および扉。

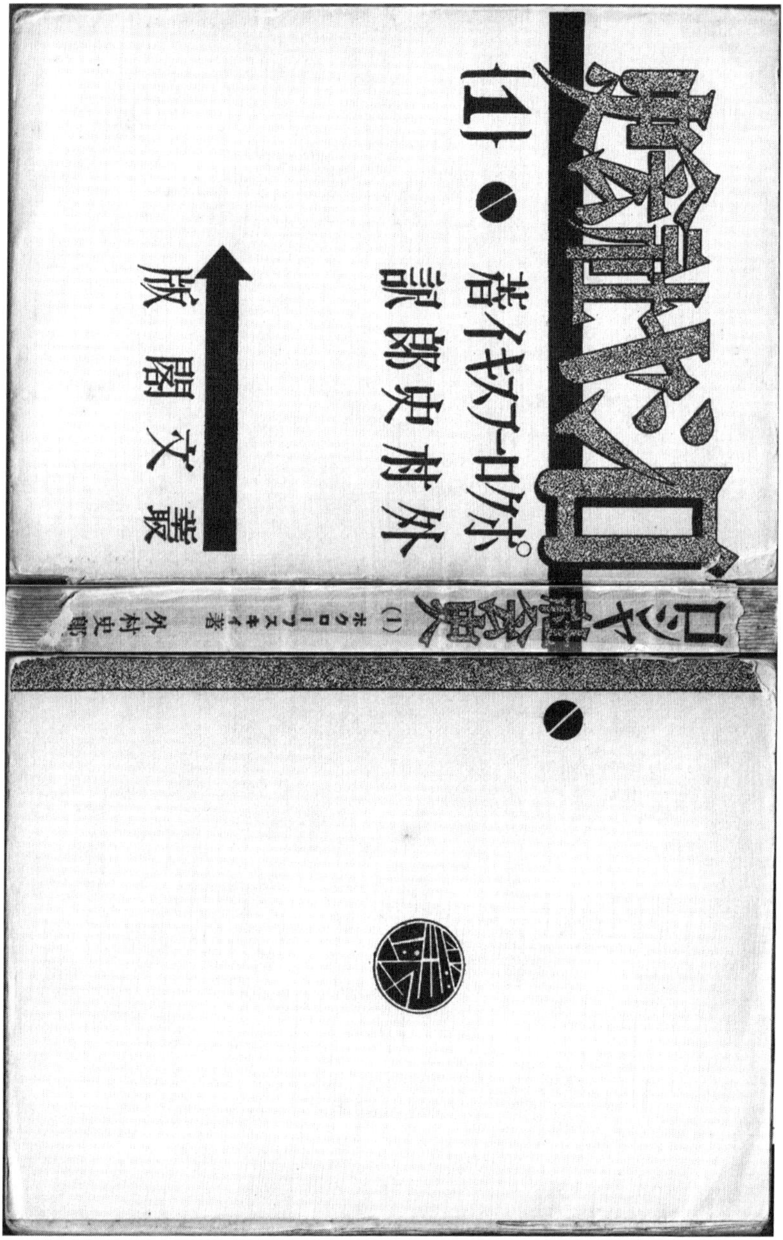

『ロシア社会史』第1巻　ポクロフスキイ、外村史郎訳、叢文閣、1929.6.14

ロシヤ社会史
1
ポクローフスキイ著
外村史郎訳
叢文閣版

『ロシア社会史』第1巻　扉

『唯物史観』 メーリング、岡田宗司訳、叢文閣、1929.6.28

ヌーリング著
唯物史觀
岡田宗司訳
叢文閣版

『唯物史観』 扉

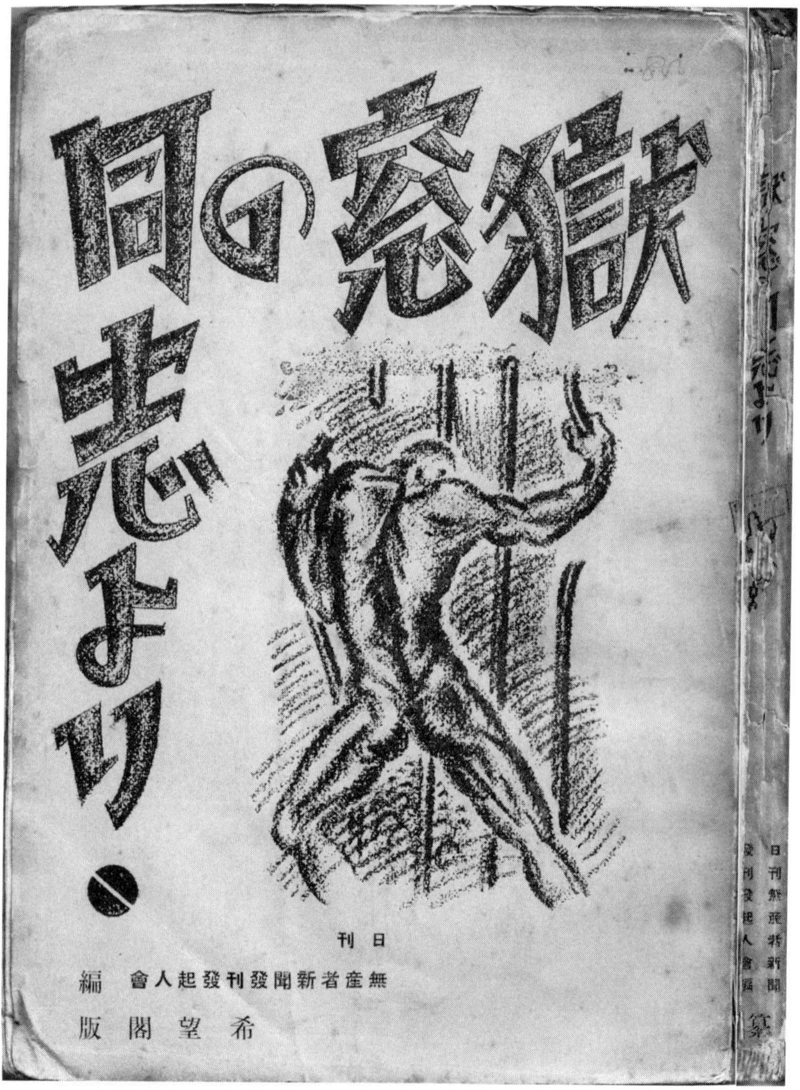

『獄窓の同志より』 日刊無産者新聞発刊発起人会編、希望閣、1929.7.15

獄窓の同志より

新無産者新聞發刊發起人會編

希望閣版

『獄窓の同志より』　扉

『嵐に立つ――日本に於ける無産階級政治闘争の一記録』
大山郁夫、鉄塔書院、1929.7.15

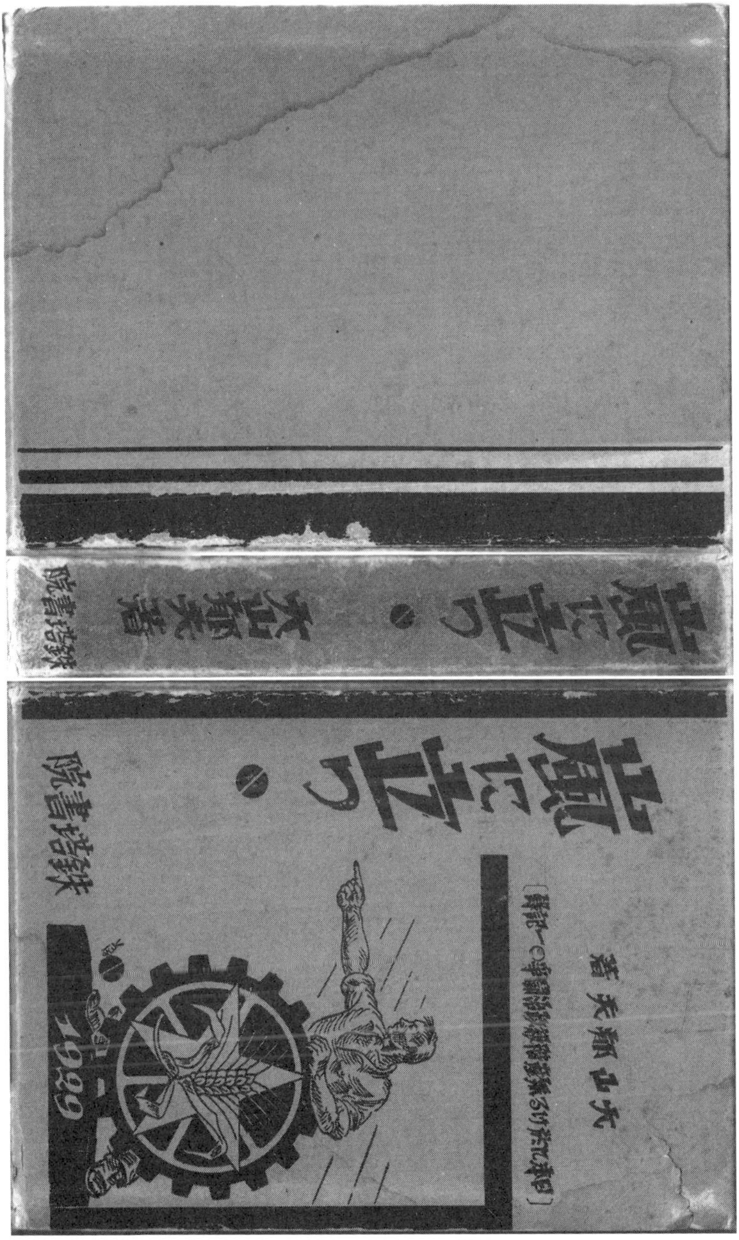

『嵐に立つ―― 日本に於ける無産階級政治闘争の一記録』 函

『嵐に立つ——日本に於ける無産階級政治闘争の一記録』　扉

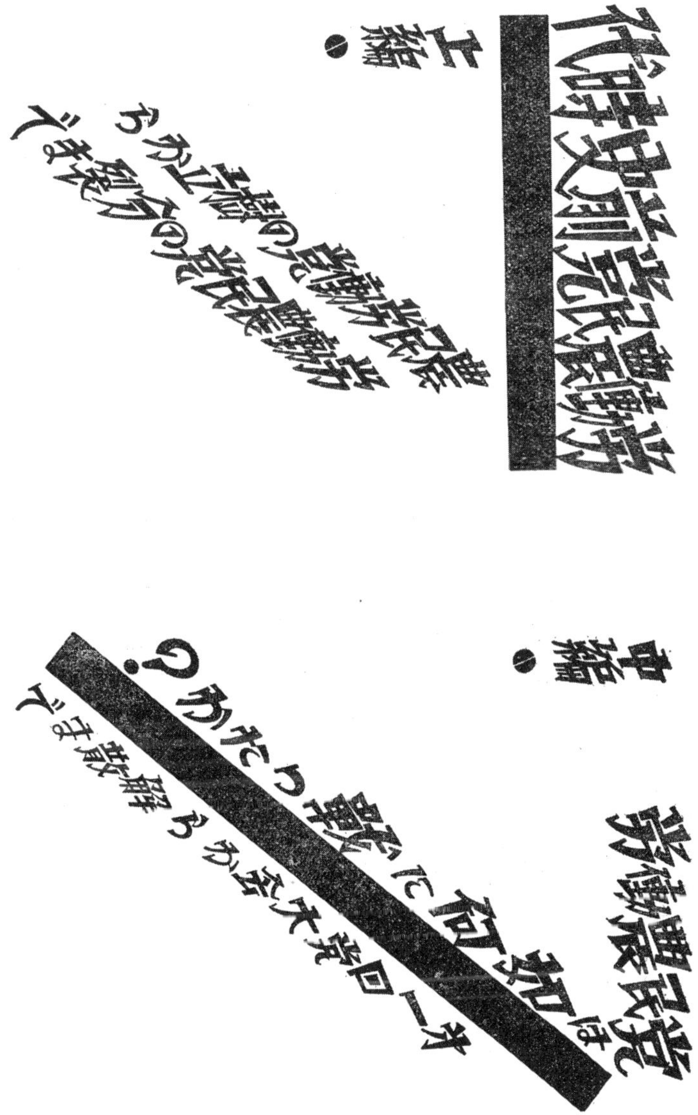

『嵐に立つ――日本に於ける無産階級政治闘争の一記録』　中扉
「上編　労働農民党前史時代」および「中編　労働農民党は如何に戦つたか？」

『嵐に立つ――日本に於ける無産階級政治闘争の一記録』　中扉

「下編：敗北から勝利への行進」および「別編：ブルヂヨア政治の諸相」

『ペリカン詩集』 井上廣雄、時雨堂出版部、1929.10.5

挿絵：遊戯　井上廣雄『ペリカン詩集』時雨堂出版部、1929.10.5

挿絵：訪問　井上廣雄『ペリカン詩集』時雨堂出版部、1929.10.5

挿絵：海　井上廣雄『ペリカン詩集』時雨堂出版部、1929.10.5

挿絵：帰途　井上廣雄『ペリカン詩集』時雨堂出版部、1929.10.5

挿絵：冬　井上廣雄『ペリカン詩集』時雨堂出版部、1929.10.5

『新版 無産者新聞論説集　創刊号－一九二七年』
無産者新聞社編、上野書店、1929.11.19

『**太陽のない街**』　徳永直、戦旗社、1929.12.2

＊挿絵は目黒生（稲垣小五郎）による。

『帝国主義の現段階』　橘和夫訳編、鉄塔書院、1929.12.5

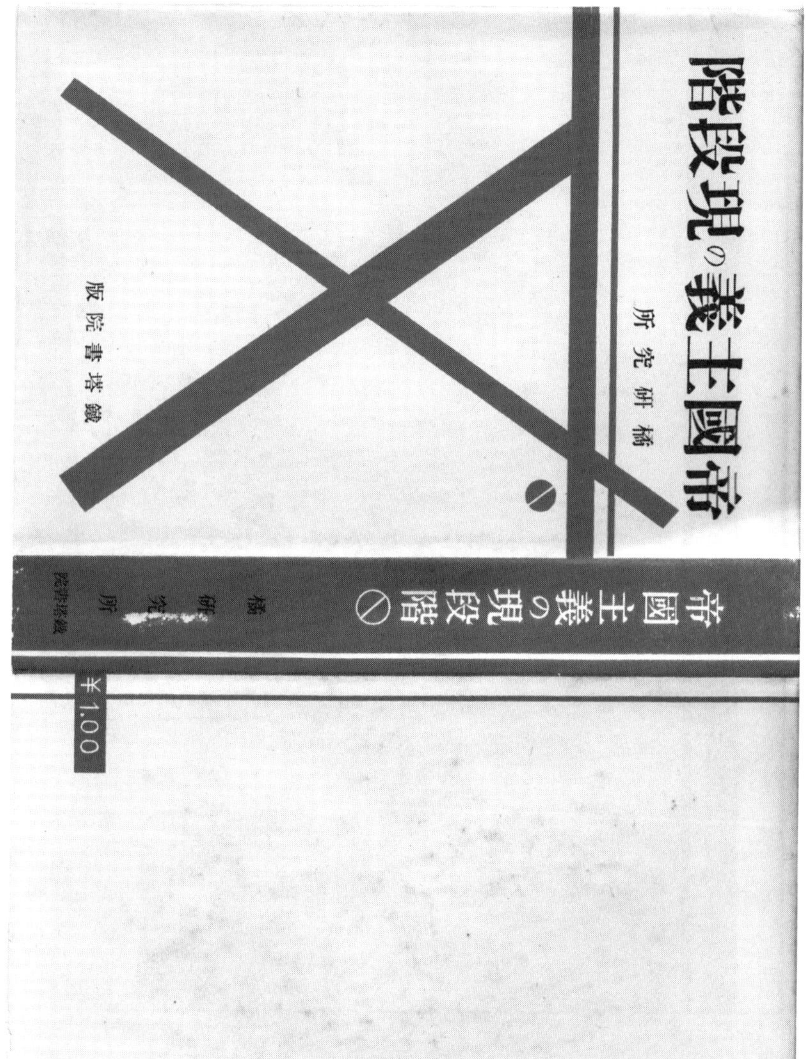

『帝国主義の現段階』　カバー

『メス・メンド１　職工長ミック』
ジム・ドル、広尾猛訳、希望閣・同人社書店、1929.12.20

『メス・メンド１　職工長ミック』　扉

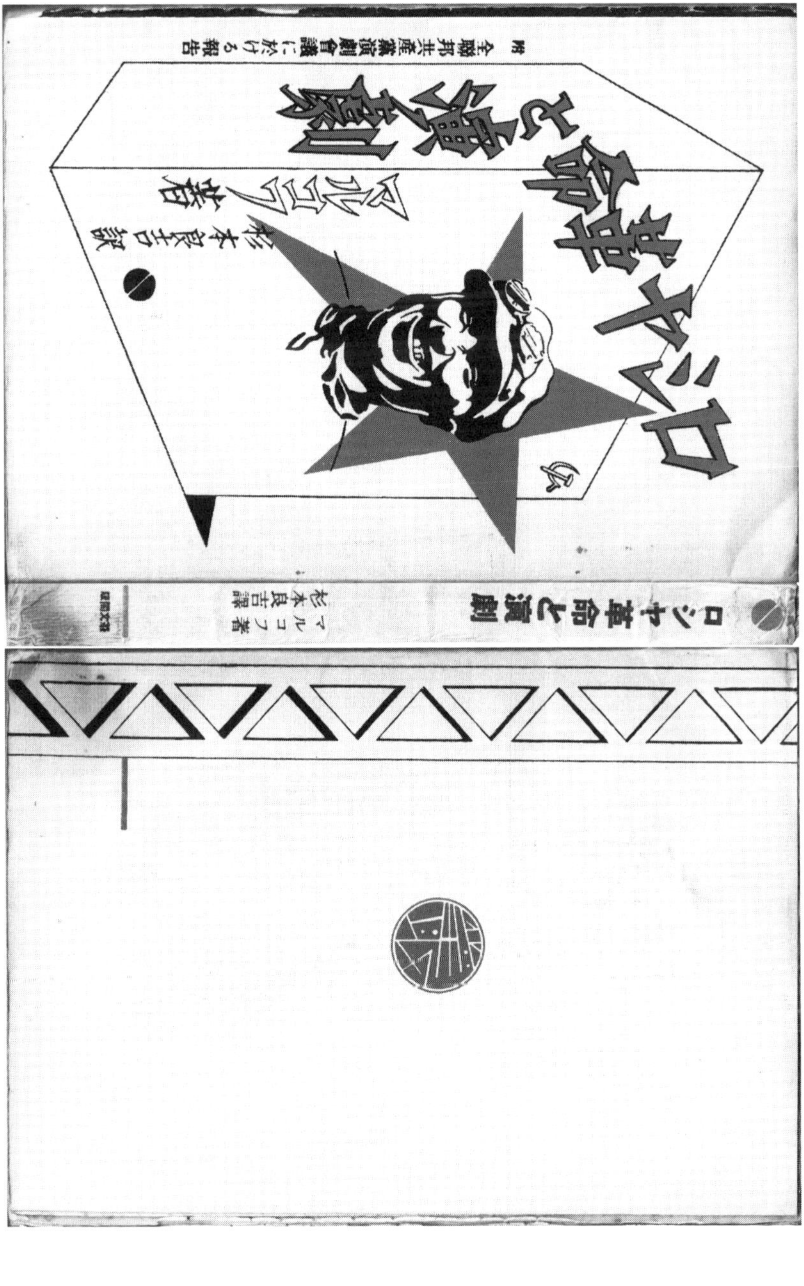

『ロシヤ革命と演劇』 マルコフ、杉本良吉訳、叢文閣、1929.12.29

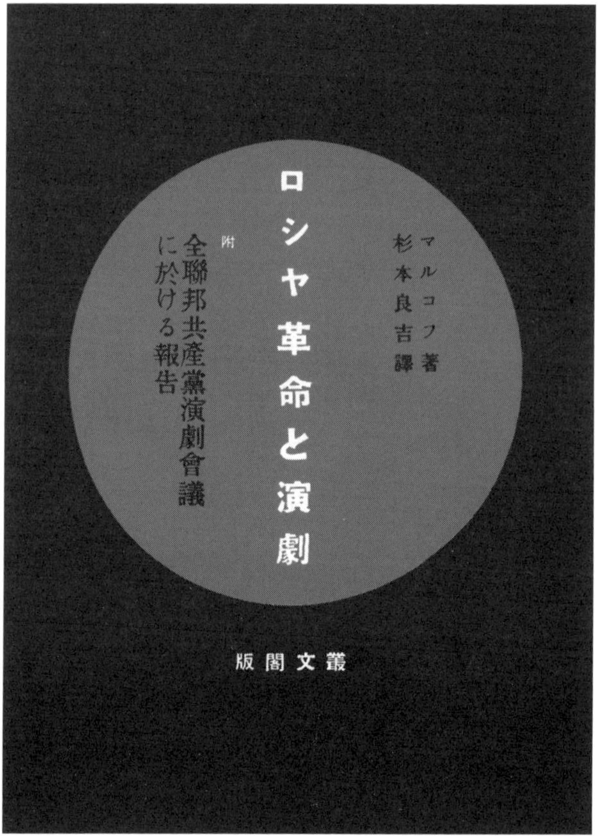

マルコフ著
杉本良吉譯

ロシヤ革命と演劇

附
全聯邦共産黨演劇會議
に於ける報告

叢文閣版

『ロシヤ革命と演劇』 扉

『プロレタリア文学の理論と実際』 山内房吉、紅玉堂書店、1930.1.1

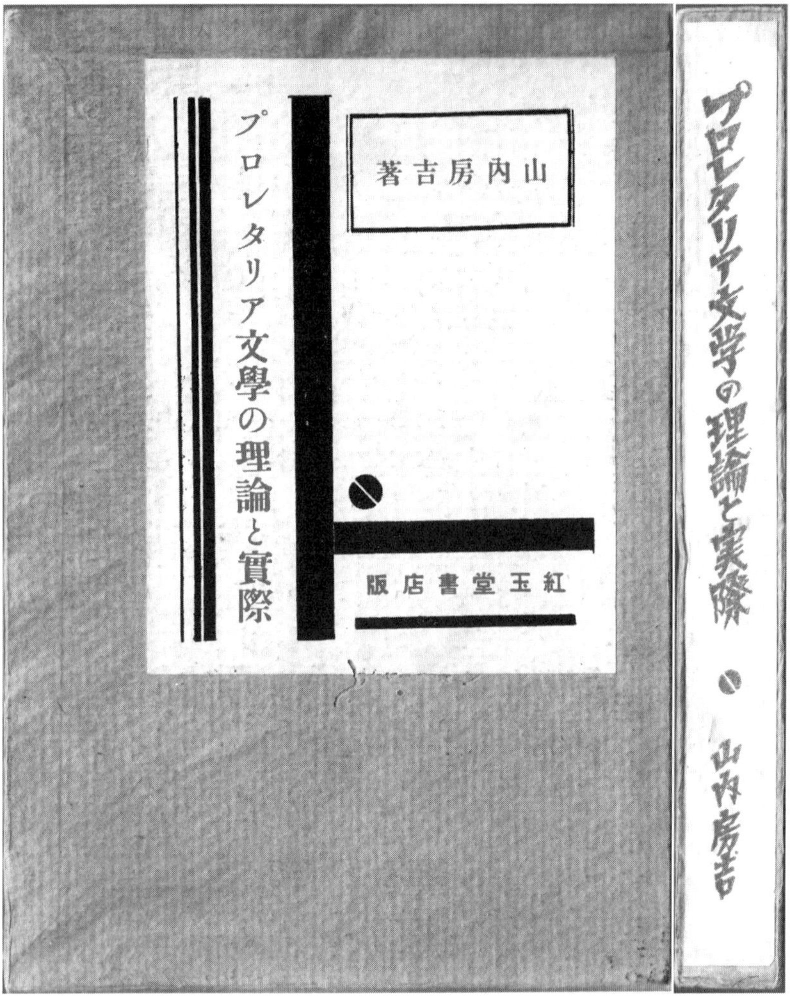

『プロレタリア文学の理論と実際』 函

『農村は何処へ行く』 稲村隆一、先進社、1930.1.14

『農村は何処へ行く』 扉

『柳瀬正夢画集』 叢文閣、1930.2.12

柳瀬マサム畫集

1930

叢文閣版

『柳瀬正夢画集』　扉

＊「一九二八年初頭における『失題』」
（『アサヒグラフ』10巻1号、1928年1月1日）と同構図。

『レーニンの思ひ出』第１巻　*クループスカヤ*、岡林辰雄訳、叢文閣、1930.2.15
同一装幀：同第２巻（1932年９月28日）、同第３巻（1932年11月10日）。

レーニンの思ひ出

クルプスカヤ女史著

岡林辰雄訳

叢文閣版

『レーニンの思ひ出』第1巻　扉

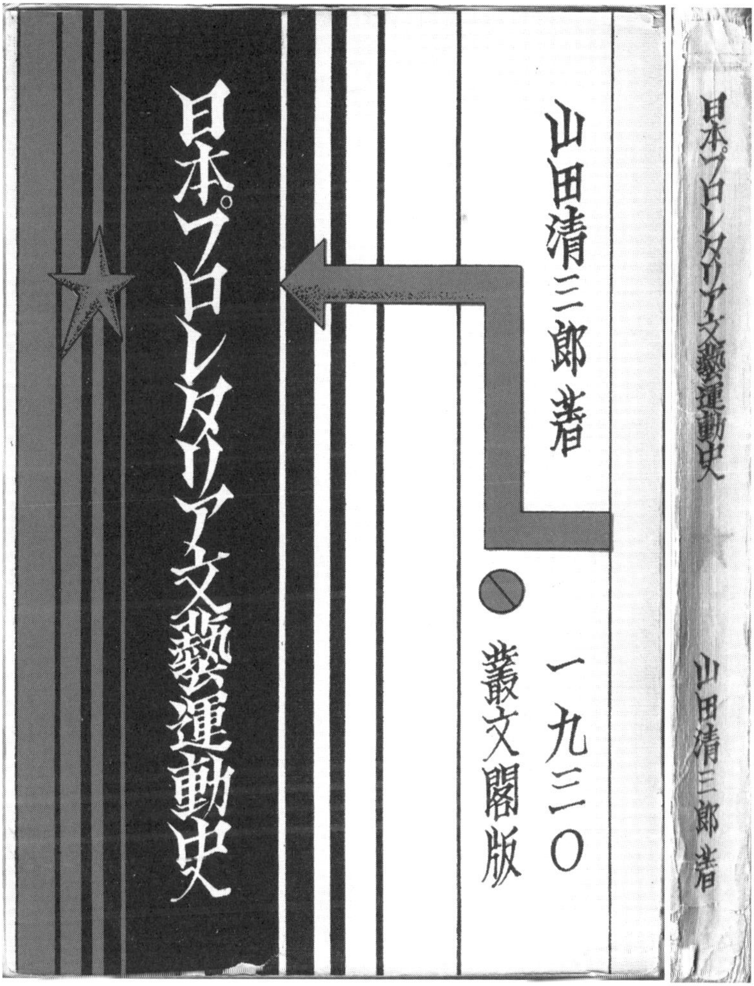

『日本プロレタリア文芸運動史』　山田清三郎、叢文閣、1930.2.26
＊下図は裏表紙に付されたマーク。

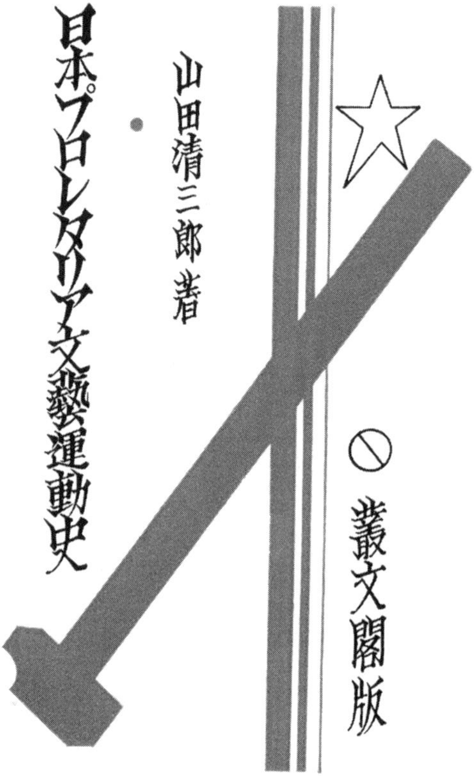

『日本プロレタリア文芸運動史』 扉

『されば ロシヤは敗れたり——極東外交秘録』
エス・ユ・ウィッテ、荒川実蔵訳、先進社、1930.3.1

『さればロシヤは敗れたり——極東外交秘録』 扉

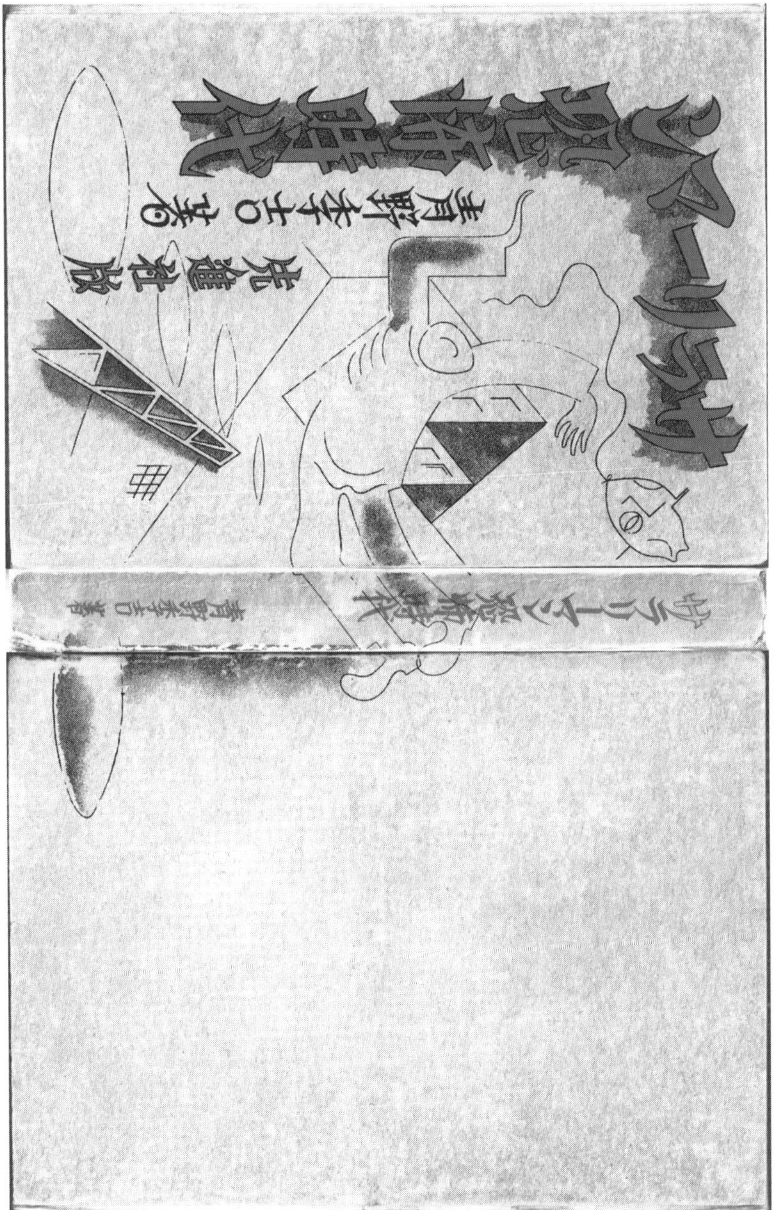

『サラリーマン恐怖時代』 青野季吉、先進社、1930.3.2

『サラリーマン恐怖時代』 函

『サラリーマン恐怖時代』　扉

『獄中にて歌へる』 大田遼一郎・斉藤英三、共生閣、1930.3.10
＊「犠牲者を救援しろ」(『無産者新聞』1928 年 4 月 5 日) と同絵。

『ソヴェート作家叢書１　鉄の流れ』
セラフィモーウィッチ、蔵原惟人訳、叢文閣、1930.3.12
＊下図は裏表紙に付されたマーク。

『ソヴェート作家叢書１　鉄の流れ』　扉

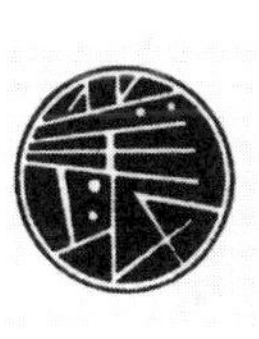

『ソヴェート作家叢書２　共産大学生の日記』
オグニヨフ、杉本良吉訳、叢文閣、1930.4.25

＊下図は裏表紙に付されたマーク。

『ソヴェート作家叢書 2　共産大学生の日記』 扉

『何が彼女をそうさせたか？〈普及版〉』 藤森成吉、改造社、1930.4.3
初版：1927年4月23日

『メーデーの話』 谷村啓雄、共生閣、1930.4.5

メーデーの話

谷村啓雄著

京都

共生閣版

『メーデーの話』 扉

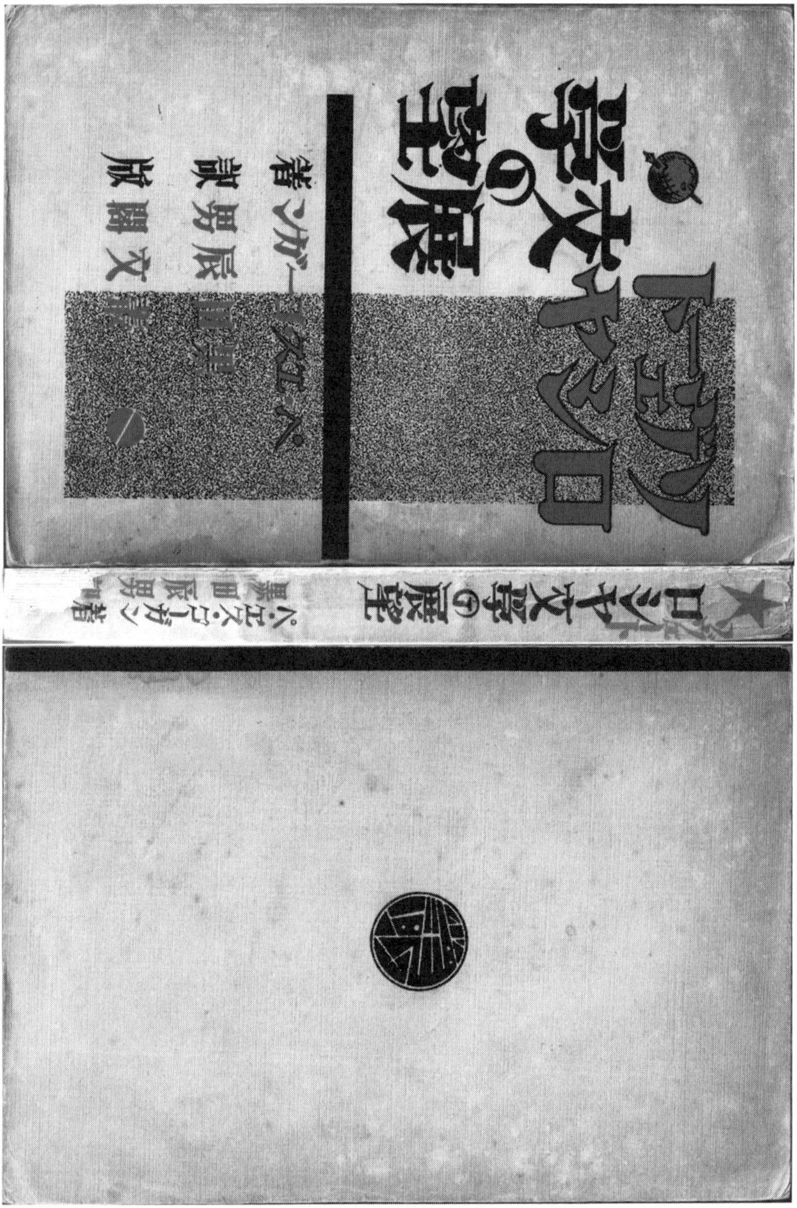

『ソヴェート・ロシヤ文学の展望』
ぺ・エス・コーガン、黒田辰男訳、叢文閣、1930.5.25

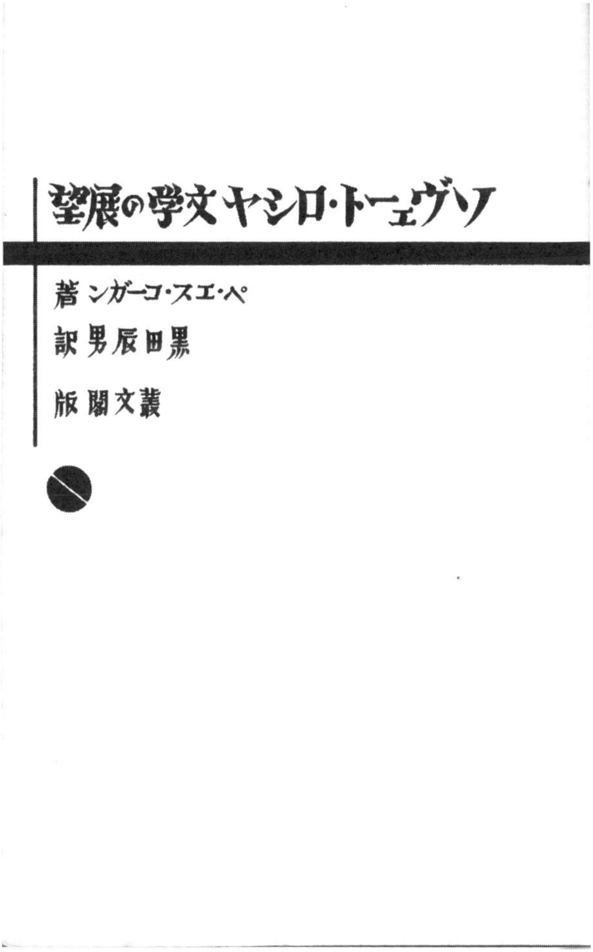

ソヴェート・ロシヤ文学の展望

ペ・エス・コーガン著

黒田辰男訳

叢文閣版

『ソヴェート・ロシヤ文学の展望』　扉

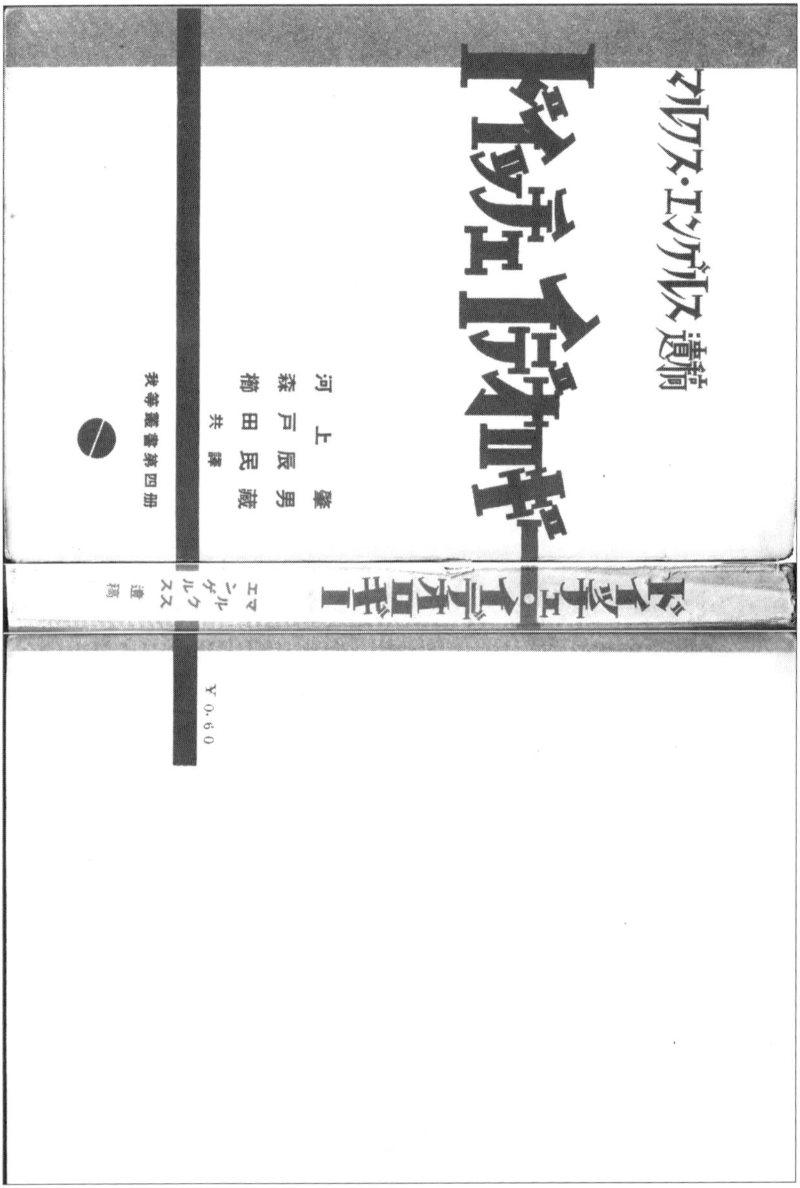

『ドイッチェ・イデオロギー』
マルクス、エンゲルス、河上肇・森戸辰男・櫛田民蔵共訳、我等社、1930.5.25

『ドイッチェ・イデオロギー』 カバー

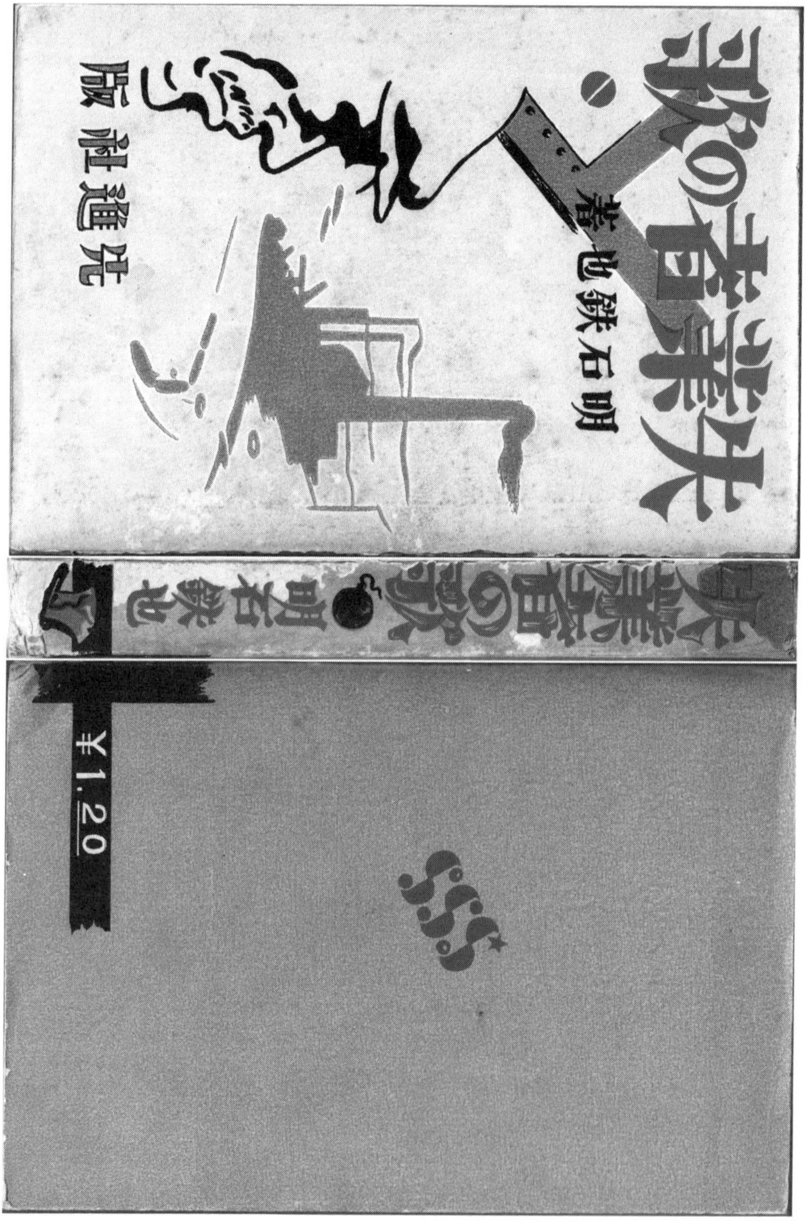

『失業者の歌』 明石鉄也、先進社、1930.6.12

『失業者の歌』 函

『失業者の歌』 扉

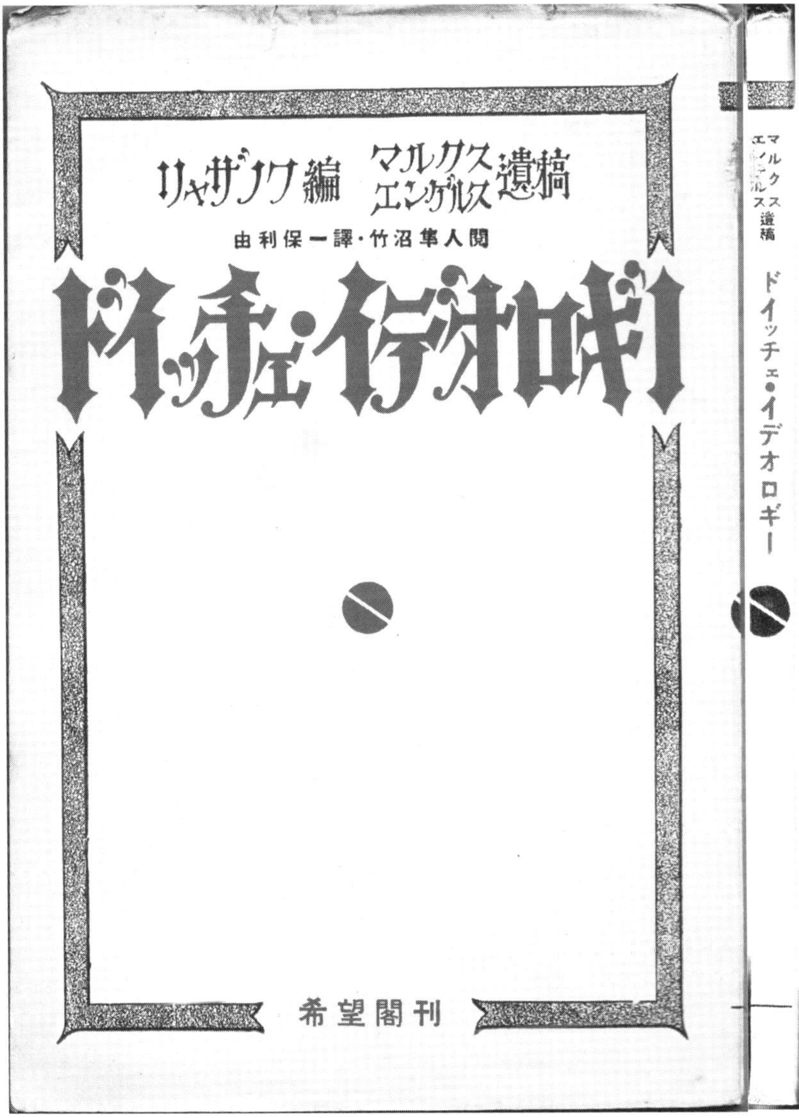

『ドイッチェ・イデオロギー――マルクス・エンゲルス遺稿』
リャザノフ編、由利保一訳、希望閣、1930.6.15

『歴史を捻ぢる』 長谷川如是閑、鉄塔書院、1930.6.15

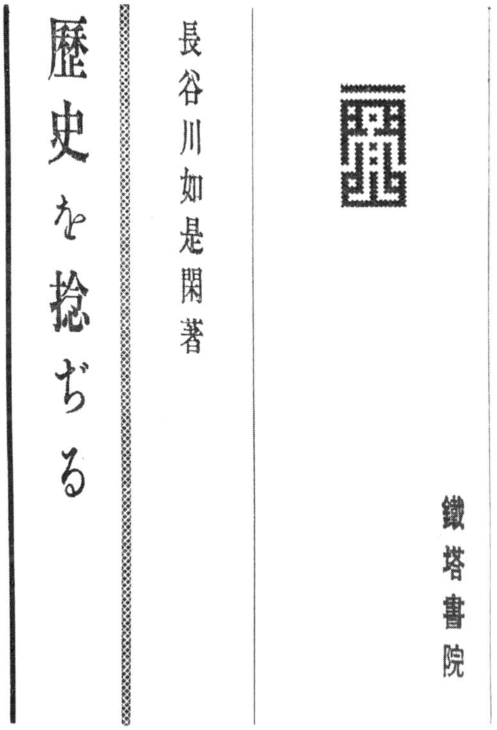
鐵塔書院

長谷川如是閑著

歴史を捻ぢる

『歴史を捻ぢる』　扉

挿絵：牛馬が人間の安全を脅かさない限り、
人間は神の安全を脅かすことは出来ない
長谷川如是閑『歴史を捻ぢる』鉄塔書院、1930.6.15

挿絵：『三公め、よく俺の恩を覚へてゐやがる』
長谷川如是閑『歴史を捻ちる』鉄塔書院、1930.6.15

挿絵：生産者　長谷川如是閑『歴史を捻ぢる』鉄塔書院、1930.6.15

挿絵：これが『公平』だ！　長谷川如是閑『歴史を捻ぢる』鉄塔書院、1930.6.15
＊収録にあたって大山郁夫の顔が削除された。

挿絵：K.K.K. の神秘　長谷川如是閑『歴史を捻ぢる』鉄塔書院、1930.6.15

挿絵：よき教師、忠僕！　長谷川如是閑『歴史を捻ぢる』鉄塔書院、1930.6.15

挿絵：ツアーの骨共消えてなくなれ！

長谷川如是閑『歴史を捻ぢる』鉄塔書院、1930.6.15

挿絵：自由な学生　長谷川如是閑『歴史を捻ぢる』鉄塔書院、1930.6.15

挿絵：支那に穴をあけるのは誰か？

長谷川如是閑『歴史を捻ぢる』鉄塔書院、1930.6.15

挿絵：『俺達は一緒にはゐられぬ。けれども別々にもゐられぬ』

長谷川如是閑『歴史を捻ぢる』鉄塔書院、1930.6.15

＊収録にあたって大山郁夫の顔が削除された。

挿絵：ガンヂーは英帝国とひとからげ

長谷川如是閑『歴史を捻ぢる』鉄塔書院、1930.6.15

挿絵：『文化科学』の魔術　長谷川如是閑『歴史を捻ちる』鉄塔書院、1930.6.15

挿絵：翁—「歴史を捻ぢる」著者—我等は如是閑を斯う呼んでゐる

長谷川如是閑『歴史を捻ぢる』鉄塔書院、1930.6.15

挿絵：『浄化』 長谷川如是閑『歴史を捻ぢる』鉄塔書院、1930.6.15

挿絵：赤き色に燃え出ずるときの石炭の火の勢はすべてやくべし
長谷川如是閑『歴史を捻ぢる』鉄塔書院、1930.6.15

再録：「戦旗三千円基金運動 P.P. 画会」（1930 年）

挿絵：戦争を絶滅させること受合に御座候
長谷川如是閑『歴史を捻ちる』鉄塔書院、1930.6.15

挿絵：社会的不安の根拠はこれ！
長谷川如是閑『歴史を捻ちる』鉄塔書院、1930.6.15

挿絵：われ御身のごとくに　長谷川如是閑『歴史を捻ちる』鉄塔書院、1930.6.15

挿絵：住みよい日本 長谷川如是閑『歴史を捻ぢる』鉄塔書院、1930.6.15

挿絵：番頭濱口は百二十万の失業者を救済した。
——惜しいことには首がなかつた
長谷川如是閑『歴史を捻ぢる』鉄塔書院、1930.6.15

『国際スパイ戦』 R・W・ローワン、早坂二郎訳、大衆公論社、1930.6.23

『国際スパイ戦』 扉

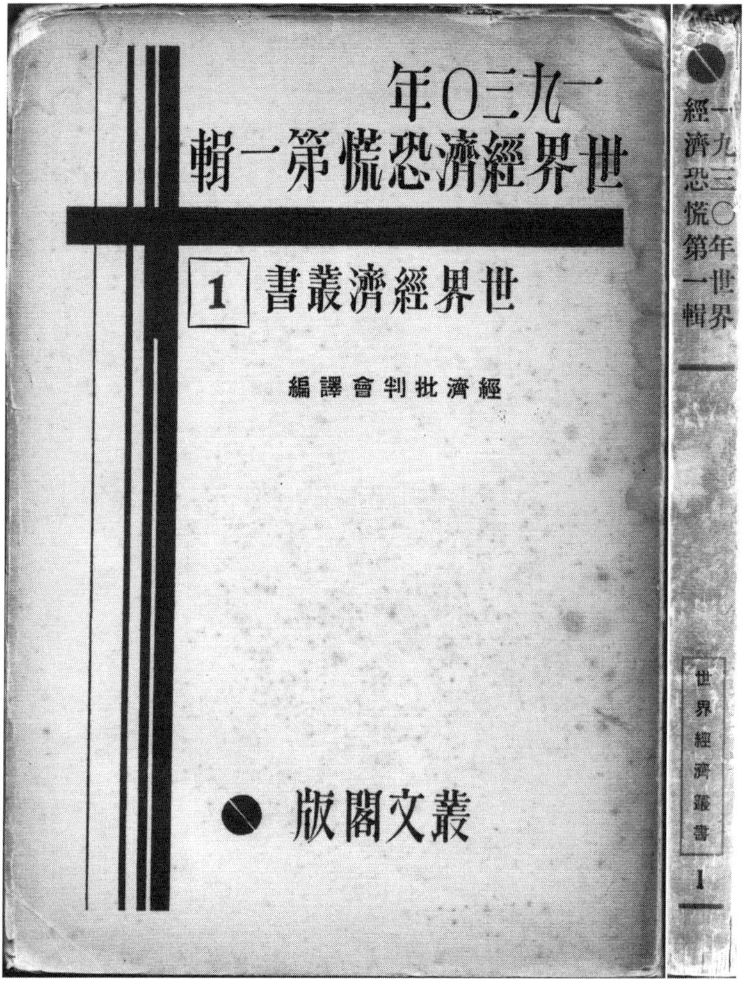

『世界経済叢書 1　一九三〇年世界経済恐慌』
経済批判会訳編、叢文閣、1930.9.14

同一装幀：同叢書 2『一九三〇年世界経済恐慌』（30 年 11 月 17 日）、同叢書 3『国際農業恐慌』（30 年 12 月 22 日）、同叢書 4『世界経済危機の一年』（31 年 4 月 8 日）、同叢書 5『ドイツ資本主義の危機』（31 年 6 月 24 日）、同叢書 6『世界恐慌——数字に現れた』（32 年 2 月 17 日）、同叢書 7『アメリカ資本主義の諸問題』（32 年 4 月 3 日）、同叢書 8『ソヴェート同盟計画経済』（32 年 8 月 26 日）、同叢書 9『国際信用恐慌——インフレーションへの途』（32 年 12 月 15 日）、同叢書 10『資本主義の「計画経済」』（33 年 2 月 5 日）、同叢書 11『金融市場の世界的動揺』（33 年 4 月 19 日）、ヴァルガ、世界情勢研究会訳『日本経済批判』（叢文閣、34 年 12 月 20 日）

一九三〇年

世界經濟恐慌第一輯

經濟批判會譯

世界經濟叢書

（I）

叢文閣版

『世界経済叢書1　一九三〇年世界経済恐慌』扉

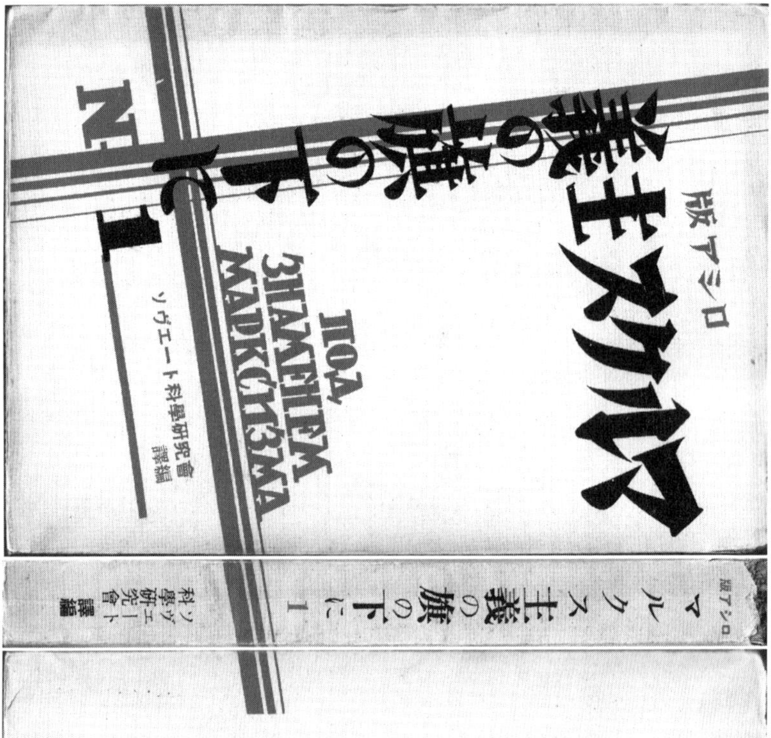

『マルクス主義の旗の下に 1〈ロシア版〉』

ソヴェート科学研究会訳編、プロレタリア科学研究所、1930.9.20

ПРОЛЕТАРИИ ВСЕХ СТРАН, СОЕДИНЯЙТЕСЬ!

マルクス主義の旗の下に

№1

ソヴエート科學研究會

プロレタリア科學研究所

『マルクス主義の旗の下に１〈ロシア版〉』 扉

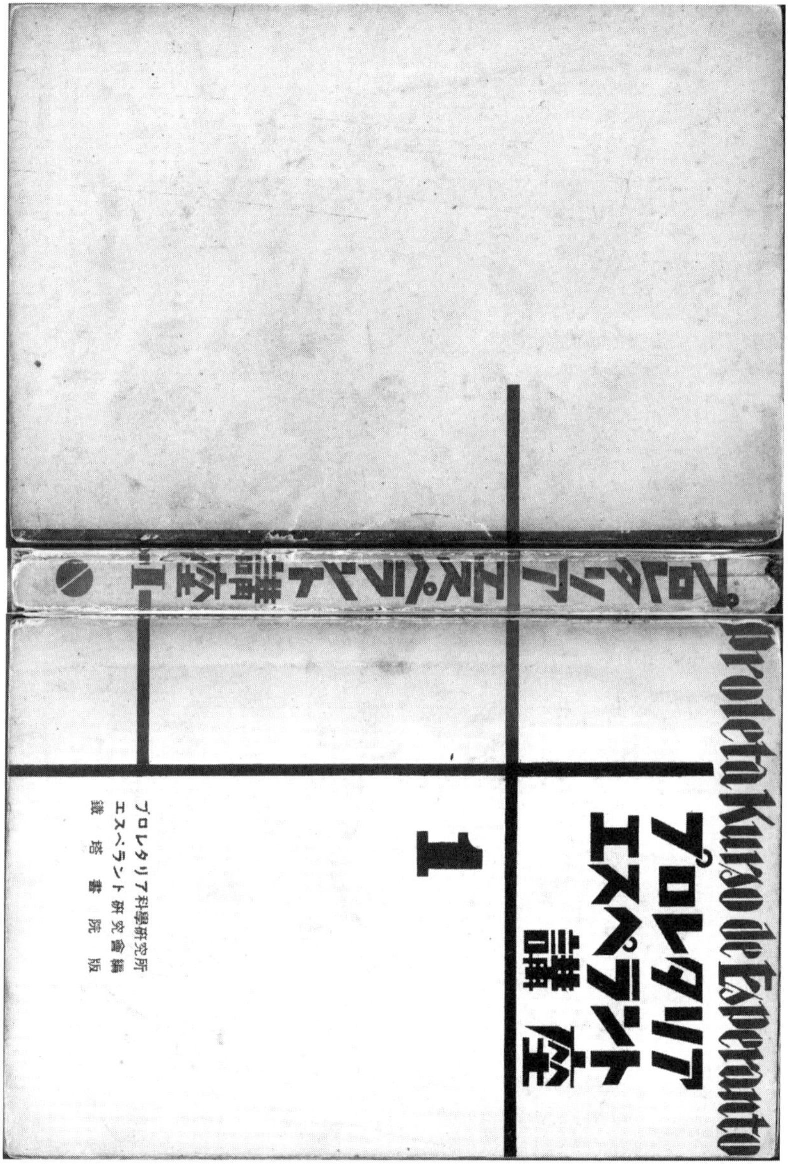

『プロレタリアエスペラント講座』第１巻

プロレタリア科学研究所エスペラント研究会編、鉄塔書院、1930.9.20

全６巻（30 年９月 -31 年 10 月）同一装幀。

Proleta Kurso de Esperanto

プロレタリアエスペラント講座

プロレタリア科学研究所エスペラント研究会編

1

鉄塔書院

『プロレタリアエスペラント講座』第１巻　扉

『プロレタリアエスペラント講座』第 5 巻

プロレタリア科学研究所エスペラント研究会編、鉄塔書院、1931.6.25

カバー装幀。全 6 巻（30 年 9 月 -31 年 10 月）同一装幀。

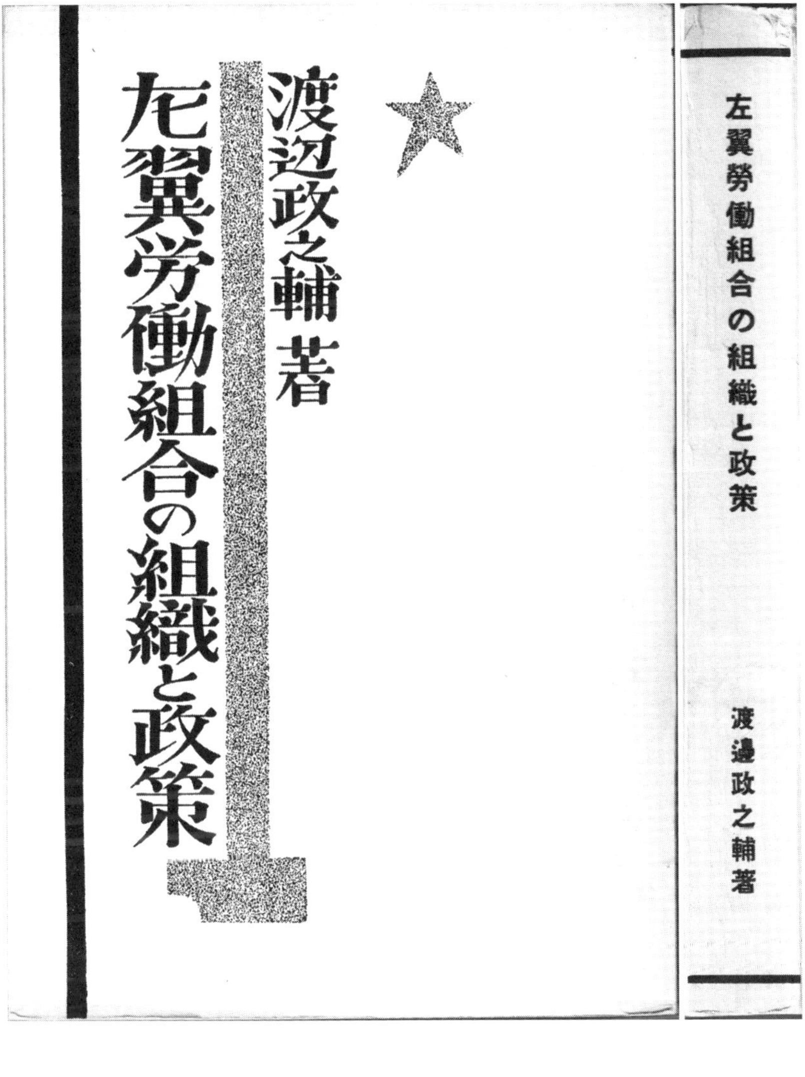

『左翼労働組合の組織と政策』 渡辺政之輔、希望閣、1930.10.20
＊下図は裏表紙に付されたマーク。

『マルクス主義芸術論入門　芸術総論』
ソヴェート文学研究会編、叢文閣、1930.11.15

同シリーズ同一装幀：『芸術の起源及び発達』（31 年 5 月 3 日）、
『現代芸術の諸傾向』（31 年 9 月 10 日）　→ 590 ページ参照。

マルクス主義藝術論入門

藝術總論

叢文閣版

ソヴェート文學研究會編

『マルクス主義芸術論入門　芸術総論』　扉

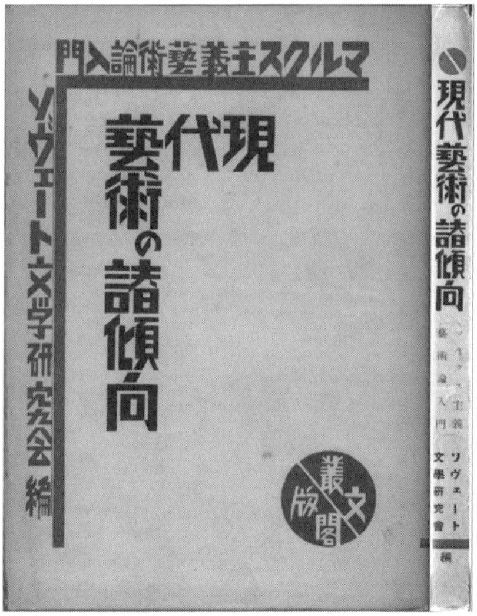

（上）『マルクス主義芸術論入門　芸術の起源及び発達』
ソヴェート文学研究会編、叢文閣、1931.5.3

（下）『マルクス主義芸術論入門　現代芸術の諸傾向』
ソヴェート文学研究会編、叢文閣、1931.9.10

『童話集　チョコレート兵隊さん』 金子洋文、金星堂、1930.11.25
扉・中扉・挿絵は大正版（本全集第１巻所収）と同じ。
「金星堂童話文庫」シリーズのひとつ。

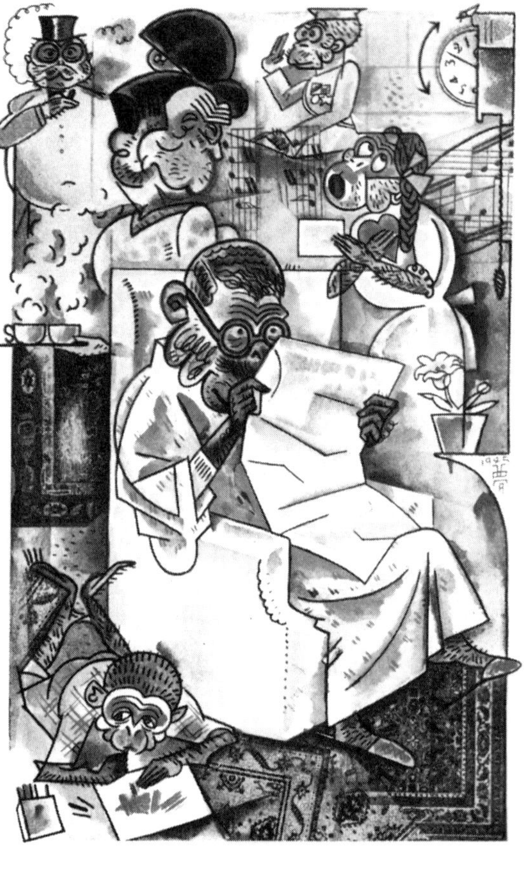

『童話集　チョコレート兵隊さん』 口絵

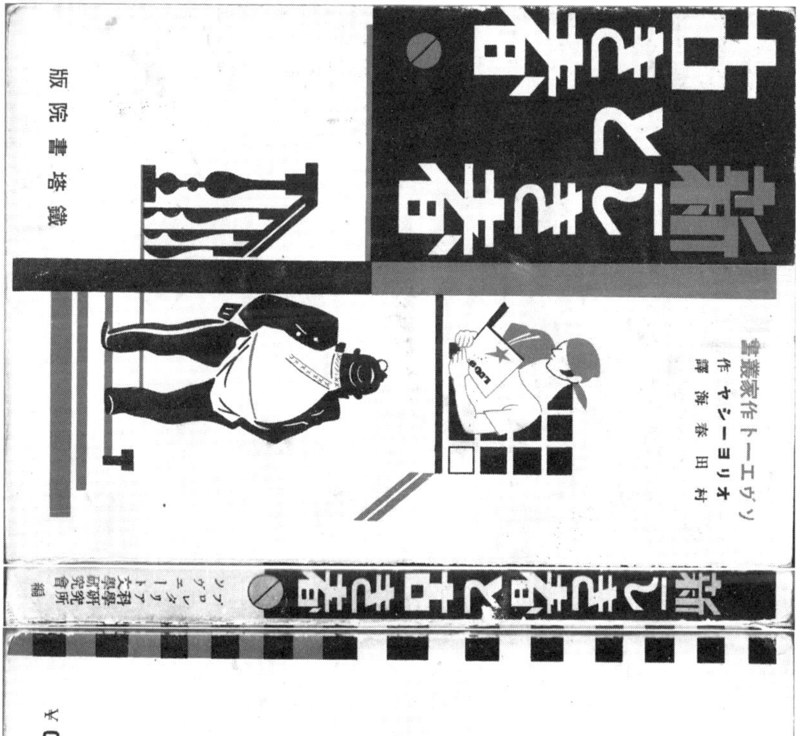

『ソヴェート作家叢書４　新しき者と古き者』
オリヨーシャ、村田春海訳、鉄塔書院、1930.12.10

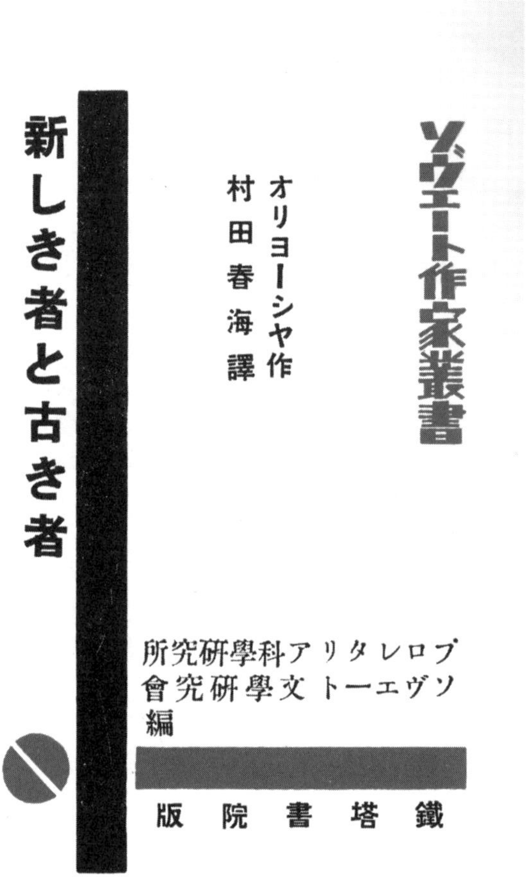
ソヴェート作家叢書
オリヨーシヤ作
村田春海譯
新しき者と古き者
プロレタリア科學研究所
ソヴエート文學研究會
編
鐵塔書院版

『ソヴェート作家叢書4　新しき者と古き者』　扉

＊同叢書はすべて同様の扉。

『ソヴェート作家叢書２　工場細胞　上』
セミョーノフ、黒田辰男訳、鉄塔書院、1930.12.15

『ソヴェート作家叢書　静かなるドン（1）』
ショーロホフ、外村史郎訳編、鉄塔書院、1931.4.1

『ソヴェート作家叢書　静かなるドン（2）』
ショーロホフ、外村史郎訳編、鉄塔書院、1931.7.10

『ソヴェート作家叢書　静かなるドン（3）〈改訂版〉』
ショーロホフ、外村史郎訳、鉄塔書院、1932.2.5

『日本プロレタリア文芸理論の発展』 山田清三郎、叢文閣、1931.1.12
＊下図は裏表紙に付されたマーク。

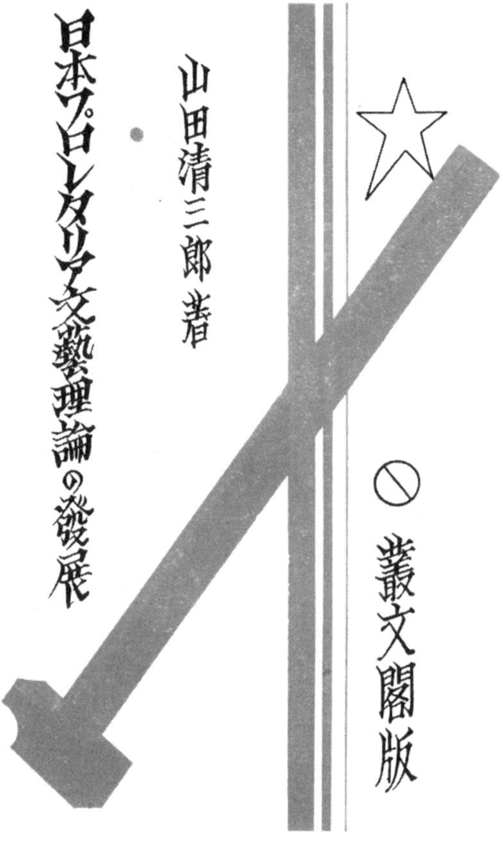

『日本プロレタリア文芸理論の発展』 扉

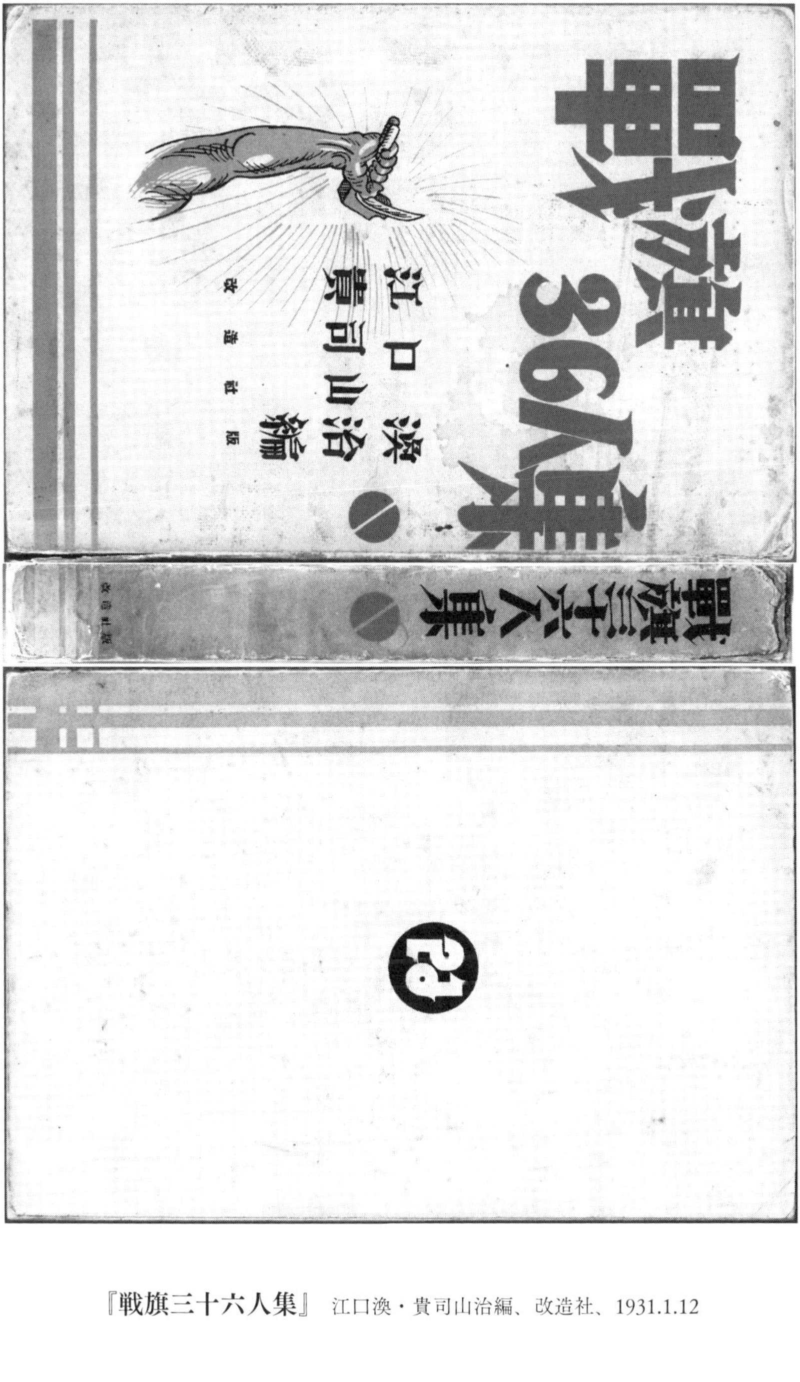

『戦旗三十六人集』　江口渙・貴司山治編、改造社、1931.1.12

『戦旗三十六人集』 扉

『合本 無産者政治教程』 叢文閣、1931.4.16

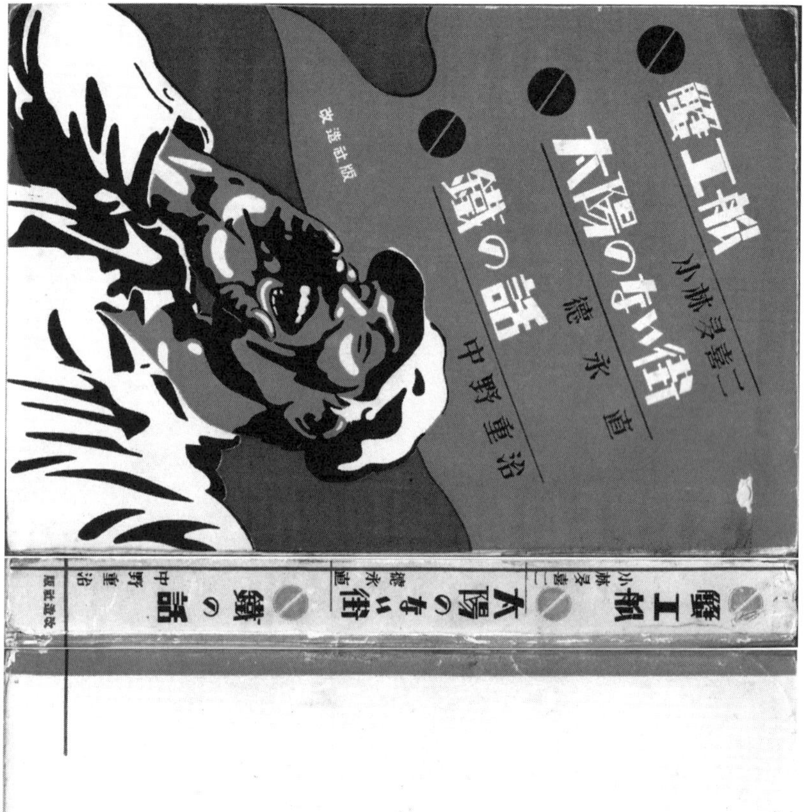

『蟹工船　太陽のない街　鉄の話』
小林多喜二・徳永直・中野重治、改造社、1931.5.5

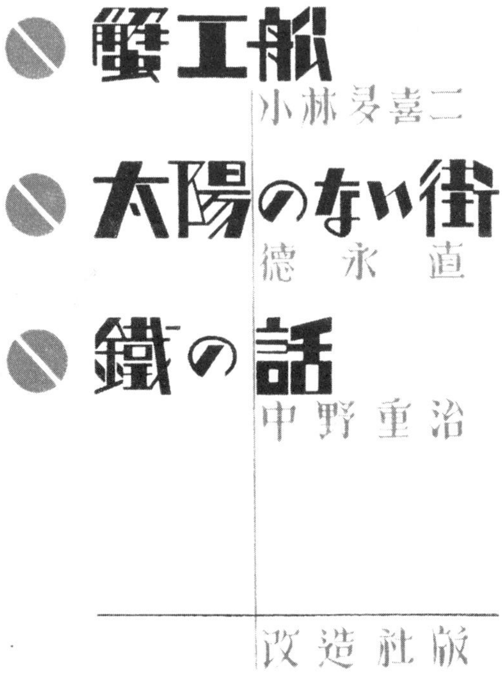
蟹工船
小林多喜二
太陽のない街
徳永直
鐵の話
中野重治
改造社版

『蟹工船　太陽のない街　鉄の話』扉

『プロレタリア科学研究』第１輯
プロレタリア科学研究所、叢文閣、1931.5.10
全3輯（31年5月－12月）同一装幀。

『イデオロギー論』 理想社出版部、1931.7.10
カバー装幀。

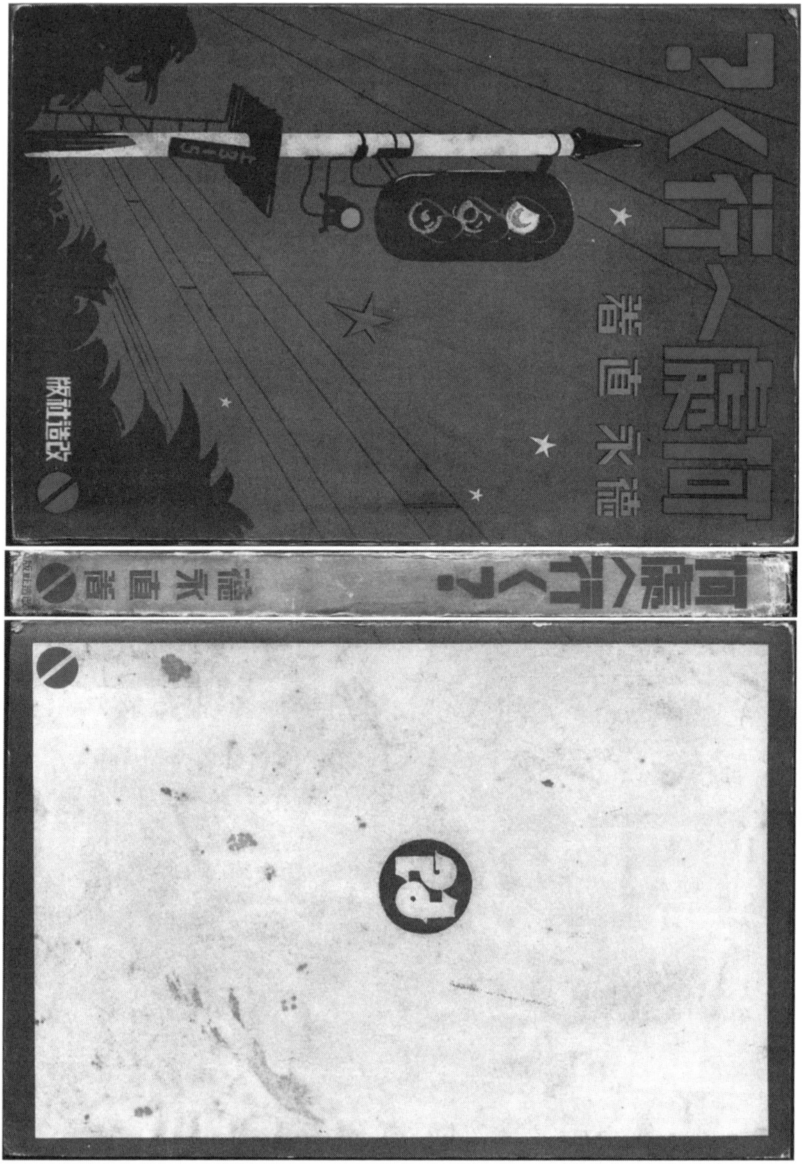

『何処へ行く？』 徳永直、改造社、1931.9.18

『何処へ行く？』 扉

『戦後』 ルードウィッヒ・レン、六笠武生訳、改造社、1931.9.18

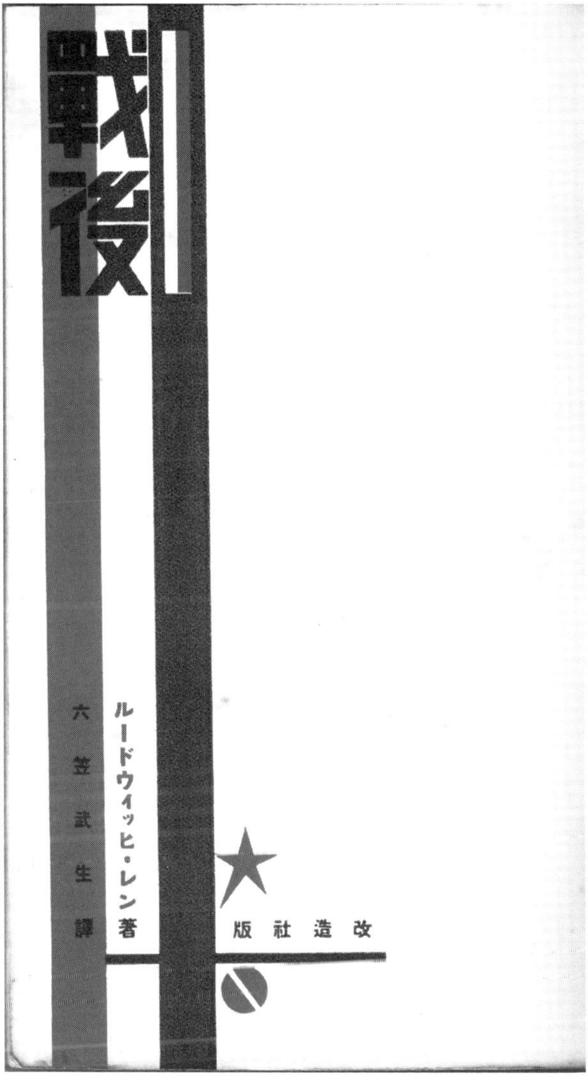

『戦後』 扉

『滿洲文芸パンフレット第１輯　制作と研究』 滿洲文芸研究会、1931.10

『国境を超ゆれば』 宮原欣、創建社、1931.11.1

『国境を超ゆれば』 函

國境を超ゆれば
宮原欣

『国境を超ゆれば』　扉

『不況対策法律叢書 3　無尽・保険・月賦・其他の掛金にたいする法律戦術』 布施辰治、浅野書店、1931.12.5

同叢書すべて同一装幀：1『家賃・地代にたいする法律戦術』（1931 年 11 月 25 日）、2『借金にたいする法律戦術』（31 年 11 月 17 日）、4『電燈・ガスにたいする法律戦術』（32 年 2 月 10 日）、5『小作争議にたいする法律戦術』（31 年 11 月 17 日）、6『支払命令・仮差押・競売にたいする法律戦術』（31 年 12 月 5 日）、7『裁判と調停にたいする法律戦術』（32 年 3 月 15 日）、8『解雇退職手当にたいする法律戦術』（32 年 3 月 15 日）。

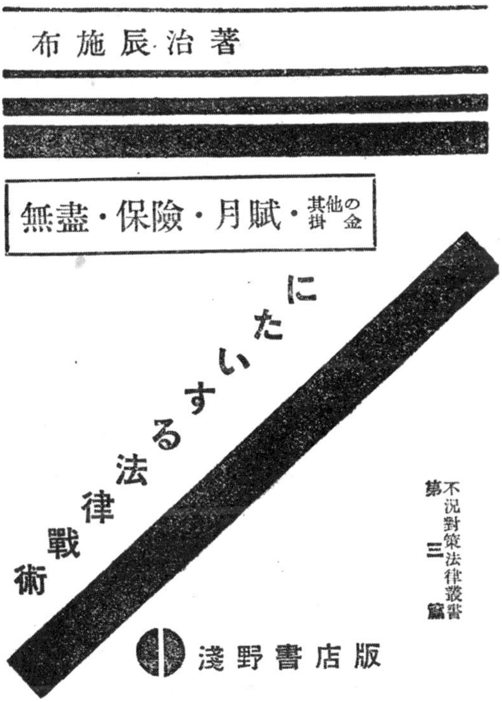

布施辰治著

無盡・保險・月賦・其他の掛金

にたいする法律戰術

不況對策法律叢書第三篇

淺野書店版

『不況対策法律叢書3　無尽・保険・月賦・其他の
掛金にたいする法律戦術』　扉

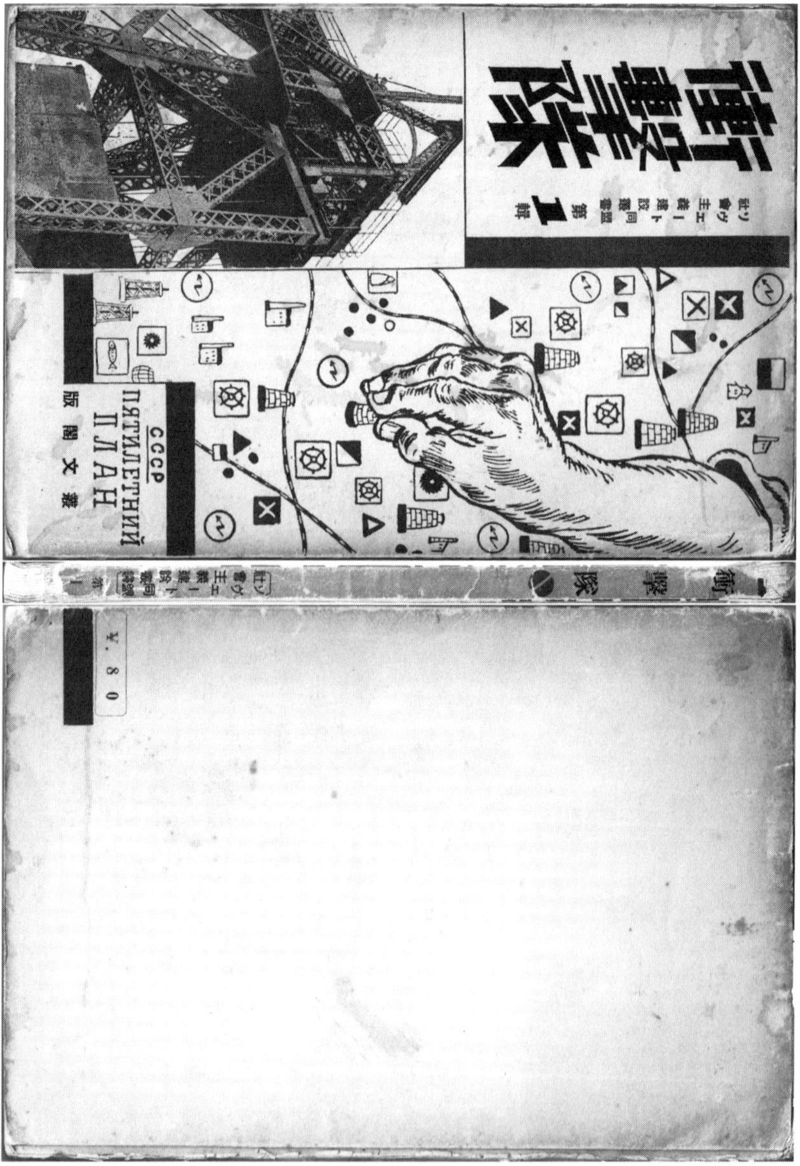

『ソヴエート同盟社会主義建設叢書第１輯　衝撃隊』

ソヴエート事情研究会編訳、叢文閣、1931.11.25

＊エフィモフ「ゴスプランの十年」(『批判』２巻８号、1931 年８月で紹介）より引用。

ソヴエート同盟社會主義建設叢書　第1輯

衝撃隊

叢文閣版

『ソヴエート同盟社会主義建設叢書第１輯　衝撃隊』　扉

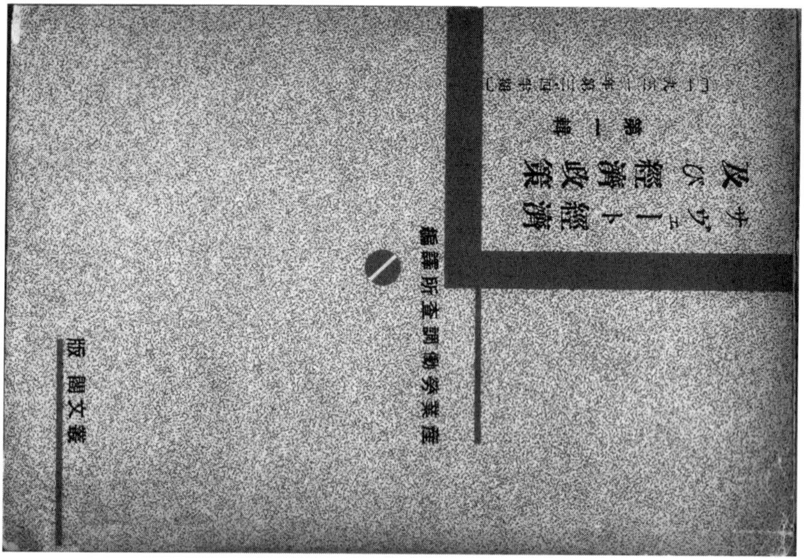

『サヴェート経済及び経済政策』第 1 輯

産業労働調査所訳編、叢文閣、1931.12.28

全 3 輯（31 年 12 月－ 32 年 7 月）同一装幀。

『フアシズム論』
パシユカニー・エルコリ、吉野次郎・萬里信一郎共訳、希望閣、1932.1.15

ファシズム論
パシユカニー・エルコリ著
吉野・萬里共譯
希望閣版

『ファシズム論』 扉

『近世クーデター史論　〈改訂版〉』

マラパルテ、木下半治訳、改造社、1932.7.24

『近世クーデター史論〈改訂版〉』扉

『レーニン農業問題体系１　農業問題とマルクス主義』

レーニン、大山岩雄編訳、改造社、1932.11.18

同一装幀：同体系２『ロシヤ農業問題』（32 年 12 月 20 日）。

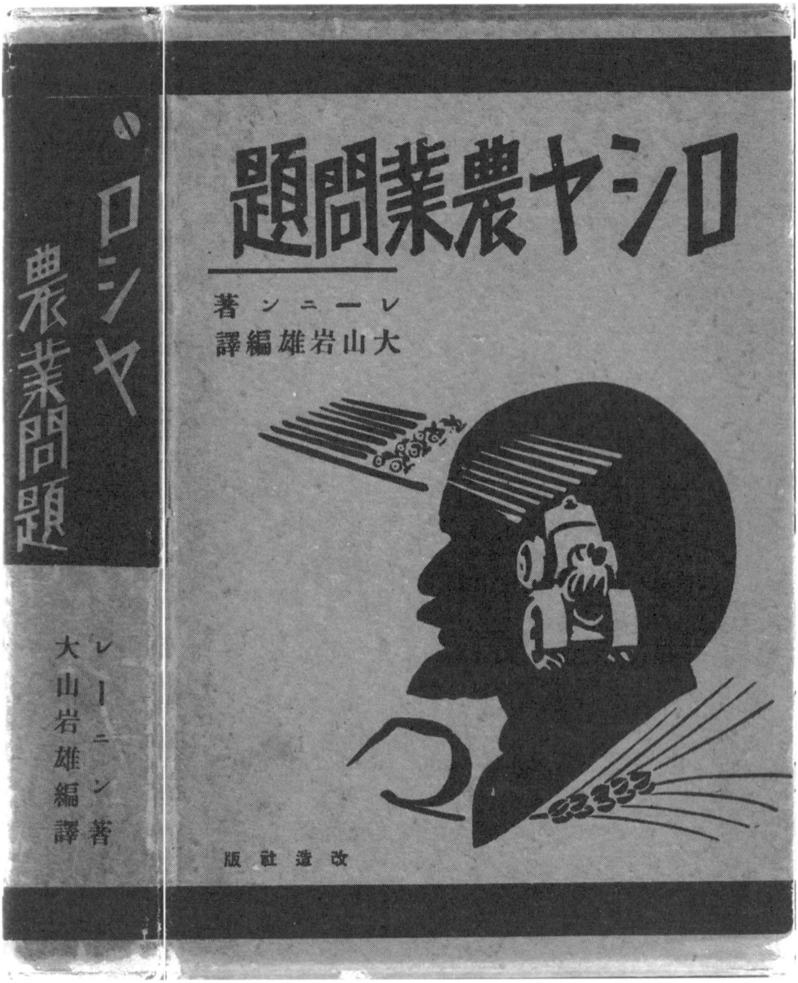

『レーニン農業問題体系 2　ロシヤ農業問題』
レーニン、大山岩雄編訳、改造社、1932.12.20

函装幀。

『レーニン農業問題体系 3　農業綱領の諸問題　上巻』
レーニン、大山岩雄編訳、改造社、1933.4.3

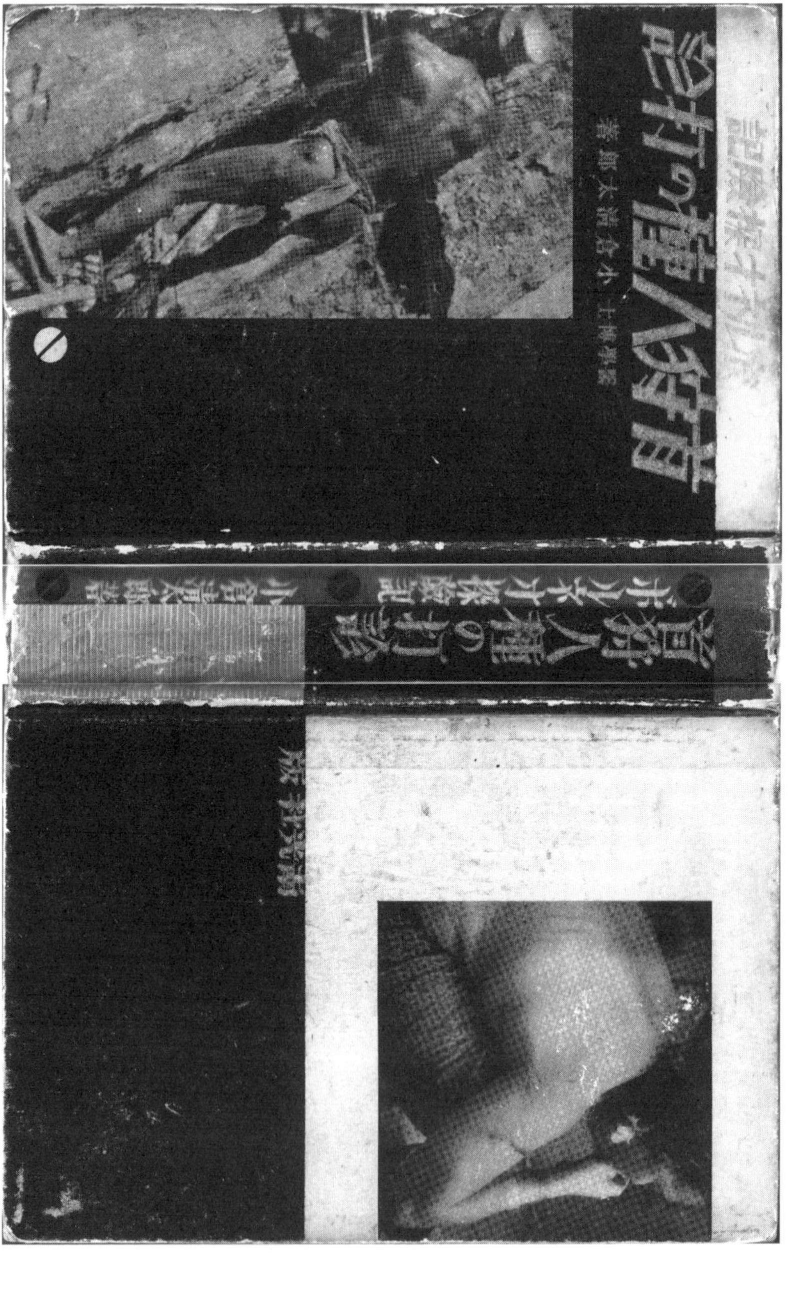

『首狩人種の打診――ボルネオ探険記』 小倉清太郎、南光社、1933.11.30

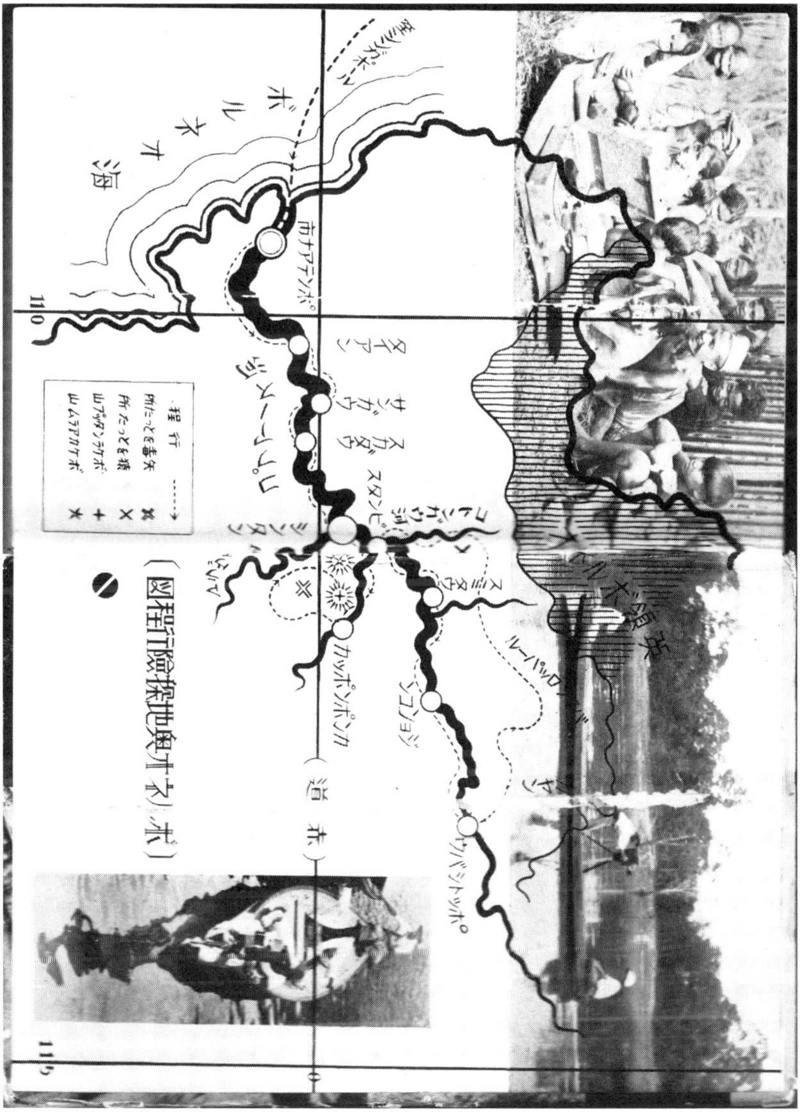

『首狩人種の打診――ボルネオ探険記』　見返し

『首狩人種の打診——ボルネオ探険記』 見返し

5

はがき

〔年賀状〕 1932

妻の死亡と僕の健在と轉居の知せ

柳瀬正夢

（夏川八朗）

一年許りヨギなく家を空けました。留守中の、昨年八月（二十三日午後九時四十五分、東京帝大眞鍋内科十七號室で）愛妻小夜子を失ひました。歸宅間もなく子供の供で病院入をさせられ、そこで正月を迎へたり、それやこれやで大變長い御ぶさたを續けました。生前の妻、それから不在中の僕、いろ〳〵御世話になりましたことを更めて厚くお禮申上ます。

漸くこんど居を移し、心氣一轉畫に精進することゝなりました。よろしく御鞭撻のほど願ひます。（三月一日）

東京市淀橋區西落合一の三〇六

妻の死亡と僕の健在と転居の知せ　1933

巻末付録

『無産者グラフ』

（柳瀬正夢編輯、無産者新聞社）

第１輯（1928年11月25日発行）
第２輯（1929年１月２日発行）
　正月号附録「無産者スゴ六　勝利を指して」

万国の労働者団結せよ!

Jaro I, N-ro I-Novembro

無産者グラフ

昭和三年十一月二十三日印刷納本 昭和三年十一月二十五日發行

特輯ページ

日本共産黨事件

十一週年ロシア革命

ひと月の出來事

市會糺彈演說會に獅子吼する我等の大山郁夫氏。……↓
十月二十四、五兩日牛込佛教青年會館に開かれた新黨結黨全國代表者會議第一日の光景。壇上は細迫舊書記長。全國代表者の緊張振りを見よ。↓へ

南に北に一瞬の休息もない大山さんの
新黨準備←

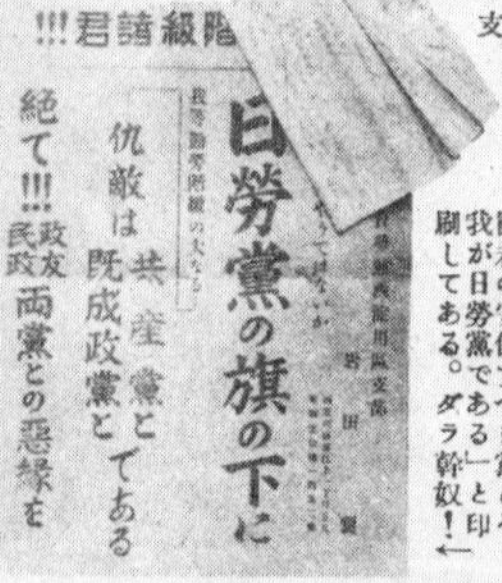

階級諸君!!!
日勞黨の旗の下に
仇敵は共産黨と既成政黨とである
絶て!!! 政友民政兩黨との悪縁を

奮闘。十月四會青森支部大演設會。

見よこのビラを!「大地主諸君、大工場主諸君の安住すべき黨こそ我が日勞黨である」と印刷してある。ダラ幹奴!←

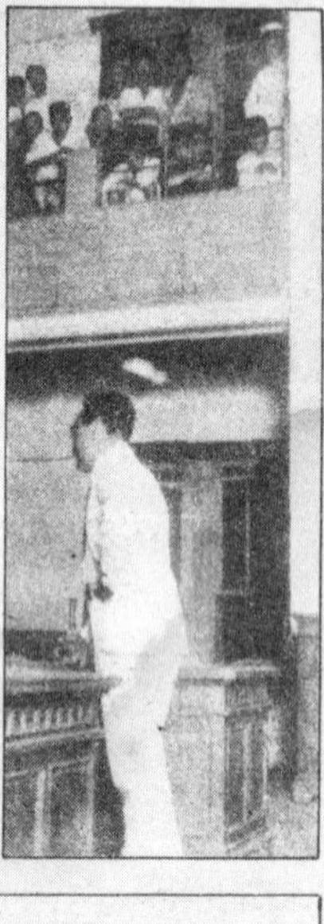

↑目黒自動車從業員大會を終へて（勝つた日に）

爭議團本部の合間↓（國際通運）

↑死を以て大山氏を護る青年自衛隊（青森にて）

爭議に勝つて（東海堂爭議）↓

世界戦争と勞農階級

打棄てられた戦死者の群。（支那）

↑腥惨極まる塹壕戦の跡。

不戦條約、不戦條約と口先だけでハヤシ立て、實は戦争準備に餘念がない。不戦條約のキモイリ役ケロッグの狡猾な顔を見よ。↑

ブルジョア不戦條約の正体をアバキ出したリトビノフ。↘

↑大演習に参加させられた岩手縣の中學生。かうして若い頭に軍國主義が浸み込まされる。

↓反動團民黨に××された××的支那勞働者。

世界戦争と勞農階級

第二の世界戦争が近づいて来る。どんな世界戦争か？サウエート聯邦に對して全世界の資本家地主がしかける戦争だ。

今から十一年前の一九一七年十一月、ロシアの勞働者農民は共に立つて資本家地主の支配を倒し、その後十年着々として勞農階級の力を固め、今やサウエート聯邦は全世界の勞農大衆の唯一の祖國となつて居る。だからこそ資本家地主どもは、勞働者農民を搾取するために、地球上に頑として榮えるこのサウエート聯邦の力を弱めやうと氣狂ひのやうになつて居る。

彼等は新しい武器を作り、働き盛りの青年を兵營に入れ、學校の生徒にまで軍事教練をやらせる。だが戦争に出されるのは誰の息子か？ 我々の兄弟が戦死する時莫大な金儲けをするのは誰か？

資本家地主が倒されぬ限り、第二の世界戦争はサウエート聯邦に向けられる。世界の勞働者農民は敢然起つてこの戦争の火を吹き消さねばならぬ。我々の戦争反對同盟は十一月一日——七日のロシア革命記念週間を機として、工場や農村に強力な反戦運動を展開して居る。

→（上）勞農階級に向けられた最近式の武器、（下）勞農階級を襲ふためのタンクの演習。

←大阪の防空演習。かうして資本家地主は夜となく晝となく戦争の準備をして居る。誰を敵として？

工場内に開かれた從業員大會。—市電自治會の同志諸君—

↑神奈川縣鶴見の工場地帶。巨大な工場の屋根、そゝり立つ無數のクレーン、そこに我々の兄弟は團結し、そこに闘爭の焔は燃え上る。

←淺野鐵工所内。まつかに燒けたノロ（鐵板）が流される。モーモーたる湯氣と眼の眩む熱氣。だが勞働者の心はそれよりも更に熱く更に熱いのだ。

アツチからもコツチからも、プロレタリアはかうして朝の工場へ我々の城塞へとつめかける。（鶴見）↓

サボタージュに入る工場地帶。煙突は一つ一つ煙を吐き止めた。（石川島造船所）↓

機械のかたはらプロレタリアートはこゝに腕を鍛え闘志を煉るのだ。↙

さあピケツだ。どいつでも來いツ！

←戰爭反對のポスターを貼る青年同盟の諸君←

農村における我々の兄弟

その時六ケ月やられた石野君は元氣一ぱいで刑務所の門を出て來た。↓

寃罪で投獄され獄中に憤死した同志の墓。
（千葉縣夷隅郡東村の小作爭議）←

↑去年十月十三日新潟縣中蒲原郡小作縁野君の對地主係爭地五反歩の立毛差押を組合員七百名動員で一擧に刈取つた時の田の中の記念撮影。ミノ笠姿の老若男女。差上げた旗、振かざした鎌を見よ。

↗ブル・スポーツに對抗するプロ・スポーツ（沖電氣の野球チーム）

↑大無産者新聞三週年記念左翼劇場公演。この夜報知講堂に押寄せた千三百の看衆は×旗を唱つてデモに移つた。

モスクワのスパルタキアード（國際赤色スポーツ團）に集つた婦人競技者の一團。↓

←暴壓をケ飛ばした無產者新聞三週年記念（九州地方移動展九州八幡）黒紙の貼つてあるのは撤回された跡。

石原伊代治君

吉田富造君

板野勝次君

奥田宗太郎君

三宅右一君

長谷川民之助君

上條寛雄君

鈴木治亮君

村上由圀君

澤山松藏君

野田律太君

西光萬吉君

德田榮次君

岡崎一夫君

↑平林セン君

→公判廷に入る神戸地方の前衛諸君

豊原五郎君

藤井哲夫君

宮崎菊次君

谷口善太郎君

廣畑惣太君

武内清君

久津見房子君

山名正實君

春日庄次郎君

奪はれた前衛の像

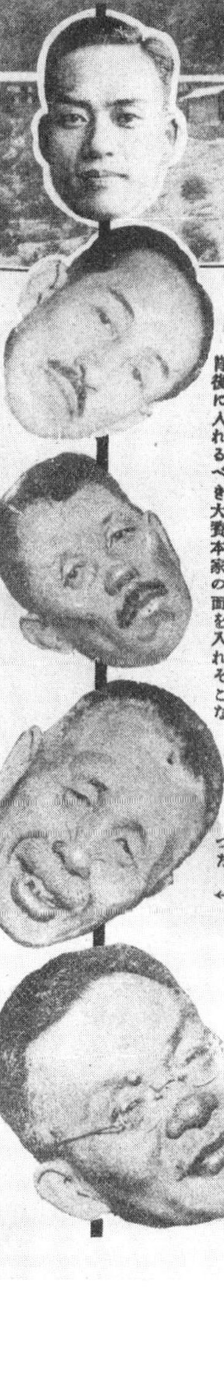

←日本共産黨が結黨式をあげたと言はれる五色温泉と檢擧並びに惡法制定直接關係者（上から特高課長纐纈、檢事總長小山、前首相若槻、現首相田中 現法相原）背後に入れるべき大資本家の面を入れそこなつた。←

夫の留守中愛兒を抱いて無產者新聞社に奮闘する松尾敏子君

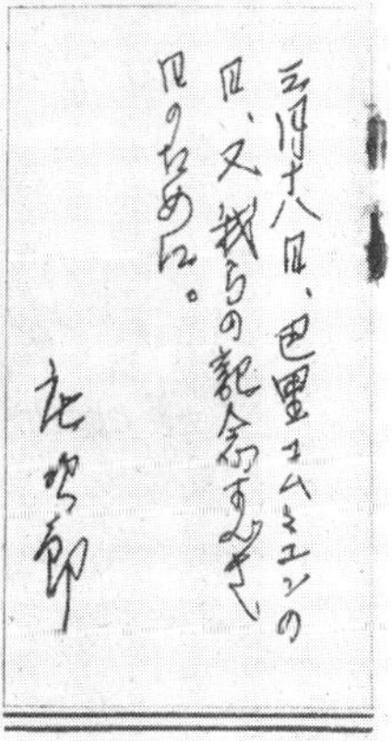

←三月十八日を記念する春日君の署名。←市ケ谷刑務所の正門。この頑丈な門、この厚い壁の中に我等の前衛は囚はれて居るのだ。

→第十一回大會に於る農村サウエート代表の報告演説。繩の帶をしめ、頬冠りをし、鍬を握つて居た手をあげて彼等は報告する。彼等は本當の百姓であり、それ故本當の農民の代表者だ。

←進軍の曲を奏するピオネール（赤色少年團）。赤色小年團の組織されて居ない町も村も一つもない。彼等はサウエート聯邦發展の重荷を背負ふ新しい軍隊である。日本でもこの赤色少年團が出來かけて居る。

↓ピオネールは時々遠足をやる。野外に天幕を張つて心を練り肉休を練る。彼のハチ切れるばかりの笑顔。サウエートの物語を話して聞かせる大人の黨員。未來の建設はこゝから芽生える。

ロシアの勞働者農民は資本家地主を倒した。それから十一年サウエート聯邦は如何に發展したか？

赤軍タンクの大活動

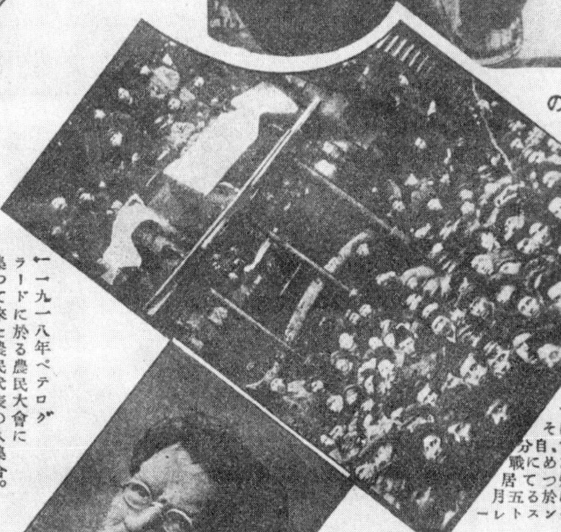

モスクワに於る赤軍のデモンストレーシヨン。サウエート聯邦を世界帝國主義の大砲から守るものは百萬の赤軍である。百萬の赤軍はその一兵卒に至るまで、自分等が勞働者農民のために戰ふものである事を知つて居る。圖はモスクワに於る五月一日メーデーのデモンストレーシヨン。

←一九一八年ペテログラードに於る農民大會に集つて來た農民代表の大集合。→工場内で行はれるレニングラード・サウエートの選擧。かうしてロシアの勞働者は、彼等の代議員を工場の中で、巨大な齒車の下に蝟集して選出するのだ。

→(1)カリーニン　サウエート聯邦中央執行委員長。彼は貧農の家に生れ小學校へもロクに行けなかつた。老いてなほカクシヤクたることの農民出の中央執行委員長のもとに勞働者と農民との結合はますます固められて行く。(2)ウオロシロフ　サウエート聯邦革命軍事委員長。精鋭無比の百萬の赤軍はとの革命軍事委員會によつて、勞働者農民のためにいつ何時でも銃を取る準備をして居る。(3)サウエート赤色騎兵總司令官ブージヨニー。

(1)大演習を終へて歸る赤軍の大軍。圖、背景はクロンスタツト港外サウエート艦隊の一齊射擊。(2)巡洋艦オーローラ號の勇姿。一九一七年十一月七日夜巡洋艦オーローラはネバ河に碇泊し、ペテログラード勞兵サウエート革命軍事委員會の司令の下に頑として革命政府樹立を護つた。圖はオーローラ號當夜の勇姿。

(3)イタリーのノビレ一行が北極の暗夜に將に餓死しようとした時、それを救ひ上げたのは誰だつたか？フアシズムのイタリアか？否、勞農赤色碎氷船クラシンであつた。ノビレ一行搜索のため極地の氷原に向つて出發するクラシン號の全容。

トーマの槌

國際勞働會議（全世界の資本家とダラ幹とが寄り集まつて新しい搾取の相談をする會議）の總會議長アルベール・トーマが十二月一日日本に來るといふ。と奴はプロレタリアの利益を口にしながらブルジョアの利益のために働いて居る世界隨一のダラ幹で、この前の世界大戰の時はフランス・ブルジョア内閣の軍需大臣になり、フランスのプロレタリアを戰場に追ひやつた憎むべき札ツキだ。と奴が日本に來る目的は、言はずと知れた勞働大衆の利益を資本家に賣りつけるためだ。そこでと奴は、國際勞働會議でサンザン勞働者の利益を叩き碎いた槌を日本の相棒の鈴木文治に贈つて來た。「この槌で日本勞働運動の戰線をヨロシク叩きこはして吳れ」と言ふのが彼の言葉だ。しかも世界資本の根底が愈々グラツキ出したので今度は自分で出掛けて來て、日本勞働大衆の利益を踏みつぶし、鈴木、松岡なぞのダラ幹と手に手を取つてわが大衆運動をアムステルダム・インタナショナルにくゝりつけ、日本プロレタリアートの××的進出を食ひ止めやうとするのだ。だからこそわが日本のプロレタリアートは「奴を一足も日本に入れるな」と叫んで居るのだ。世界的裏切者世界資本家の最大の手先、こ奴トーマを追ひ返せ

トーマ「鈴木君これですぞ。これで日本の勞働者の頭を一つゴツンとやつて吳れ給へ。」

鈴文「いや、これはどうも。この槌を頂けるとは光榮至極です。いづれ私も一つ身を入れて戰線分裂に盡したいと思つて居ますので、近い中にはいゝ結果を御目にかけませう。」

トーマ「大丈夫かね？」

鈴文「實はその大衆が段々左傾するやうすなので弱つてるのですが…」

→社會民主々義ダラ幹通りの夜

「チヨイト　チヨイト　寄つてらつしやいよ　上つてらつしやいよ」

ツバキとゲン骨と飛ぶ。

「ヘーンッ見そこなふねェ」

◇飛んだ誤植

最近の無産大衆新聞の一面に堂々と書かれた文句の中に「無產政黨不統一のために戰つて來たわが黨は………」

ヤヂ曰く「飛んだ誤植だね。」

キダ曰く「誤植？　何が誤植なもんか！」

◇ブルジョアのダラ息子

ブルジョアや地主のダラ息子ども慶應大學にはいり、野球に勝つたと數千人銀座に繰り出し、カフエーを占領して器物をこはし、泥醉して通行の婦人子供を襲ふ。警官テイサイのため二三人檢束してすぐ出す。署長曰く「諸君惡く思はないで吳れ給へ。」實を言へば、我々の方では諸君を賴みにしてるのだ。諸君の學校にも、ヤレ社會科學だのヤレ學內の自治など騷ぐ連中が居るが、今度は一つあつちの方をやつて貰ひたいね。ナニ學校の方へはコッチからチヤンと言つて置くから今日の事なぞ處分も何もしやしないよ」と總產物を吳れさうなアンバイ。隣りではビラを撒いた學生が髮の毛を拔かれて××されて居た。

◇合法非合法

二十四日新黨結黨全國代表者會議で東北の一農民代表立つて曰く「綱領草案に合法的云々とあるが合法も非合法も我々の力一つである。我々の力は日に日に强大となり、今や………」

臨監そばに來てッツと肩をたゝきながら「もし〳〵、少しやはらかくして下さい」

本社輪轉機購入金募集に應ぜよ！

全讀者が御承知のやうに無産者新聞本社はぜがヒでも輪轉機を買つて一日も早く日刊にせねばならぬ。この事が發表されると全國の勞働者農民は財布の底を叩いて續々寄金して寄こし、その額がもう四千圓を突破した。しかし輪轉機を買ふにはまだ大分足らぬ。グラフ讀者もドシドシ送つて頂きたい。それはたゞ無産者新聞の發展になるばかりでなく、同時にまたこのグラフをも立派にするのだ。輪轉機、輪轉機、俺達の新聞を俺達の機械でつくらう。

レーニンの塑像を頒かつ

我々の所には立派な寫眞機がない。いゝ寫眞を撮るためにはいゝ寫眞機が必要だ。所で、淺野孟府君が造型展覽會最大の傑作だつたレーニン像をそのために寄附され之を實費で頒つことにした。グラフの内容を充實させ、見事な寫眞で一ぱいにするため振つて買つて頂きたい。

塑像　高さ一尺强
定價　一個十圓
送料　一個六十錢（箱つき嚴重損傷なきやう注意する）

次號豫告

創刊號はかうして諸君の眼の前に出た。第二號は一層の馬力をかけて着々準備中だ。さてその内容はどんなものになるか？　勿論一から十までとゝで言ふことは出來ないし、こゝで豫告せずに置いて出來てから諸君の賞讃を得たいと思ふものもあるわけだが大体次のやうな問題が捕へられて來る。

一、一九二八年の總決算。この十二月で一九二八年は終つて新しい二九年が來る。この一年間の一ぱいの思ひ出。總選擧、三月十五日事件、鬪爭の思ひ出。その後のわが勞働者農民運動の強力な復起、その間を通じて展開されて來たネバリ強い統一戰線それを一目の下に展開する。

二、新黨結黨。十二月はまた新黨結黨の月だ。輝く鬪爭の跡を殘して一旦彈壓のために解散され、新黨準備會の組織の下にモリモリ力を盛り上げて來た舊勞農黨が眞に無産政黨合同の大黒柱として結黨される月だ。グラフは新黨の勇敢な戰ひの歴史とその新たな結黨とを一目に展開する。

三、十二月は暮れの月だ。オセイボだの正月だのと騒ぎ廻るのは資本家地主のこと。俺達には、米も貯金もなく、立禁の後をひかへて質屋に曲げ込む質草もなく、ニッチもサッチも行かぬ月だ。そこにつけこんで救世軍だとか何だとかいふブルジョアの手先きどもがノサバリ出す。だが一方には本當にプロレタリアのために色々の事業をやり、病人にタゞで藥を與れる醫者なども居る。暮れを控へた勞働者農民無産市民の苦しい生活、それを取り卷くブルジョアのギマン策とプロレタリアの對策等々これが次號の主な内容だ。グラフ部員は汗を流して準備して居る。

懸賞募集

一、無産者カルタ。

何時まで「い、石の上にも三年」「ぼ、佛の顏も三度」などと言つて居ても始まらない。わがプロレタリアの子供は、もつとヘツラツとした鬪爭的なカルタを持つ必要がある。そこでわがグラフは來るべき一九二九年の戰鬪的正月のために無産者（イロハ）カルタを作ることにした。その文句を募集する。例へば「す、スパイにゲンコ」「き、犧牲者救援は救援會」。締切十一月三十日。採用の分には一句につきグラフ一部。

二、子供の漫畫。

わが愛するプロレタリア子供諸君の痛快な傑作を期待する。色彩を幾ら使つてもかまはない

三、痛快な詩、痛快な一口噺を募る。

傑作にはグラフ部の畫家が插繪を描き添へる。

二と三とは締切なし。毎日どしどし送つて貰ひたい。掲載の分にはグラフ一部づゝ贈る。一人で何種類出してもかまはない

結黨から合同への展望

大山郁夫

今や、刻々激化しゆく支配階級の攻勢に對する當然の應酬として、大衆の反抗的鬪爭意志が各瞬間に高潮しゆくところ、そこに階級戰線統一への不可抗的な要求が勃然として益々旺盛に湧き上がりつゝある。しかもとの傾向が、新黨準備會によつて近く實現されようとしてゐる新勞農黨結成への熱烈なる期待と相呼應して、大衆の間に強力に脈動しだしてゐることは、我々には見逃がせない一の活ける事實である。

それは單に、舊勞農黨の輝ける鬪爭の歴史に對する大衆の已みがたき追慕的感情だけから來てゐるものとは見えない。それは同時に、勞農諸政黨の合同によつて收得されるべき全勢力を對支配階級鬪爭のために偉大なる效果を發揮し得るものたらしめようとの、大衆の本然的な、そして正當な願望に基づくものでもあらねばならぬ。

かくの如く、大衆が單純に鬪爭本位の階級戰線統一を要求してゐるとき、右翼社會民主主義者らは公然と所謂大右翼結成なるものを策謀し、左翼社會民主主義者らは殊勝らしく單一政黨の空虚な題目を口にするとによつて、實は合同をその可能な端緒から取り上げよと主張する我々の提議を拒絶しようとする。見よ！　彼等社會民主主義者の一群は、その左右兩翼に從つて多少皮膚の色合ひを異にしてゐるにも拘らず、その本心に於ては共に支配階級の分裂政策に協力する一つ穴の狢であることを！

わが新黨準備會は、その成立以來始終絶大なる計畫的彈壓の下におかれてゐながら、一方に於ては支配階級に向つて火の出るやうな鬪爭を遂行して來たと同時に、他方に於ては左右兩翼の社會民主主義者どもの面皮を大衆の面前に於て假借なく剝いで來た。それは、大衆の現實的要求を最微の點に至るまで精細に顧慮しつゝ當面の階級戰線統一の問題を正しく解決するための不可避の過程であつたのだ。それ故にこそ、今や新黨準備會が更らに陣容を整備して、新勞農黨として打つて出ようとするのを見て、大衆はそれを正しき階級戰線統一への強力なる一大拍車として、思はず心の底から歡迎する氣分になつたものであらう。

かく考へるとき我々は、新勞農黨の出現の歴史的意義およびそれが大衆に對して負ふ任務の重要性を深く反省せしめられ、肅然として自警し、敢然として奮起する衝動を痛感せずにはゐられないのだ。

上圖は俺達の畫かき柳瀨正夢君の作品個展に顏を並べたグラフ部の人達。×印が吾々の柳瀨！

◇編輯後記◇

先づ奪はれた前衛の肖像をはじめ多くの貴重な寫眞を貸して吳れた全國の同志諸君に厚くお禮を申し上げる。しかも印刷所の手違ひやなんかゝら發行がこんなに後れたことまことに申し譯がない。來月からは必らず二十五日にはヤッと出す。創刊號で色々ニガイ經驗もなめたので第二號は創刊號よりも數倍いゝものを作れる自信が出來た。しかし勿論いゝものを作るには全讀者諸君の積極的な支持應援に待たねばならぬ。創刊號の宣傳擴張策、内容の批判、新しい要求などを、寫眞や懸賞應募と一しよにドシドシ送つて頂きたい。十二月號の内容は別項の如く決定したし、正月にはわがプロレタリア子供諸君のために二大附錄をつける豫定だ。首を長くして待つてゝほしい。

十月二十七日

祝 發 刊

希望閣

東京市早稲田鶴巻町四七一
振替東京六七五一九番

ヤロスラウスキー著 瓜生信夫譯
ウラヂミル イリイツチ レーニン (定價) 1,30 (送料) .08

スターリン クルプスカヤ著 瓜生信夫譯
人間レーニン .80 .08

ロシア問題研究所編著
ソビエツト・ロシア辭典 2.00 .10

レーニン著 瓜生・直井共譯
マルクス・エンゲルス・マルクス主義 .60 .06

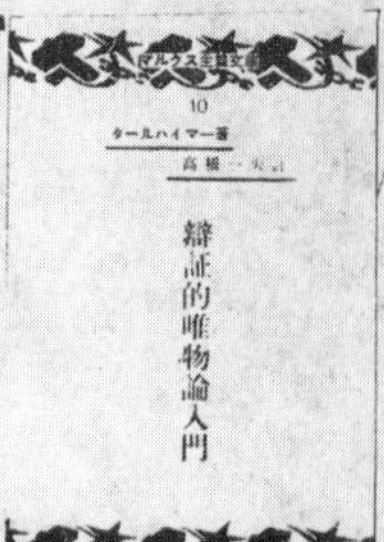

マルクス書房

東京市小石川區小日向臺町一ノ五一
振替東京三三九八番

レーニン著 西雅雄譯
組織問題(普及版) 1.00 .08

レーニン著 門屋博・關根悦郎譯
三月革命より十一月革命まで(再版) 1.00 .06

セムコフスキー編輯
マルクス書房編輯部譯編
マルクス學教科書

既刊
第一冊 社會進化の鐵則(上) .60 .06
第二冊 社會進化の鐵則(下) .70 .06
第三冊 史的唯物論(上) .70 .06

同人社

東京市神田區西紅梅町一二
電話神田三四四〇番 振替東京三〇六五番

ブハーリン著 佐野文夫譯
轉形期經濟學 .80 .08

ブハーリン著 檜崎譯
史的唯物論 1.00 .10

ローザ・ルクセンブルグ著 益田・高山譯
資本蓄積論 1.00 .10

ハウゼンスタイン著 阪本勝譯
藝術と唯物史觀 3.00 .13

上野書店

東京市神田區錦町一ノ一二(顧原ビル内)
電話神田四四九一番 振替東京七四七五番

レーニン著 高山洋吉譯
1917年 2,50 .18

ロゾフスキー・ヘルラー著 兒島猛譯編
國際勞働組合戰線に於ける統一・組織・ストライキ戰略 .60 .04

河上肇著
マルクス主義經濟學 1.30 .08

佐野學著
唯物論哲學としてのマルクス主義 .50 .08

木下半治著
陪審法批判 .45 .04

定價一部 15錢(送料二錢)
半ケ年 85錢(送料共)
一ケ年 1円60錢(同)
發行所 東京市芝區烏森町一・新興ビル
發賣所 無産者新聞社(電話銀座 4922)(振替東京 62252)
發行兼編輯兼印刷人 柳瀬正夢

グラフの兄無産者新聞を讀め!

Proletoj de la tut mondo, unuiĝu !

Jaro2. N-ro1　万国の労働者團結せよ!　Januaro

無産者グラフ

昭和四年一二月二日印刷納本
昭和四年一月三日發行（毎月一回一日發行）

附録 無産者双六『勝利を指して』

(一)　第百九十三號　THEMUSANSHA-SHIMBUN　(The Proletarian News)　昭和三年十二月五日

月六回

無産者新聞

發行禁止抗議運動を強力に展開せよ

公判は十八日午後一時

公判公開を要求して區裁判

無産者新聞發行禁止の抗議運動を組織せよ

最近の出來事

十二月二十二、二十三　二十四日新黨結黨大會開かれてわが勞働者農民の意氣《いき》は天《てん》をつき政府《せいふ》は終《つひ》に結社禁止を命《めい》じた。(1)右から山本、奥村、河上、大山の諸氏《しよし》。(2)緊張《きんちやう》せる代議員と傍聽席。(3)全代議員に訴《うつた》へる壇上の細迫氏。

(4)トーマを追ひ返《かへ》せと手筈《てはず》を定めて仕事《しごと》にかゝるトーマ排撃同盟《はいげきどうめい》。

(5)裏切者《うらぎりもの》アルベール・トーマとそれを迎《むか》へに出《で》た鈴木文治。

鈴文《すゞぶん》はチャンとトーマの鞄《かばん》を持つて居る。(6)御大典《ごたいてん》に參列《さんれつ》するので一所懸命に身《み》づくろいしてる鈴文、西尾《にしを》、安部《あべ》。これは漫畫《まんぐわ》に非《あら》ず。(7)十二月初旬《はじめ》に開《ひら》かれた社民黨大會でその大衆は幹《かん》部をハネのけて戰ふべき意氣《いき》を示した。(8)勞働者農民の力の盛《も》り上りを食《く》ひ止《と》めるために日本大衆黨が出來《でき》た。農民の闘爭を支《し》持するのは都市勞働者の階級的義務だ。(9)そこで農村應援協議會は大々的に農村應援の仕事についた。(10)は立禁の公示札をひつこ抜《ぬ》かせた全農新潟南部地區の農民諸君。

白色テロの頁

一、弾壓《だんあつ》の斧《おの》ひらめきて
我等《われら》の戦士《せんし》はたをれ
血《ち》に狂《くる》ふ屠殺者《とさつしや》の
かざせる武器《ぶき》は冴《さ》えぬ
迸とばしる血潮《ちしほ》もて
耕に染めん　赤旗《あかはた》を
耕に染めん　赤旗《あかはた》を
我等《われら》はかばねに誓《ちか》ふ

二、いまはの君《きみ》の呼び聲《ごゑ》は
鐵《てつ》の扉《とびら》を洩《も》れぬ
屠殺者《とさつしや》の復讐《ふくしう》は
今《いま》ぞ我等《われら》に燃ゆる
よしさらば血潮《ちしほ》もて
あかなはん　いけにえを
あかなはん　いけにえを
我等《われら》の誓《ちか》はかたし

（この歌は花木ゴム爭議《そうぎ》で大塚君が南千住署で×された時に出來た。赤旗のフシで唱ふ。）

御大典検《けん》束《そく》では澤山の同志が×された。それも、重い病人に飯も食はせず薬も飲ませぬといふやり方で。暗い留《りう》置《ち》所《じよ》の中でその人達は我々の名を呼びながら息《いき》を引取つて行つたのだ。(1)大阪岸《きし》和《わ》田《だ》で×された泉《せん》州《しう》労働組合の岩瀬君(2)津《つ》署《しよ》で×された全農三重県聯合会の大澤君。(3)大澤君の葬《さう》式《しき》のデモに押寄せた県下三千の同志諸君。(4)横濱壽署で×された朝鮮労働総同盟の徐《じよ》君《くん》。(5)その告《こく》別《べつ》式《しき》。

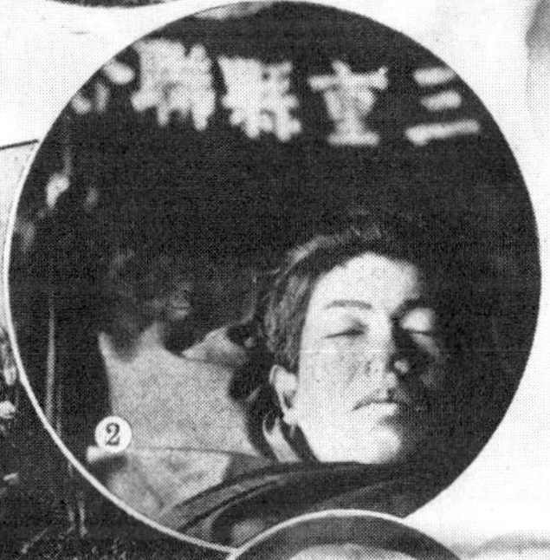

朝鮮共産黨事件

(6)朝鮮共産黨事件で法廷《ほうてい》に入る朝鮮の同志諸君。深編笠《ふかあみがさ》、腰縄《こしなは》、手錠《てじやう》を見よ。警官《けいかん》の腰のサーベルとピストルとを見よ。
(7)公判の日傍聽《ばうちやう》見送《みおく》りに押寄せた群集《ぐんしよ》。街《まち》の兩側《りやうがは》を埋め電車の安全地帯を埋めたこの人達は殘らず我々の仲間なのだ。

師走から正月へ

正月が何がめでたい？プロレタリアはストライキだ。

十二月だ暮だ、ボーナスだ、大賣出しだ、さて正月だ、トソだと騒ぎ立てるが、めでたいか目出度くないか見て見るがいゝ。

裏切者トーマがやつて來たがロイトマンの小母さん等は手を休めるわけに行かぬ（1）「お前みていな野郎に見て貰ひたくてやつてゐるんでねえや。物干を見て見な、物干を！」これがどつちもの腹の中だ（2）なる粥食堂はある。だがこんなに集つた失業者に誰が飯を食はして呉れるのだ？（3）

ダッチ小僧さん達は重い荷物を背負つて走らねばならぬ空つ腹でヒヤは切れる自動車に挾まれてどんな大怪我をするかも知れぬ（4）ローラーを廻して市從業員が道路を固めるが（5）そこを朝からしやなりくと買ひ物に歩くのはブルジョアの婦人で彼達のきやうだいではない（6）その證據に、ことしの暮は失業者の増大が眼もあてられぬ位で、それはどうく銀座街頭にまで押し出した。御大典の飾り付と何と皮肉な對照か（7）また町の辻では救世軍のキザな士官がオベツカ使ひで寄附をネダつて居るが（8）救世軍の力では鍋かんの中に落て居る失業者は救へない（9）ヲメタイひるめし（10）そしてたまく社會局が失業者を救ふなぞと看板だけは大きいが、この澤山の手に對して、仕事の切符はたつた一枚じやないか？（11）病氣や怪我で馬鹿ドクトルのやうな醫者でも賴なかつた日にはたまつたものではない（12）

プロレタリアの細君等は安い方へ安い方へ食糧品店を漁つて行くがそれでも買ひたい

勞働者へ食と仕事を與へよ！

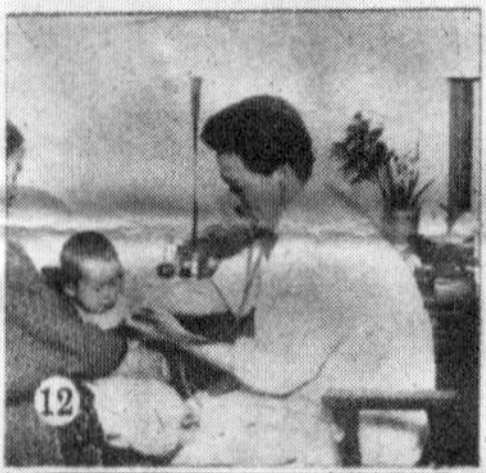

ものは半分《はんぶん》も買へない(13)そしてプロレタリアの娘達《むすめたち》は辻《つじ》で新聞《しんぶん》を賣り、その鈴の音は寒風《かんぷう》に吹きちぎられて行つた(14)工場(15)ではどこもかしこも年末の夜業だ。八時間はおろか、十時間も十一時間も十三時間も仕事《しごと》をさせられ、それで賃銀《ちんぎん》は一向に上らず、いやならサッサと馘首《かくしゆ》だとおどかす(16)諸所方々の木賃宿《きちんやど》街(17)からまだ夜の明け切らぬうちに續々と出《で》て来るものはわが土工諸君《しよくん》の群《むれ》だ。そして彼等《かれら》は、霜柱の立つたボロボロの固《かた》い冷《つめ》たい土を堀つくり返す。その多くは請負《うけおひ》の親方に搾取される朝鮮勞働者諸君だ(18 19)水の上ではこの寒空に水上婦人勞働者が汗《あせ》をしぼる程働いて居る(20)保線工夫がかけ聲をかけツルハシを振り上げてレールを直《なほ》す、彼等の顔は日に焼けまた雨に洗はれて居る(21)そして停車場では鐵道從業員が世界第一の安給料で働いて居る(22)保線工夫や驛夫諸君の手で安全な汽車を一等のロハ切符《きつぷ》でフンゾリ返つて乗りまはる者こそブルジョア代議士そのものだ。暮《く》れから正月へ。そこで我《われ》々は多くの我々が我々の兄弟が失業と飢ゑにさらされて居るのを見た。しかも我々のこの勞働の上に資本家地主がのさばつてるのを見《み》た、我々の怒りはガスタンクの如《ごと》くふくれ上つた(23)そして東京ガス工場從業員諸君は東京全市のガスストライキに入つた。(24)資本家地主は正月をおどれ！

すべての勞働者はストライキだ！

新しい年に突進せよ!

一年間戰つたこの力で。

十二月(一九二七年)【1】勞農黨第二回大會、全代議員議事に入る。

一月【2】野田大學議、堂々と校門を引上げる小學生ストライキ團。

二月【3】函館ドックストライキ、爭中の從業員大會。【4】選擧戰開始。振蕩新政黨のポスタ-とすンとして輝く勞農黨本部。

三月【5】三月十五日を忘れるな!

…の朝警察廳に拘引される勞農黨幹[illegible]書記長。【7】普選最初の議會、治維法改惡案上程され反抗運動猛然と起る。

五月【8】メーデー　上は東京、下は山を越えて進む水戸のメーデー

六月【9】對支出兵反對演說會解散され勞農即時デモ敢行。【10】海員爭議勃發、停船また停船、爭議團本部は正に討議中

七月【11】關東地方組合會議。【12】無産大衆黨結成。

八月【13】富山を振出しに電燈爭議全國に廣がる、圖は熊本縣八代町の燈料値下町民大會。【14】關電立ち上る、圖は東電の獨占配電網。【15】東電本社屋上の從業員大會。

九月【16】自治會立ち東京市電從業員電氣局に押寄せる。【17】共產黨公判開始。神戸の同志元氣一ぱいで法廷に入る。

十月【18】新黨準備會全國代表者會議開かる。【19】總同盟大會裏切者トーマを迎へる。

十一月【20】ロシア革命十一週年紀念祭。【21】グラフ生る

一九二九年へ!!

心の熱する俺達の祭

レーニン及びカールとローザ

森山啓

心《こゝろ》の熱《ねつ》する俺達《おれだち》の祭《まつり》!
レーニン 俺達の父《ちゝ》 俺達の兄弟《きやうだい》 俺達のイリイッチ!
ローザよ 俺達の母《はゝ》 俺達のけうだい 血《ち》まみれのローザよ!
そしてカール 兄貴《あにき》よ 友達《ともだち》よ 血まみれのカールよ!
めぐり去る春《はる》は死《し》の日付《ひづけ》をばハッキリさせる
彼等《かれら》は死んだ
おゝそして あらゆる國《くに》のプロレタリアの この血脈《けつみやく》の響《ひゞ》きは一体何か?
これが死んだ戦士達《せんしたち》の生命《せいめい》の響きでなくて、生命とは一体《たい》何か?
新《あたら》しい春は草木《くさき》どもの芽《め》を吹く春だ
ては蒔《ま》かれた眞理《しんり》と戰ひの種子《しゆし》もあらゆる國の一面にいつぱい發芽《はつが》だ!
今 工場はしつきりない鐵槌《てつつい》の力《ちから》の行進曲《かうしんきよく》で
海《うみ》をこえ國境《こくきやう》をこえて
あらゆるプロレタリアの心臓《しんぞう》の鼓動《こどう》を一つにとかせ
數知《かずし》れぬ民衆《みんしう》を 向《む》かふへ、自由《じいう》の綠野《りよくや》へ導《みちび》かうとする!
戰《たゝか》へ! 祭《まつ》れ! 心の熱《ねつ》する俺達の祭だ!

モスクワに於ける革命十一週年記念祭

ロシアの勞働者と農民とが勞働者農民の政府を打ち立てゝから十一年目、去年の十一月七日サウエート聯邦《れんぱう》は盛大《せいだい》な革命十一週年祭を催した。(3)はその日のモスクワの「赤い廣場《ひろば》」。群集《ぐんしう》は勞働者、農民、赤衛軍。かつて兄弟の血の流《なが》された所て、レーニンの墓《はか》(中央《ちゆう》の箱《はこ》を重《かさ》ねたやうな建物《たてもの》)を圍《かこ》んで戰ひを誓《ちか》つた彼等の胸中《きようちゆう》はどうだつたらうか?(右手、なゝめにした旗《はた》の上にXIと書いてあるのを見よ)

(1) レーニンの死《し》を報《ほう》ずるプラウダとイズベスチヤの共同の號外

(2) 勞働服《らうどうふく》を着《き》たレーニン

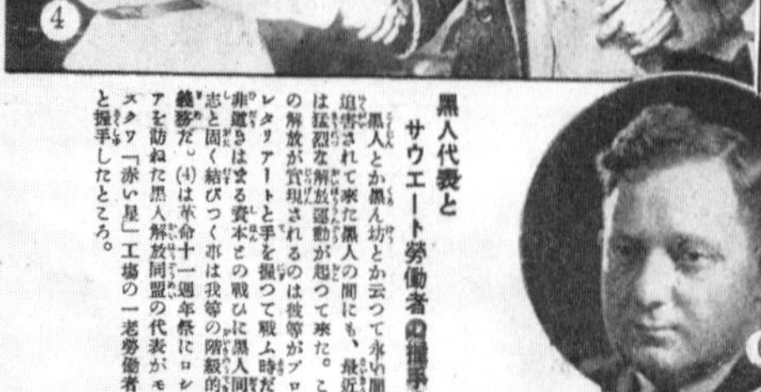

黒人代表とサウエート勞働者の握手

黒人《こくじん》とか黒ん坊とか云つて永い間迫害《はくがい》されて來た黒人の間にも、最近は猛烈な解放運動が起つて來た。この解放が實現《じつげん》されるのは彼等がプロレタリアートと手を握つて戰ふ時だ。非道《ひどう》きはまる資本との戰ひに黒人同志《どうし》と固く結びつく事は我等の階級的義務《ぎむ》だ。(4)は革命十一週年祭にロシアを訪ねた黒人解放同盟の代表がモスクワ「赤い星」工場の一老勞働者と握手したところ。

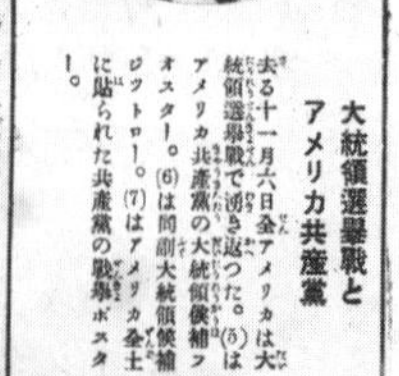

大統領選擧戰とアメリカ共産黨

去《さ》る十一月六日全《ぜん》アメリカは大《だい》統領選擧戰《とうりやうせんきよせん》で湧《わ》き返《かへ》つた。(5)はアメリカ共産黨の大統領候補フオスター。(6)は同副大統領候補ギツトロー。(7)はアメリカ全土に貼《は》られた共産黨の選擧《せんきよ》ポスター。

16
17

支那革命は進展する！

一九二七年十二月十一日支那《しな》プロレタリアートは廣東《かんとん》にサウエートを打ち立てた。それは不幸《ふかう》にも倒《たふ》された。だが倒される度《たび》に一層《いつそう》強くなつて起《た》ち上るのがプロレタリアートだ。支那《しな》全土《ぜんど》の工場と農村とに深く深く根《ね》を張《は》つた支那革命《かくめい》の火《ひ》は一九二九年と共に正《まさ》に再び燃え上らんとして居る。(16)(17)はそのアピールとアヂテーター。

18

8
9

労働者農民のために命を捨てたカールとローザ

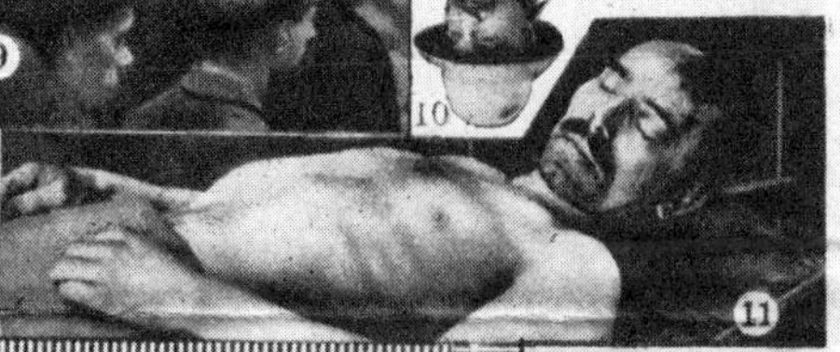
10
11

一月十五日カールとローザとの死の日を記念せよ。

(18)十二月十六日の廣東市街。
(19)廣東の市民に貼られた革命軍のポスター。

19

14

13

15

12

レーニン　カールとローザ

一月はレーニンとカールとローザの月だ。二十一日、世界プロレタリアートのためにその頭脳と肉体とを使ひ盡してレーニンは死んだ。十五日何百萬 プロレタリアを殺戮に追ひやつた政府に對し、プロレタリアートの良心を示「戰爭反對！」を宣してドイツしたカール・リープクネヒトとローザ・ルクセンブルクとは政府の犬の手で叩き殺された。二十一日と十五日世界プロレタリアの心は一きわ明らかに燃え上るのだ。右頁上のカツトはメーデーのレーニン(8)はスツツトガルトの労働者に演説するローザ(9)ベルリンの労働者に語るカール、(10)首だけのはカールを殺した奴(11)はカールの死體

コンミンタン　第六回大會

全世界の労働者黨の代表が集つて世界プロレタリアートの當面の闘爭について討議決定するのがコンミンタンの大會だ、我々の前衛はこの大會に出席し我々の闘爭を全世界の同志に語り意見と經驗とを交換するのだ。(12)去る七月その第六回大會がモスクワに開かれた。(13)は開會の辭を述べる同志ブハーリン。

コムソモール

コムソモールとは共産主義青年同盟のことだ。(14)はその會議(15)は共土曜勞働。土曜勞働といふのは、一般勞働者の休む土曜日にも青年同盟員は特にに勞働してサウエート聯邦強化のために盡すのを言ふのである。

モスクワのピオニーロ

秋田雨雀

私《わたくし》がソビエツトロシアで非常《ひじやう》に感心《かんしん》したのはピオニーロ（先驅少年團《せんくしようねんだん》）の生活だつた。ピオニーロとは、歐洲戰爭《おうしうせんさう》、革命《かくめい》、國内戰爭《こくないせんさう》時代《じだい》に親兄弟《おやきやうだい》をなくなした子供に教育《けういく》を施《ほどこ》してるのだが、成績《せいせき》が大さういゝので普通《ふつう》の子供も入れるやうになつた。ピオニーロの教育は、ソビエツトロシアを守るための大切《たいせつ》な準備《じゆんび》教育である。「フセグダ・ガトーワ」（いつでも用意《ようい》してるぞ）といふのがその合言葉《あひことば》だ。

私はモスクワのグルジンスキー町《まち》にあるピオニーロ第二會館《くわいかん》へ度々行《い》つた。こゝには百八十九人のピオニーロが居てその中八十人はこゝに寢泊《ねとま》りして居る。私がはいると一せいに「やあ、いらつしや

プロレタリア大《だい》美《び》術《じゆつ》展《てん》覽《らん》會《くわい》

十一月《ぐわつ》二十七日《にち》から十二月《ぐわつ》七日まで、ナップ、造型《ぞうけい》等の協働《けふどう》で上野《うへの》美術館に堂々《だう〱》と開かれ、東京及び東京附近の勞働者にすばらしい喜《よろこ》びを與《あた》へた。警視廳《ちやう》が急にあはてゝ出したと言ふのだから、その力《ちから》が分る。

朝鮮

日本

世界各國のプロレタリアの子供諸君の寫眞です。みんな元氣一ぱい、早くプロレタリアの美しい世界を作り上《あ》げるために一所懸命《いつしよけんめい》に働いて居ます

タシケントの少年團《しようねんだん》—

これはタシケントといふ國《くに》のプロレタリア少年團《しようねんだん》です。みんなんな僕《ぼく》らの仲間《なかま》です。僕らの仲間はこんなに元氣《げんき》で世界《せかい》に一ぱいだへ

大煙突《だいえんとつ》の下で大《おほ》きくなるプロレタリアの少年

こいつは何《なん》だ？　工場《こうぢやう》の大煙突《だいえんとつ》だ。僕《ぼく》らは何《なん》だ？　プロレタリア少年《しやうねん》だ。僕らは機械《きかい》のやうに堅《かた》く大煙突のやうに強くなるのだ。—

上……職場大會（寄本司麟君）
下……デモ
勞農黨選擧報告演說會
（大月源二君）

連載漫画　拳ちやんの生ひ立ち(2)

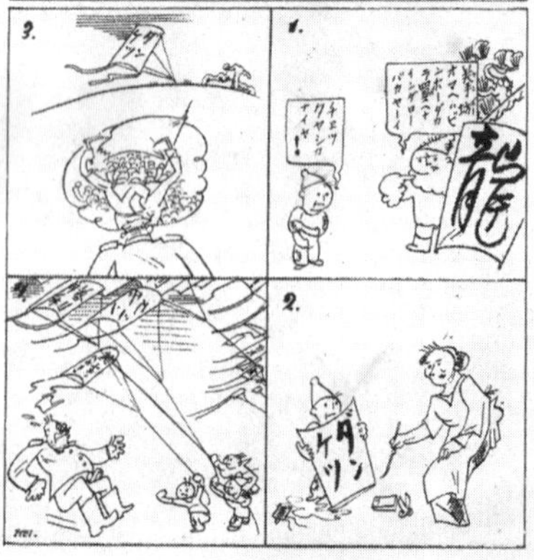

俺達は「無新」の發行停止反對だ。俺達の要求は「無新」の日刊實現だ。

日本[illegible]に[illegible]かゝつて、俺達五百の前衛を牢獄に叩き込み、勞農黨、新黨準備會、評議會、青年同盟を解散させ[illegible]資本家地主の政府は、俺達の「無新」を徹底的に壓迫して來た上に、秘密[illegible]によつて[illegible]を[illegible]せやうとしてゐる。だが如何なる迫害があらうともプロレタリアの利益を大胆に主張し[illegible]配布網を通して工場に[illegible]なく〳〵ばられる俺達の「無新」が惡しくてたまらない[illegible]。[illegible]本社[illegible]員の[illegible]をもつてしても「無新」はびく〳〵ともしないので最後の切札[illegible]發行[illegible]及び[illegible]たのだ。

「發行禁止」の[illegible]總[illegible]人[illegible]郎君が獄中の[illegible]の為に病氣であつたり、辯護士の都合で[illegible]一月十[illegible]日東京區裁判所で開かれることゝなつた。

俺達の[illegible]は[illegible]俺達の指導者として、唯一の糧として常に俺達の先頭に[illegible]げた多くの同志は今余儀なく牢獄に捕へられて、「無新」のお[illegible]刊[illegible]の手によつて「無新」を[illegible]されてしまつたなら俺達は俺達の武器[illegible]られてゐる前衛に對して顔向けが出來なくなるのだ。

だから「無新」[illegible]各地の勞働者農民は火の様な抗議文をたゝきつけ發行停止反對、日刊實現、[illegible]の叫び[illegible]强力な大衆運動として捲き起つて來た。

「無新」發行停止の危機と共に[illegible]出した「勞働新聞」が俺達[illegible]の前に左翼社會民主々義の[illegible]を注ぎ込みかけてゐる[illegible]「無新」の發行停止を救ひ日刊を[illegible]させることは、俺達の重要な仕事である。

「無新」發行停止絶對反對!

「勞働新聞」をたゝきつぶせ!

「無心」の配布網を鞏固にして日刊實現へ!

「無新」防衛資金!

いらつしやい」と叫んで挨拶《あいさつ》したのにはひどく感動《かんどう》させられた。こゝにはまた完全なソビエットがあつて、會館《くわいくわん》の事一切を子供達が自分《じぶん》で相談《さうだん》して居た。私の行つた時は「一週間《しうかん》一日の休みには芝居を見ることにしたい。どんな芝居を見たらいゝか?」といふ評議會《ひやうぎくわい》だつた。八歳から十四五歳までの少年少女が、テーブルを圍み腕を振つて自分の考へを話して居た。

臺所《だいどころ》では十二三歳の女の子が四人ほどでお料理を作つて居た。こゝの食事は買出しも炊きもみんなこの小さな委員達がやる。私が一人の子に「あなた方は一人一日の食事にどれだけの金を使ひますか?」と聞くと、「私達は一日三十三カペックで十分おいしい物が食べられます」と笑ひながら答へて居た。(次號につゞく。寫眞はピオニーロと逢つて來られた秋田雨雀氏)

イタリヤ

ドイツ

ロシア

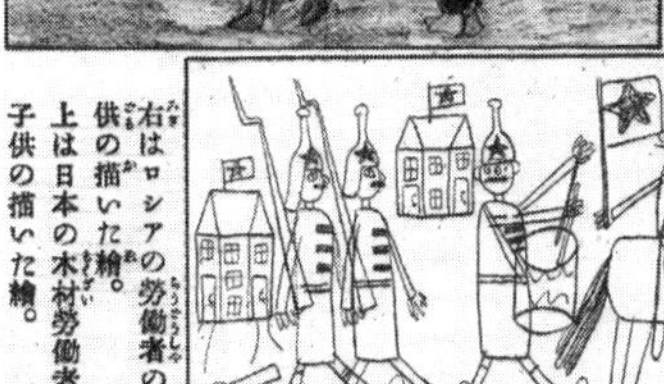

右はロシアの勞働者の子供の描いた繪。上は日本の木材勞働者の子供の描いた繪。

◈笑　話◈

何て發禁になつた?

ダラ吉「發禁々々て、どこが惡くッて發禁にしやがんだい?」

フー公「どこが惡くッて?惡くッてじやねえ、よくッてだいッ!」

おうむのデモ

十二月二十四日新黨結黨大會解散後、怒りに怒つた大衆は一大タンクとなつて銀座の通りを驀進した。あとは大嵐の過ぎたやう。そこへ駈けつけた一警官、フト耳をすました所へ聞えて來たのが絹をさくやうな聲で

「日本××黨萬歳!」

「ちきしよう! この露地だなッ!」

お巡りはその露地へ飛び込んで行つた。だがさすがのお巡りも、窓《まど》昔はいゝのおうむが××黨の支持者だとは氣がつかなかつたらう!

◈次號の内容◈

勞働者のページ

八幡製鐵所大ストライキの思ひ出
通路をまつ黑に埋めて押寄せる金屬勞働者、金屬産業勞働者は如何に戰つてゐるか?等々。

農民のページ

山梨に鳥取に岐阜に日に日に暴動化する農民の闘爭、香川再建のために出發する派遣隊の勢揃ひ、派遣隊寫眞通信等々。

救援事業のページ

工場内に根を下ろして行く救援事業の進行ギセイ者家族の集會とその健闘ぶり外國の仲間の救援ぶり等々

朝鮮臺灣のページ

日本の勞働者に呼びかける朝鮮勞働者、臺灣の階級闘爭、内地勞農大衆と植民地の運動等々。

國際欄、子供欄ます〳〵充實。

表紙は某工場に組織されたギセイ者救援會工場班の集會。

編輯後記

また〳〵二號が後れて讀者諸君に何とも申し譯がない。だがとに角我々は全力を盡したのだ。御覧の通り版は斷然グラビア版になつた。カルタはいゝのが集らないので延期したが双六は立派なのを(こんなのは外國にも一寸ない)作つた。プロレタリア子供諸君は遊びをする時でも之でプロレタリアらしく遊んで呉れ。

發行はおくれたが、内容はよくなつたと自信してゐるが、創刊號にも増して批判要求をどし〳〵送つて貰ひたい。

グラフ部の寫眞班もやうやく動き出した。地方の諸君が澤山立派な寫眞を送つて呉れて全く感謝する。今後もドシ〳〵送つて貰ひたい。すぐに載らなくても何かいゝ問題を捉へて必ず載せるから。

最後に創刊號ギセイ者の寫眞で谷口君と奥田君と入違ひになつた。讀者及び谷口奥田兩君に陳謝する。

新黨結黨大會畫報

(1) 二日目を終へて三日目にそなへる全代議員。

(2) これが、俺達の代議員だ。

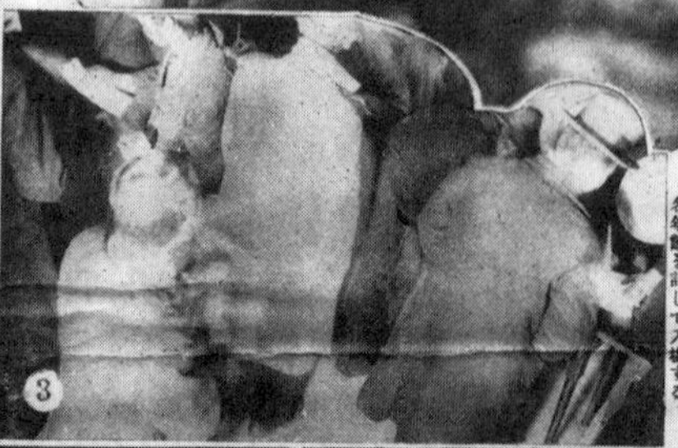

(3) 代議員も傍聽者も住所姓名年齡を記して入場する。

定價一部	15錢	（送料二錢）
半ケ年	85錢	（送料共）
一ケ年	1圓60錢	（同）

發行所 發賣所　東京市芝區烏森町一・新興ビル　無產者新聞社　電話銀座4922　振替東京79799

發行兼編輯兼印刷人　柳瀨正六

Monata eldono de Musanŝa Ŝimbun Grafiko Departmento,
Ŝinko Building,
Karasumori-ĉo no. 1, Ŝiba-ku, Tokio, Japanio.
Redaktoro: Masamu Yanase

Abonprezo;
15 sen, 1 volumo (enlande)
6 monatoj ¥ 1.00 (eksterlande)
1 jaro ¥ 1.90
(kun poŝtkotizo)

勝利を指して
無産者グラフ正月号附録
グラフ部案
1929年

柳瀬正夢全集刊行委員会

片倉義夫
白井かおり
故 奈良和夫

協力
東京都現代美術館美術図書室
漫画資料室 MORI
武蔵野美術大学美術館・図書館
喜夛孝臣
和田　崇

柳瀬正夢全集《やなせまさむぜんしゅう》　第2巻

2014年7月25日　発行

編　集……
柳瀬正夢全集刊行委員会
発行者……
越水　治
発行所……
三　人　社
〒606-8316 京都市左京区吉田二本松町4 白亜荘
Tel 075-762-0368
振替 00960-1-282564
装　幀……
竹中尚史
印刷・製本所……
モリモト印刷株式会社

落丁・乱丁のときはお取り替えいたします。

Printed in Japan
ISBN978-4-906943-35-7 C3371

長年にわたり魯迅や中国の新興版画、そして柳瀬正夢の研究に精励された、当刊行委員の奈良和夫氏が、二〇一三年一二月に逝去されました。第一巻刊行直後のことでした。その高い見識と豊富な経験は、当刊行委員会の支柱ともいえ、本全集の完結を待たずして亡くなられたことは、われわれにとって痛恨の極みでありました。

ここに生前のご功績にたいする感謝と深甚なる哀悼の意を表します。

柳瀬正夢全集刊行委員会
片倉　義夫
白井かおり